비전의 충돌

CONFLICT
OF
VISIONS

세계를 바라보는 두 개의 시선

비전의 충돌

A CONFLICT OF VISIONS

토머스 소웰 지음 | 채계병 옮김

이카루스미디어
ICARUS MEDIA

사람들은 가는 곳마다 마치 여름날의 파리들처럼 자신을 쫓아다니며
기운을 돋우어 주는 신념의 구름에 둘러싸여 있다.[1]

—버트란트 러셀

차 례

서문 · 9

제1부 비전은 어떻게 드러나는가?

제1장 비전은 사고방식을 결정한다 13

제2장 아담 스미스의 제약적 비전과

　　　윌리엄 고드윈의 무제약적 비전　　21

제3장 지식과 이성은 완벽해질 수 있는가? 49

제4장 사회 문제는 조절하는 것이 최선인가,

　　　해결책까지 추구해야 하는가? 85

제5장 비전은 다양하고 역동적이다 121

제2부 비전은 갈등한다

제6장 평등 : 기회의 평등인가, 평등한 결과인가? ·············· 153

제7장 권력 : 시스템의 적용인가, 의지의 실현인가? ············ 179

제8장 정의 : 사회정의는 슬로건에 불과한가,

　　　　실현 가능한 목표인가? ····························· 217

제9장 개인의 가치관과 비전은

　　　　사회 패러다임에 영향을 준다 ·················· 259

각 장의 주 · 295

찾아보기 · 331

서문

비전의 충돌은 대립된 이해관계의 갈등과는 다르다. 이익과 관련된 문제의 이해관계 당사자들은 대체로 문제가 무엇인지 그리고 자신들이 개인적으로 무엇을 얻고 무엇을 잃게 될 것인지 분명하게 이해하고 있다. 직접적인 관련이 없는 사람들은 이해하지 못할 수도 있다——그리고 사실상 바로 대립된 이해관계를 가진 사람들의 주장 때문에 혼란스러워 할 수도 있다. 직접적인 이해관계가 없는 사람들의 혼란은 바로 분명한 이해관계 당사자들에게서 비롯된 직접적 결과다. 하지만 비전이 충돌할 때 특정 비전에 가장 강하게 영향을 받은 사람들도 그 비전들의 중요한 가정들에 대해선 거의 의식하지 못할 수도 있다——혹은 직면해 있는 아주 위급한 "실질적" 문제들이 있거나 성전(聖戰)을 시작해야 할 때, 혹은 어떤 희생을 치루더라도 지켜야 할 가치가 있을 때 이론에 대한 문제들을 잠시도 검토하려고 하지 않는다.

그렇다고 비전이 감정적 충동만은 아니다. 오히려 비전은 주목할 만한 논리적 일관성이 있다. 하지만 비전에 헌신하는 사람들은 그 논리에 대해 거의 연구하려 하지 않는다. 또한 비전은 광신자들과 이론가들에게만 국한된 것도 아니다. 우리 모두는 비전을 갖고 있다. 비전은 우리의 사고방식을 소리 없이 결정한다.

비전은 도덕, 정치, 경제, 종교 그리고 사회적인 것일 수도 있다. 다양한 영역에서 우리는 우리의 비전을 위해 희생을 감수하고, 때로 필요하다면 비전을 저버리기보다는 파멸을 감수한다. 비전이 조화될 수 없을 정도로 충돌할 때 사회는 분열된다. 이해관계의 갈등은 단기에만 영향을 미치지만 비전의 충돌은 역사에 영향을 미친다.

우리는 비전에 대해 생각하는 것만 제외하고는 비전을 위해 거의 무슨 일이든 할 준비가 되어 있다. 이 책의 목적은 바로 그 비전에 대해 생각해보고자 하는 것이다.

제1부

비전은 어떻게 드러나는가?

제1장
비전은 사고방식을 결정한다

정치 견해에서 흥미로운 것들 중 하나는 흔히 같은 사람들이 서로 다른 문제에 대해 일관되게 상반된 진영에 가담해 있다는 사실이다. 문제들 그 자체는 본질적으로 서로 아무런 관계가 없을 수도 있다. 논란의 대상이 되는 문제는 군비 지출에서 마약법과 금융 정책 그리고 교육에 이르기까지 다양하지만 같은 사람들이 거듭해서 정치적으로 대립된 진영에서 서로를 비난하곤 한다. 이런 일은 우연이라기에는 너무 자주 일어나고 있으며 통제할 수 없을 정도이기 때문에 책략이라고도 할 수 없다. 양측의 주장을 조금만 더 면밀히 검토해보면 흔히 그들이 근본적으로 서로 다른 전제에서 판단을 내리고 있다는 사실을 알 수 있다. 이 같은 서로 다른 전제들——흔히 암묵적으로——은 서로 관련이 없는 무수히 많은 쟁점들에 대해 개인과 집단이 반복해서 대립하는 태도에 일관성을 부여하고 있다. 그들은 세계가 움직이는 방식에 대해 서로 다른 비전을 갖고 있는 것이다.

우리는 비전이 전혀 없이 살면서 현실에만 충실하면 된다고 말할 수도 있다. 하지만 비전 없이 현실에만 충실하면 된다는 주장은 가장 유토피아적인 주장이다. 제한된 사고 영역을 가지고 있는 사람이 이해하기에는 현실이 너무 복잡하기 때문이다. 비전은 당혹스러울 정도로 복잡하게 뒤얽혀 있는 미로 속에서 우리를 인도해 주는 지도와 같다. 지도처럼 비전은 우리가 우리의 목적지에 가는 몇 가지 중요한 길들에만 집중할 수 있도록 많은 구체적 특징들을 단순화시키고 있다. 비전은 반드시 필요로 한다——하지만 바로 우리가 비전을 현실 그 자체와 혼동하는 정도 만큼 위험하다. 의도적으로 무시된 것이 결과에 미친 영향은 사실상 사소하지 않을 수도 있다. 때문에 취사선택된 요소들의 중요도는 증거에 근거해 판단할 필요가 있다.

하나의 비전은 "분석할 필요도 없이 누구나 분명하게 인정하고 있는 작동 원리(pre-analytic cognitive act)"로 설명되어 왔다.[1] 그것은 우리가 이론이라 부를 수 있는 어떤 체계적인 논거를 구성하기 이전에 우리가 알고 있거나 느끼고 있는 것이다. 하물며 비전은 어떤 특정한 결과를 증거에 근거해 진위를 판단할 수 있는 가설로 연역되는 것은 더더욱 아니다. 하나의 비전은 우리의 세계관이다. 예를 들어 원시인들은 나뭇잎이 움직이는 이유가 어떤 영(靈)이 나뭇잎을 움직이기 때문이라고 생각했을 것이며 같은 선상에서 밀물과 썰물 혹은 화산의 폭발을 이해할 것이다. 뉴턴은 세계가 움직이는 방식에 대해 아주 다른 비전을 갖고 있었다. 아인슈타인 역시 또다른 비전을 갖고 있었다. 루소는 사회 현상에 대해

에드먼드 버크와는 전혀 다른 인간의 인과관계에 대한 비전을 가지고 있었다.

비전은 이론들이 기초로 하고 있는 토대다. 최종 구조는 토대만이 아니라 이론의 틀이 얼마나 조심스럽고 일관성 있게 구성되고 변치 않는 사실들로 얼마나 잘 보강되느냐 여부에 달려 있다. 비전은 아주 주관적이지만 잘 구성된 이론들은 분명한 의미를 가지고 있으며 사실들을 통해 이론의 유효성은 검증된다. 세계는 물리학에 대한 아인슈타인의 비전이 아인슈타인 '만' 의 비전이 아니라는 사실을 히로시마 원자폭탄 투하를 통해 알게 되었다.

이론이 유효한지 여부를 판단하기 위해선 경험을 통한 증거가 반드시 필요한 것처럼 논리는 비전을 하나의 이론으로 전환시키는 과정에서 없어서는 안 될 요소이다. 하지만 세계가 움직이는 방식에 대해 통찰력을 갖고 일별할 때 중요한 것은 최초의 비전이다. 파레토의 말에 따르면

논리는 증명할 땐 유용하지만 발견할 땐 전혀 쓸모가 없다. 사람들은 확실한 인상을 받고, 자신들이 받은 인상에 영향을 받아 실험으로 검증될 수 있는 명제를 말한다——방법이나 이유를 말할 수는 없으며, 방법이나 이유를 말하려 한다면 그는 스스로를 속이는 것이다. [2]

비전들은 모두 어느 정도 극단적으로 단순화된 것이다——극단적으로 단순화한다는 것은 자신의 비전이 아니라 상대방의 비전을 평가절하하기 위한 주장이긴 하지만. 끊임없이 변화하는 현실은 너무 복잡하기 때문에 인간의 정신은 부분들을 추출해 추상

화하고 그것들을 전체로 생각하는 데 불과하다. 흔히 수백만 명의 사람들이 자신들도 의식하지 못하면서 상호작용하고 있는 복잡한 현실을 다루고 있는 사회이론과 사회비전에선 어떤 분야에서보다도 부분들을 추출해 추상화하고 그것들을 전체로 생각하는 인간의 능력을 더 필요로 한다.

우리가 어떤 비전을 갖고 있든 그 비전이 "모든 현상"에 대해 설명할 수는 없다. 사회적 비전들은 특히 중요한 많은 현상들을 설명하지 못하고 있거나 '특수한 목적을 위한' 형태로만 혹은 한 가지 비전 이상에서 파생된 일관성 없는 가정에 의해서만 현상들을 설명하고 있다. 가장 단순한 비전이 가장 인상적인 이론들의 기초는 아니며 더욱이 가장 설득력 있는 이론의 기초라고 할 수도 없다. 하지만 단순한 비전들이 더 복잡한 이론들보다는 암묵적 전제들에 대해 더 많은 것을 설명할 수 있다. 비전의 역할을 이해하기 위해선 윌리엄 고드윈의 『정치적 정의에 관한 고찰』(1793)이 마르크스의 『자본론』보다 더 유용하다. 사실상 윌리엄 고드윈의 더 단순한 모델에서 유사한 전제들이 어떻게 이해되고 있는가를 본 후에 마르크스의 『자본론』을 보면 『자본론』에 대해 더 많은 것을 이해할 수 있다. 마찬가지로 중농주의학파 이론의 기초가 되는 사회적 인과율에 대한 비전은 핵심에서 아담 스미스 그리고 그보다 훨씬 이후 세대인 밀턴 프리드만이 더 복잡하고 세련된 방식을 사용해 정교하게 만든 비전과 매우 비슷하다.

이 책에서 사용하고 있는 것처럼 비전은 꿈이나 희망, 예언 혹은 하나의 도덕적 절대명령이 아니다. 오히려 꿈이나 희망, 예언 혹은 하나의 도덕적 절대명령 등은 궁극적으로 어떤 특정한 비전에서 파생된다. 여기서 비전은 '인과율'에 대한 이해다. 비전은 논리나 사실에 기초한 검증에 활용되는 것이라기보다는 육감이나 "본능적 느낌"과 같은 것이다. 논리나 사실에 기초한 검증은 비전이 원료를 제공한 후에나 가능하다. 인과율이 우리가 인식하고 있는 것처럼 진행된다면, 이어 반드시 일어나는 다른 결과들이 이어진다면 이론은 어떤 결과가 일어날지 세부적으로 완성한다. 증거는 서로 다른 이론들을 구별하는 사실이다. 사실은 "스스로 말하지" 않는다. 사실은 경쟁하는 이론들에 대해 유리하게 혹은 불리하게 작용한다. 이론이나 비전과 무관한 사실은 단순한 개인적 호기심에 불과하다.

이론이 사실을 통해 부정될 수는 있지만 사실을 통해 궁극적 진리라는 것이 증명될 수는 없다. 극단적으로 말해서 더 많다고는 할 수 없어도 사람 수만큼이나 많은 비전들이 있으며 하나 이상의 비전이 특정 사실에 일치한다. 우리는 사실을 통해 일부 이론을 버리게 되는 경우——혹은 그 밖에도 조화될 수 없는 것을 조화시키려고 고뇌하는 것——는 있지만 사실을 통해 기존 이론을 궁극적 진리라고 최종적으로 승인할 수는 없다. 경험을 통해 증명할 수 있는 것은 현재 경합하고 있는 이론들 중 어느 것이 실제로 알려져 있는 것과 더 일치하는지를 밝히는 것이다. 앞으로 사실에 훨씬 더 일치하거나, 수는 적지만 더 명확하고 혹은 더 다루기 쉬운 가정들로 사실들을 설명하는——혹은 이제까지 어떤 독립된 이론이 설명하고 있는 여러 가지 경험을 통한 사실들을 포괄하는——어떤 다른 이론이 나올 수도 있다.

사회에 대한 비전은 많은 방식에서 중요하다. 가장 분명한 것은 어떤 세계관에 기초한 정책들이 사회 전체에 퍼져 수년간에 걸쳐 혹은 심지어 수 세대나 수 세기에 걸쳐 영향을 준다는 것이다. 비전은 생각과 행동 모두에 우선적으로 고려해야 할 사항을 설정한다. 비전은 개인이 갖고 있는 지식의 있을 수밖에 없는 부족함을 메워준다. 예를 들어 개인은 자신이 잘 알고 있는 분야에서의 행동방식을 잘 알고 있지 못한 다른 분야에서의 행동방식과 아주 상반되게 행동할 수 있다. 잘 알지 못하는 분야에서 개인은 자신이 경험을 통해서는 결코 확인할 수 없는 어떤 비전에 따라 행동할 수 있다는 것이다. 의사는 의학 문제에선 보수주의자일 수 있지만 사회와 정치 문제에 대해선 자유주의자일 수 있으며 혹은 그 역일 수도 있다.

매일 반복되고 있는 정치 투쟁은 특수한 이해관계, 대중의 감정, 개성의 충돌, 부패와 무수한 다른 요소들이 뒤섞여 작용하고 있다. 역사에서 끊임없이 되풀이되는 경향은 어떤 비전들이 분명하게 지속해서 반영되고 있는 사실을 보여주고 있다. 흔히 일반인들이 기존의 정책을 어떤 비전에 근거해 평가하느냐에 따라 정책에 대한 지지도가 결정되며 특정 이해관계는 그 지지도만큼의 설득력을 갖게 된다. 개인적 동기라는 관점에서 특수한 이해관계, 선동가와 다양한 유형의 기회주의자들이 의견을 내세우며 정치 게임을 벌이지만 사실상 그것들은 사소한 것에 불과할 수도 있다. 하지만 역사에 대한 더 폭넓은 관점에서 개인들과 조직들은 벌이 자기도 모르게 꽃가루를 옮기는 것——훨씬 더 협소한 개별적 목적을 추구하는 동안 자연의 거대한 계획에 중요한 역할을 하는 것——처럼 의견의 전달자에 불과한 것으로 볼 수도 있다.

합리적으로 분명하게 표현될 수 있는 견해들은 특정 선거, 법률에 따른 투표나 국가 원수의 행위에 대해 그다지 큰 영향을 미치지 못할 수도 있다. 하지만 특정 비전——혹은 특정 비전의 충돌——은 결정이 내려지는 장소의 분위기를 지배할 수 있다. 역사에서 지식인의 역할은 권력자들에게 조언을 속삭이는 것이라기보다는 인간의 행동을 지배하는 거대하고 강력한 사고의 흐름에 기여하는 것이다. 비전의 효과는 비전이 분명하게 표현될 수 있느냐 여부에, 혹은 심지어 의사 결정자들이 비전을 의식하고 있느냐여부에 좌우되지는 않는다. "실질적"인 의사 결정자들은 흔히 이론이나 비전을 경멸하며 너무 바쁘기 때문에 자신들이 궁극적으로 어떤 근거에서 행동하고 있는지 생각할 시간이 없다. 하지만이 책에선 바로 우리 시대를 형성해 왔고 당연히 앞으로의 시대를 형성하게 될 사회에 대한 중요한 비전의 충돌에 대해 살펴보게 될 것이다.

제2장

아담 스미스의 제약적 비전과
윌리엄 고드윈의 무제약적 비전

> 모든 도덕률의 핵심엔 하나의 인간관, 세계관, 역사관이 있다. 도덕
> 률은 하나의 역사(이해된) 이후에 하나의 세계(상상한 유형의)에서
> 인간의 본성(인식된 형태의)에 대해 적용된다.
> ─월터 리프만[1]

　사회에 대한 비전들은 인간 본성에 대한 기본 개념에서 차이가
난다. 1793년 윌리엄 고드윈의 『정치적 정의에 관한 고찰』을 읽고
인간에 대한 정보를 얻고자 하는 외계인이 있다면 이 책에서 묘
사하고 있는 인간을 그보다 5년 먼저 발표된 『연방주의자의 보고
서』에서 기술된 인간과 같은 인간으로 인정하기는 거의 어려울
것이다. 이처럼 서로 다른 인간관은 토머스 페인과 에드먼드 버크
혹은 오늘날의 존 케네스 갤브레이스와 프리드리히 A. 하이에크
가 생각하는 인간관과 비교한다면 약간 덜한 것에 불과하다. 자연
에서 야만적으로 살아가는 호기심 많은 선사 시대 사람은 장-자
크 루소가 인식하고 있던 순진무구한 자유로운 존재와 토마스 홉
스가 인식하고 있는 만인의 만인에 대한 투쟁 상태에 있는 짐승
들로 전혀 다르게 인식되고 있다.
　서로 다른 관점에 기초해 자신들의 분명한 철학, 정치, 혹은 사

회 이론들을 전개하는 사람들은 암묵적으로 인간의 능력과 한계를 근본적으로 다른 관점에서 보고 있다. 인간의 도덕과 정신의 본질에 대해 아주 다르게 보고 있기 때문에 지식과 제도에 대한 그들 각각의 개념 또한 필연적으로 다를 수밖에 없다. 사회적 인과율 그 자체를 서로 다르게 인식하고 있기 때문에 그 작용원리와 결과에 대해서도 다르게 인식하고 있다. 서로 다른 비전에 기초한 이론들은 또한 시간과 시간의 부수적 현상——예를 들어 전통, 계약, 경제 전망——에 대해서도 전혀 다른 시각을 갖고 있다. 어떤 비전의 추종자들은 모든 이론의 일부인 추상화를 상반된 비전의 추종자들보다 더 현실적으로 보는 경향이 있다. 결국 하나의 비전을 믿는 사람들은 또 다른 비전을 추구하는 사람들이 도덕의 역할을 보는 방식과는 아주 다르게 도덕의 역할을 본다. 이러한 충돌하는 비전의 여파는 경제, 사법, 군사, 철학과 정치적 결정으로까지 확산된다.

이 책에선 무수한 사회적 비전 각각에서 영향을 받는 세부 항목 모두를 탐구하는 불가능한 시도를 하기보다는 비전들을 두 가지 큰 범주——제약적 비전과 무제약적 비전——로 나누게 될 것이다. 이러한 구분은 편의에 따른 추상화다. 따라서 두 가지 비전에는 정도의 차이가 있다는 점을 인정해야 한다. 또한 여기선 하나의 연속성이 둘로 나뉘어지고 있지만 현실 세계에선 흔히 각각의 요소들이 불연속적으로 상대방의 비전에 접목되어 무수히 많은 조합과 순열의 다른 변종들이 존재한다는 점도 고려해야 한다. 이러한 단서를 염두에 두고 이제 두 가지 비전에 대한 윤곽으로 관심을 돌려 제약적 비전과 무제약적 비전 각각에서 보고 있는 인간의 본성, 지식의 본질, 사회 과정의 본질에 대한 특성들을 살펴보기로 하자.

인간의 본성

제약적 비전

아담 스미스는 제약적 비전의 본질을 구체화할 수 있도록 인간에 대해 묘사하고 있다. 경제학자로 유명해지기 거의 20년 전인 1759년, 철학자로서 스미스는 자신의 『도덕적 감정에 대한 이론』에서 다음과 같이 말하고 있다.

지진으로 거대한 중국 제국이 모든 주민과 함께 갑자기 사라져버렸다고 가정하고 중국과 전혀 관련이 없는 유럽의 인간성 좋은 사람이 이 끔찍한 재난에 대한 소식을 듣고 어떻게 반응할지 생각해보기로 하자. 나는 우선 그가 불행한 중국인들의 재난에 아주 강한 슬픔을 표현하고 삶의 불확실성에 대해 매우 우울한 생각들을 하게 될 것이며 한순간에 사라져버릴 수 있는 인간의 모든 노고의 허망함에 대해서 생각하게 되리라 상상한다. 또한 그가 이론적인 사람이라면 중국의 재난이 유럽의 통상 및 일반적인 세계 무역과 사업에 미칠 영향과 관련해 많은 것을 논리적으로 생각하기 시작할 수도 있다. 그리고 이 모든 고상한 철학을 끝내고 인도주의적인 감정들을 일단 그럴듯하게 표현하고 나면 마치 그런 사건은 일어나지 않았었다는 듯이 편안하고 평온하게 자기 일을 다시 시작하거나 쾌락을 추구하고, 혹은 휴식을 취하거나 기분전환을 하려 할 것이다. 자신에게 일어난 가장 사소한 재난이 더 현실적인 불편을 가져다 준다. 만일 내일 자기의 새끼손가락을 잃게 된다면 그는 밤새 잠을 이루지 못할 것이다. 하지만 그가 다시 보게 되지 않는다면 수백만 동료 인간의 파멸에 대해선 아주 편안한 마음으로 잠을 이룰 수 있을 것이며······.2)

스미스는 일반적인 인간의 도덕적 한계와 특히 자기중심주의에 대해 슬퍼하거나 변해야 한다고 보지 않았다. 인간의 도덕적 한계와 자기중심주의는 스미스의 비전에선 기본적 제약인 삶의 고유한 사실로 다루어졌다. 스미스의 비전에 따르면 인간의 본성을 변화시키려——스미스가 헛되고 무의미한 것으로 다루었던 시도——하면서 에너지를 낭비하기보다는 사회·도덕적 제약 내에 존재하는 가능성을 가장 잘 이용할 때 사회와 도덕의 근본적인 변화는 가능하다. 예를 들어 어떤 식으로든 유럽인들이 중국에서 고통받는 사람들의 고통을 절실히 느끼게 할 수 있다 해도 스미스에 따르면 이런 정신 상태는 중국인들에게 아무런 도움도 되지 않으면서도 그를 "비참하게" 만들고, 결과적으로 그가 느끼는 고통은 "전혀 쓸모가 없는" 것이 된다.3) 스미스는 "본성은 우리 자신의 슬픔을 스스로 감당하는 것으로 충분하다고 생각한다. 따라서 본성은 우리가 다른 사람들의 슬픔을 줄여 줄 수 있는 정도의 자극 이상으로 다른 사람들의 슬픔을 함께 할 것을 명령하지 않는 것처럼 보인다"라고 말하고 있다.4)

스미스는 인간의 본성을 변화될 수 있거나 변해야 하는 어떤 것으로 보기보다는 사회·도덕적 제약 '내'에서 바람직한 도덕과 사회 이익이 가장 효과적으로 산출될 수 있는 방법을 결정지으려 한다. 스미스는 자신이 후에 물질적 상품의 생산과 분배에 접근하는 것과 매우 유사한 방식으로 도덕적 행위의 산출과 배분에 접근하고 있다. 스미스는 도덕철학 교수였지만 그의 사고 과정은 이미 경제학자의 것이었다. 하지만 반드시 제약적 비전이 경제학자들에게 국한된 것은 아니다. 정치학계에서 스미스의 동시대인이었던 에드먼드 버크가 사물의 근본적 본질 속에 있는 고유한 결점인 "모든 인간이 만든 장치 속에 있는 근본적인 결점"에 대해서 말했을 때, 제약적 비전을 정치적 관점에서 가장 잘 요약하고 있다.[5] 알렉산더 해밀턴은 『연방주의자의 보고서』에서 다음과 같이 말하고 있다.

아무리 완벽한 제도라도 장점뿐 아니라 결점——좋은 성질과 마찬가지로 나쁜 성질——도 가지고 있는 것이 인간이 만든 모든 제도의 운명이다. 이는 제도를 만든 인간의 불완전성에서 비롯된다.[6]

각각의 인간이 자기 새끼손가락이 수백만 다른 인간들의 생명보다 더 중요한 듯이 행동할 때 분명 어떤 사회도 인도적으로 기능할 수 없다. 하지만 여기서 중요한 단어는 "행동"이다. 스미스는 우리는 행동할 때 비록 그것이 감정의 자연스럽고 본질적인 성향이라 해도 "스스로를 다른 사람들보다 아주 파렴치하고 맹목적으로 더 좋아할" 수 없다고 말하고 있다.[7] 스미스에 따르면 실제로 많은 경우에 사람들은 "다른 사람들의 더 큰 이익을 위해 자신들의 이익을 희생"[8]한다. 하지만 다른 사람을 위해 자신을 희생하는 것은 이웃을 내 몸과 같이 사랑해서라기보다는 도덕적 원리, 명예와 숭고의 개념에 대한 헌신 같은 중재 요소들 때문이다.[9]

인위적 의지를 통해 인간은 동료 인간들의 이익을 위해서라면 하지 않았을 일들을 자기 이미지나 내적 욕구를 위해 하게 된다. 요컨대 스미스는 자기 이미지나 내적 욕구 같은 개념들을 가장 저렴한 심리적 비용을 들여 도덕적 임무를 수행하게 할 수 있는 가장 효율적인 방법으로 보았다. 이것은 도덕적 문제라는 사실과 무관하게, 스미스의 답변은 본질적으로 경제적인 것 —— 인간을 변화시키는 진짜 해결책이라기보다는 일련의 '균형'인 도덕적 인센티브 체계 —— 이었다. 제약적 비전의 특징들 중 하나는 해결책보다는 균형을 다루고 있다는 사실이다.

스미스는 자신의 고전적 작품 『국부론』에선 더 나아가고 있다. 사회의 경제적 이익은 대개 개인들이 의도한 것이라기보다는 경쟁의 압력과 개인적 이익이라는 인센티브가 지배하는 시장의 상호작용으로부터 체계적으로 나타난다.[10] 도덕적 감정은 이 같은 시스템 과정이 계속될 수 있는 일반적인 법률 틀을 형성하기 위해서만 필요로 한다.

하지만 이것이 스미스가 인식하고 있었던 바로 그 한계들을 가진 인간이 궁극적으로 자기에게 이익이 될 수 있다는 이유로 다른 사람들을 위해 이익을 산출하도록 할 수 있는 또다른 방법이다. 개인의 이익이 결국 사회의 이익이 된다는 것이 원자론은 아니다. 오히려 경제와 사회의 기능은 각각의 개인이 다른 사람들을 위해 일할 것을 요구한다. 또한 도덕적 혹은 경제적 행위의 이면에 있는 '동기 부여'는 솔직히 궁극적으로 자기중심적인 것이다. 스미스는 도덕과 경제를 분석하면서 일을 하게 하는 재량권보다는 인센티브들에 초점을 맞추고 있다.

무제약적 비전

18세기의 책들 중 내용 못지않게 책의 운명이 눈길을 끄는 윌리엄 고드윈의 『정치적 정의에 관한 고찰』만큼 아담 스미스의 인간관과 극명한 대조를 보이는 책도 없다. 1793년 영국에서 출판되자마자 즉각적인 성공을 거두었던 이 책은 10년도 채 되지 않아, 특히 전쟁에서 프랑스와 적이 된 이후에 프랑스 혁명과 관련된 인기 있는 사상에 대한 영국의 적대적 반응 때문에 냉담한 결과에 직면해야 했다. 20년간의 프랑스와 영국의 전쟁이 워털루에서 끝날 때까지 고드윈과 그의 저작은 지적인 생활의 변경에 속하게 되었으며 결과적으로 고드윈은 셸리*에 대한 그의 영향력으로 가장 잘 알려져 있었다. 하지만 18세기의 저작 중 고드윈의 논문만큼 "이성의 시대"에 그렇게 분명하고 지속적이며 체계적으로 인간에 대한 무제약적 비전을 상세히 설명하고 있는 것은 없다.

---

* Percy Bysshe Shelley 1792~1822 영국 시인. G.G. 바이런, J. 키츠와 함께 19세기 초의 낭만주의문학을 대표한다. 학창 시절에 심취한 자연과학과 플라톤 등의 형이상학에서 일생의 사상적 원천이 배양되었다. 준 남작이며 국회의원인 아버지에 대한 반발심에서 기성의 권위나 도덕을 증오하였으며, 1811년 『무신론의 필연성』이라는 소책자를 출간한 일로 인해 대학 1년 만에 퇴학당하였다. 이러한 몽상과 반항의 성벽은 W. 고드윈의 『정치적 정의에 관한 고찰』을 읽게 되면서부터 차츰 대(對)사회적인 이상주의로 성숙하여 갔다. 첫 번째 아내 해리엇이 자살하자 그는 고드윈 가의 장녀 메어리와 결혼한다. 셸리의 일관된 이상미에 대한 진지한 탐구의 자세는 천부의 서정적 시재(詩才)와 함께 낭만주의의 정수로서 높이 평가되고 있다.

아담 스미스가 인센티브를 통해서만 인간에게 사회·도덕적으로 유익한 행동을 하게 할 수 있다고 생각한 반면 윌리엄 고드윈은 인간의 오성과 기질로 인간은 의도적으로 사회에 이익을 만들어 낼 수 있다고 생각했다. 고드윈은 다른 사람들에게 도움이 되고자 하는 '의지'가 "미덕의 실체"를 갖고 있는 것으로 보았으며[11] 또한 미덕을 인간이 행복에 이르는 길이라고 보았다. 고드윈은 의도하지 않은 사회적 이익을 거의 주목할 가치가 없는 것으로 생각했다.[12] 그는 인간의 본질에 대해 무제약적 비전을 갖고 있었다. 고드윈의 비전에 따르면 인간은 다른 사람들의 필요를 자신의 것보다 더 중요한 것으로 직접적으로 느낄 수 있는 능력이 있으며 따라서 자신이나 가족의 이해관계가 걸려 있을 때조차도 일관되고 공평하게 행동할 수 있는 존재다.[13] 그렇다고 고드윈의 인간관이 대부분의 사람이 현재 행동하고 있는 방식에 대한 경험을 통해 일반화된 것은 아니었다. 고드윈의 인간관은 인간 잠재력의 중요한 본질에 대해 진술하고자 한 것이었다.

현재의 자기중심적 행동을 인정한다고 해서 무제약적 비전에서 인식하고 있는 것처럼 자기중심적인 것이 인간 본성의 변치 않는 특성이라는 의미는 아니다. 고드윈은 "인간은 분명 다른 사람들의 보다 나은 이익보다 자신의 보다 못한 이익을 우선시할 수 있지만 자기 이익에 대한 편애는 환경들이 복합적으로 작용한 데 기인하는 것이며 우리 본성의 필연적인 불변의 법칙은 아니다"라고 말하고 있다.[14] "우리는 사물과 인간의 본성을 변화시킬 수 없다──우리가 할 수 있는 최선의 것은 인간과 사물의 본성에 따라 행동하는 것이다"[15]라는 버크의 견해와 대조적으로 고드

원은 "인간들을 이제부터 만들어져야 할 것"[16)으로서 언급하고
있다.

고드윈은 사회적으로 고안된 인센티브를 무가치하고 불필요한
임기응변적 조치로 경멸했다. 그래야만 스미스의 인센티브가 간
접적으로 성취하도록 고안한 것, 다시 말해서 "만일 천 명에게 이
익이 된다면 나는 상대적으로 하나의 원자에 불과하다는 사실을
생각해내고 그에 따라 판단을 내려야 한다"[17)는 것을 직접적으로
성취할 수 있다. 인간의 이기심을 주어진 것으로 보는 스미스와
달리 고드윈은 인간의 이기심을 극복하기 위해 사용되는 바로 그
보상 시스템에 의해 인간의 이기심이 조장되는 것으로 보았다. 어
느 쪽으로 노력해야 하는가에 대한 진정한 해결책은 사람들이 심
리적 혹은 경제적 보상 때문이 아니라——즉 누군가 "그것에 엄
청난 자기 이익이 따르기"[18) 때문이 아니라——그것이 옳기 때문
에 옳은 일을 하게 하는 것이다.

아직 개발되지 않은 인간의 도덕적 잠재력에 대해 무제약적 비
전을 갖고 있는 고드윈은 스미스처럼 사물의 현재 상태에서 가장
즉각적인 효과가 있는 것에 몰두하지 않았다. 진짜 목적은 더 고
차원적인 사회적 의무감에 대한 장기간에 걸친 개발이었다. 곧바
로 효과가 나타나는 인센티브가 더 고차원적인 사회적 의무감에
대한 장기간에 걸친 개발을 늦추는 만큼 인센티브의 이점들은 환
상이다. 고드윈의 비전에서 "보상에 대한 기대와 처벌에 대한 두
려움은 본질적으로 잘못된 것이며 정신을 개선시키는 데 해가 된
다."[19) 고드윈과 동시대인으로 "편견과 악을 일소하고 억누르기
보다는 편견과 악에 대해 좋은 게 좋다는 식으로 치부해 버리는"

모든 관념을 거부하는 마르키 드 콩도르세는 무제약적 비전의 또 다른 예다. 그의 견해는 고드윈의 견해보다 더 나아가고 있다. 콩도르세는 자신의 적들이 갖고 있는 인간 본성에 대한 비전의 기원을 조사하고 그들의 "잘못"이 "인간의 본성"과 인간 본성의 잠재력을 "편견, 거짓된 정열과 사회 관습으로 부패한" 기존의 인간들과 혼동하고 있는 것이라고 주장했다. [20]

균형 대 해결

제약적 비전과 무제약적 비전은 신중함──균형을 주의 깊게 고려하는──을 매우 다른 시각으로 보고 있다. 균형이 우리가 기대할 수 있는 전부라고 생각하는 제약적 비전에서 신중함은 가장 고차원적인 의무들 중 하나다. 에드먼드 버크는 신중함을 "가장 으뜸가는 미덕"이라고 불렀다.[21] 버크는 "조화와 중재," 요컨대 균형 없이는 "어떤 것도 좋을 수 없다"라고 말한다.[22] 반대로 도덕을 개선하는 데 고정된 한계는 없다고 보는 무제약적 비전은 제약적 비전보다 신중함을 중요시하지 않는다. 고드윈은 "우리 본성의 관대하고 고결한 감정을" 격려하려 하기보다는 "냉정한 신중함과 금전적인 자기 이익에 대한 고려를 통해 인간에게 선한 행위를 자극할 생각만 하는 도덕주의자들"──바로 스미스를 연상시킨다──을 높이 평가하지 않았다.[23]

무제약적 비전에 따르면 인간의 잠재력은 실제적인 것과는 아주 다르고, 잠재력을 일깨울 수 있도록 인간의 본성을 개선시킬 수 있는 수단이 존재하거나 혹은 그 같은 수단을 개발하거나 발견할 수 있다. 따라서 무제약적 비전엔 인간이 숨겨져 있는 심리적 또한 경제적 보상보다는 올바른 이유를 위해 올바른 것을 하게 되리라는 동의가 내포되어 있다. "인간이 오늘날 노력과 희생을 치르게 하는 것과 같은 의무들을 실제로 본성의 성향에 의해 성취"할 수 있다고 선언했을 때, 콩도르세는 비슷한 비전을 표현하고 있다.24) 따라서 해결책이 단순한 균형을 대신할 수 있다.

요컨대 인간은 "완벽해질 수 있다"——실제로 절대적으로 완벽해질 수 있다기보다는 끊임없이 개선될 수 있다는 의미. 고드윈에 따르면 "우리는 점점 더 완벽에 가까워질 수 있다."25) 비록 사람이 점점 더 완벽에 가까워지는 과정에서 "한계들을 규정할 수는 없다"하더라도 말이다.26) 이것이 인간은 고립된 개인들이 아니라 "전 인류"27)가 "명백히 정의와 미덕을 행할 수 있다"28)는 고드윈의 논점이다. "인간의 잠재된 미덕을 일깨우기 위해"29) 노력을 경주해야 한다. 현재에 존재하고 있는 행동 패턴에 대해 보상하는 것은 인간의 잠재된 미덕을 일깨우기 위한 노력과 정반대되는 것으로 여겨진다.

여기서도 콩도르세는 비슷한 결론에 이르고 있다. 그는 "인간이 완벽해질 수 있는 능력은 진실로 무한하다"고 말하고 있다.30) "인간 정신의 진보"라는 주제는 콩도르세에게서 되풀이 되고 있는 주제다.31) 그는 "인간의 지성엔 한계가 있다"32)는 사실과 누구도 자신들의 깊이와 분석으로 "자연의 모든 사실들"을 알거나 "궁극적으로 정확한 수단을 얻을 수" 있다고 믿는 사람은 없다는 사실을 인정했다.33) 하지만 콩도르세에 따르면 궁극적으로 인간의 정신 능력엔 한계가 있긴 하지만 누구도 그 한계를 규정할 수 없다. 그는 로크가 "감히 인간의 이해력에 어떤 한계를 두었다"는 사실에 대해 분노했다.[34] 헌신적인 수학자로서 콩도르세는 완벽해질 수 있는 능력을 수학적 극한에 대한 무한히 점근선적인 접근으로 인식했다.[35]

수 세기가 지나면서 "완벽해질 수 있는 능력"이라는 말을 사용하지 않게 되었지만 지금까지 완벽해질 수 있는 능력이라는 개념은 대체로 원래의 의미로 받아들여지고 있다. "인간은 매우 유연한 물질"[36]이라는 생각은 무제약적 비전을 공유하고 있는 많은 현대 사상가들에게 아직도 중요한 관념이다. "해결"이라는 개념은 무제약적 비전에 중심적인 관념으로 남아 있다. 해결책의 개발이 이제는 지난 일이 되어버린 대가를 치러야 했다 하더라도 더이상 균형을 이룰 필요가 없을 때 해결이 된 것이다. 해결이라는 목적은 사실상 다른 방법으론 받아들일 수 없는 것으로 생각했던 초기의 희생들 혹은 과도기의 상황들을 정당화한다. 예를 들어 콩도르세는 "미덕의 행로가 더 이상 어려운" 어떤 시점에서 "모든 사람의 이익과 각각의 이해관계가 결국 조화되고 일치할 것"으로 예상했다.[37] 인간은 단지 마음 속에 품고 있는 인센티브에 대한 반응에서라기보다는 사회적으로 유익한 성향의 영향을 받아 행동할 수 있다.

사회적 도덕성과 사회적 인과율

고드윈은 인간의 행동을 유익한 것과 해로운 것 두 가지로 분류하고 그 각각을 다시 의도적인 것과 우연한 것으로 구분하고 있다. 의도적으로 유익하게 하는 것을 "미덕",[38] 의도적으로 해를 입히는 것을 "악",[39] 우연히 해를 입히는 것을 악의 하위 종(種)인 "태만"이라 부른다.[40] 이러한 정의들은 다음과 같이 도식으로 나타낼 수 있다. 즉

	유익한	해로운
의도적인	미덕	악
우연한		태만

빠진 항목은 우연하게 유익하게 하는 경우다. 우연하게 유익하게 하는 경우가 특히 아담 스미스가 『국부론』과 같은 자신의 고전적 저작에서 전개했던 것처럼 아담 스미스의 비전 전체에서 중심적인 것이 바로 고드윈에겐 빠져 있는 항목이다. 스미스에 따르면 자본가들이 사회에 대해 산출하는 경제적 이익은 "자본가의 의도는 아니다."[41] 스미스는 자본가의 의도를 "비열한 탐욕"[42]으로 특징지었다. 그는 집단으로서의 자본가들을 "즐거움이나 기분전환을 하기 위해서조차 함께 만나는 일이 거의 없지만 대화는 사회에 대한 음모나 가격을 올리기 위한 어떤 계략으로 끝을 맺는" 사람들로 언급하고 있다.[43] 칼 마르크스가 등장할 때까지 경제학자들 중 경쟁자가 없었던 아담 스미스는 자본가들에 대해 되풀이해

부정적으로 묘사하긴 했지만[44] '자유방임주의적' 자본주의의 수호성인이 되었다. 고드윈의 무제약적 비전에서 중요했던 의도는 스미스의 제약적 비전에서는 부적절한 것이었다. 스미스에게 중요한 것은 경쟁하는 경제의 시스템 특성이었고 그것이 불쾌한 개인적 의도로부터 사회적 이익을 창출한다.

아담 스미스와 윌리엄 고드윈은 상반된 비전을 주장하는 아주 분명하고 솔직한 저자들로 언급되고 있다. 하지만 그들 각각은 오늘날까지 지배적 전망이 되기 위해 강력히 경쟁하고 있는 어떤 거대한 전통의 일부를 반영하고 있는 데 불과하다. 스미스와 고드윈 각각은 동시대인들 중에서도 표현이 다르고 세부 사항과 정도에서 차이가 있긴 하지만 자신들과 비슷한 비전을 가진 많은 지식인 동료들이 있었다. 1790년 에드먼드 버크의 『프랑스 혁명에 대한 성찰』은 제약적 비전을 적용했던 가장 논란이 되었던 저작이었다. 마찬가지로 토머스 페인의 논쟁적 응답인 『인간의 권리』(1791)는 많은 방식에서 2년 후 고드윈이 전개한 더 체계적인 무제약적 비전을 미리 고려한 것이었다.

고드윈은 루소가 "정부가 불완전하기 때문에 인간은 악할 수밖에 없다라고 가르친 최초의 사람"이라고 믿었다.[45] 루소는 인간의 본성은 본질적으로 인간 본성의 한계 때문에 제약되어 있는 것이 아니라 사회 제도 때문에 편협해지고 부패하게 된다——당대의 다른 사람들 중에서 콩도르세와 홀바흐 남작에게서도 찾아볼 수 있는 비전——고 주장한 사람들 중 가장 유명한 사람이었다. 19세기 존 스튜어트 밀은 "현재의 비열한 교육과 비참한 사회 제도들이" 사람들이 일반적 행복을 누리는 데 "유일하게 진정한 방해물"이라고 말하고 있다.[46] 밀의 절충주의가 많은 분야에서 제약적 비전과 더 조화되는 강력한 단서들을 포함하고는 있지만 밀의 가장 논란이 되었던 수사는 무제약적 비전을 반영하고 있다.[47]

수정되고 정도에서 다양해졌으며 교육, 전쟁, 형사상의 정의 같은 갖가지 요소를 내포하고 있는 분야에 적용되는 이 같은 토대에 기초해 19세기 사회주의와 20세기 자유주의 상당 부분이 세워졌다. 우리가 보게 될 마르크스주의는 과거의 상당 부분에 대해 제약적 비전을 적용하고 미래의 상당 부분에 대해 무제약적 비전을 적용하고 있는 독특한 복합적 이론을 전개하고 있다.

해롤드 라스키가 "불만족"은 "정치체제에서 심각한 질병의 표현"[48]이다라고 말했을 때 그는 무제약적 비전의 본질을 표현하고 있다. 무제약적 비전에선 사람도 자연도 실망스러울 정도로 고유한 제약을 갖고 있는 것은 아니며 따라서 기존의 제도, 전통 혹은 지배자들이 불만족의 원인이 된다. 반대로 맬서스가 인간의 고통이 "인간 본성의 고유한 법칙 때문이며 인간이 만든 모든 규칙과 전혀 무관하다"[49]고 주장했을 때 그는 인간과 자연 모두에 있는 고유한 제약들을 포괄한 제약적 비전의 가장 극단적인 형태들 중 하나를 표현하고 있다.

맬서스에 대한 고드윈의 답변은 당연히 자연과 인간 모두에 대해 '무제약적' 비전을 적용하고 있다. 다시 말해서 "인간은 각각의 사람이 자신이 소비할 수 있는 것보다 많은 식량을 생산할 수 있는 타고난 능력, 인간 제도에 의한 부당한 배척으로 억제될 수밖에 없는 능력을 지니고 땅이 경작될 수 있는 세계의 모든 나라들에서 태어난다."[50] 인간과 자연의 무제약적 가능성을 고려할 때 가난이나 불만족의 다른 원천들은 단지 기존의 제도를 변화시킴으로써 쉽게 해결할 수 있는 것에 대한 악의적 의도나 맹목성의 결과에 불과할 수 있다.

반면 버크는 우리 시대와 지배자들에 대한 불평을 "인간 본성의 일반적 결점"의 일부로 보고 인간 본성의 일반적 결점들을 이례적인 막연한 불안에서 비롯된 현실적 지표에서 분리하기 위해선 "정치적으로 진짜 총명"해질 필요가 있다고 생각했다.[51] 홉스는 훨씬 더 나아가 인간을 정치적으로 가장 다루기 힘든 것은 바로 인간이 "편안한" 때라고 주장한다.[52]

자연의 제약 그 자체는 대개 인간 본성의 제약 때문에 중요하다. 예를 들어 식량의 필요에 대한 자연의 고유한 제약은 인간이 부양하기가 어려워질 정도로 증가하는 한에서만 실제적인 사회 문제가 된다. 따라서 맬서스에게 자연의 중요한 제약은 단지 '인간의' 본성에 대한 맬서스의 고도로 제약적인 비전 때문에 사회적으로 중요하게 된다. 맬서스는 인간의 본성을 불가피하게 부양하기 어려워질 정도까지 사람들이 지구에 거주하게 하는 방식으로 작용하는 것으로 보았다. 하지만 자연적 제약을 기꺼이 인정하는 고드윈은 인간의 본성에 대해 아주 다른 비전을 갖고 있었다. 그는 인간의 본성이 불필요하게 인구 과잉에 이르도록 작용하지는 않는다고 보았다. 따라서 기하학적 인구 증가의 가능성은 고드윈의 관심사가 아니었다. "현실 속의 사람들은 먹지만 머리로 생각한 미래의 사람들은 먹지 않기 때문이다."[53]

반면 맬서스는 과잉 인구를 앞으로 일어날 추상적 가능성이 아니라 이미 나타나고 있는 구체적 현실로 보았다. 맬서스에 따르면 "인구수가 부양 수단을 뛰어넘은 지는 오래되었으며 …… 우리 가 인류 역사를 시작한 이래 그래 왔고 현재도 그런 상태에 있으 며 앞으로도 그런 상태는 영원히 계속될 것이다."[54] 제약적 비전 에 대해 더 분명하게 진술한 예를 찾아보기는 힘들 것이다. 맬서 스와 고드윈이 견해 차이를 보이는 것은 자연적 사실——식량의 필요——에 대해서가 아니라 인간 본성에 대해 전혀 다른 비전에 기초한 행태 이론에 대해서다. 예를 들어 대부분의 무제약적 비전 추종자들은 마찬가지로 죽음을 자연의 고유한 제약(고드윈과 콩 도르세는 언젠가 죽음을 정복할 수 있으리라는 사실을 배제하지 않고 있지만)으로 인정하고 있지만 단순히 죽음을 인류 사회 발전에 대 한 제약으로 다루지는 않는다.

제약적 비전을 가진 사람들과 무제약적 비전을 가진 사람들은 세계의 큰 악——예를 들어 전쟁, 가난 그리고 범죄——을 전혀 다른 관점에서 보고 있다. 인간의 선택이 본질적으로 제약되어 있 지 않다면 전쟁, 가난 그리고 범죄 같은 불쾌하고 재난적인 현상 의 존재는 사실상 설명——그리고 해결책——을 필요로 한다. 하 지만 인간의 한계와 정열 그 자체가 전쟁, 가난 그리고 범죄 같은 고통스러운 현상의 중심에 자리하고 있다면 설명을 필요로 하는 것은 세계의 악들을 피하거나 최소화할 수 있는 방법이다. 무제약 적 비전을 믿는 사람들은 전쟁, 가난 그리고 범죄의 특별한 원인 을 찾는 반면 제약적 비전을 믿는 사람들은 평화, 부 혹은 법을 준 수하는 사회의 특별한 원인들을 찾는다. 무제약적 비전은 사회악 을 제어할 수 있다고 본다. 따라서 무제약적 비전은 도덕적으로 충분히 헌신하기만 하면 사회악들을 해결할 수 있다고 생각했다. 하지만 제약적 비전에선 고유한 인간의 악을 억제하거나 개선하기 위한 책략이나 전략이 무엇이든 그 자체로 대가를 치러야 하며 이러한 문명화된 제도들에 의해 다른 사회 질병의 형태로 어떤 사회악이 생겨난다. 따라서 할 수 있는 것이라곤 신중한 균형뿐이다.

18세기 두 차례의 대혁명——프랑스와 미국에서——은 제약적 비전과 무제약적 비전이라는 서로 다른 비전을 적용한 것으로 볼 수 있다. 하지만 복잡한 역사적 사건의 피와 살을 골격만 남은 이론적 모델과 비교할 때는 필요한 단서들을 모두 고려해야 한다. 프랑스 혁명의 중요한 전제들은 더 분명하게 프랑스 혁명 지도자들을 지배하고 있었던 인간에 대한 무제약적 비전을 반영하고 있다. 미국 혁명의 지적인 토대는 토머스 페인과 토머스 제퍼슨 같은 사람들을 포함하고 있기 때문에 더 혼합적이다. 토머스 제퍼슨의 사상은 많은 방식에서 프랑스 혁명 당시의 지배적 사상과 유사하기는 하지만 또한 미국 헌법에 지배적인 영향을 준 사람으로서 『연방주의자의 보고서』에서 표현되고 있는 인간에 대한 고전적인 제약적 비전을 포함하고 있다. 로베스피에르가 "모든 인간이 평등하게 조국과 조국의 법률에 헌신하게 될 때"[55] 혁명에 따른 학살이 종식될 것으로 기대한 반면 『연방주의자의 보고서』에서 알렉산더 해밀턴은 "공익과 무관한 고려에 따른 편견 없는" 개인의 행위에 대한 생각을 "진지하게 기대할 수 있다기보다는 간절한 희망이 섞인" 전망으로 보았다.[56] 로베스피에르는 해결을 추구한 반면 해밀턴은 균형을 추구했다.

정교한 견제와 균형으로 이루어진 미국의 헌법은 분명 누구에게도 권력을 전적으로 위임할 수 없다는 견해를 분명하게 반영하고 있다. 이것은 생사여탈권을 포함해 루소의 "일반 의지"를 표명하며 "민중"의 이름으로 말하는 사람들에게 전권을 부여한 프랑스 대혁명과는 분명한 대조를 보이고 있다. 당시 직위를 박탈당하고 사형당한 지도자들에 대해 몹시 실망했을 때에도 무제약적 비전을 믿는 사람들은 혁명지도자들의 악행을 혁명을 배신한 개인들에 국한된 것으로 보고 사실상 자신들의 정치 시스템에 대한 믿음을 바꾸지 않았다.

   『연방주의자의 보고서』의 저자들은 자신들이 신봉하고 있는 견제와 균형의 헌법 밑에 깔려 있는 인간에 대한 비전을 분명하게 의식하고 있었다.

   견제와 균형 같은 장치들이 정부의 권력 남용을 통제하기 위해 필요했던 것은 인간의 본성에 대한 반영이었을 것이다. 하지만 정부 그 자체는 인간 본성을 반영하고 있는 모든 것들 중에서 단연 가장 위대한 것이다.[57]

   연방주의자들에게 악은 인간에게 고유한 것이고 제도는 단지 악을 극복하려는 방법에 불과하다. 마찬가지로 아담 스미스는 정부를 인간이 "지혜와 미덕"을 결여하고 있는 데 대한 "불완전한 치유책"으로 보았다.[58] 『연방주의자의 보고서』에선 다음과 같이 말하고 있다.

도대체 정부가 왜 설립되었는가? 인간의 정열은 제약 없는 이성과
정의의 명령을 승인하지 않을 것이다.[59]

인간에 대해 무제약적 비전을 갖고 있는 사람들에게 헌법상의
견제와 균형이라는 전체적으로 정교한 시스템은 불필요하게 복
잡하고 장애가 된다. 콩도르세는 "국민들을 압박하는" "지나치게
복잡한" 정치 기제를 창조하는 것과 같은 "평형추"를 비난했다.[60]
그는 사회가 "대립된 세력 사이에서 떠밀리고 있거나"[61] 헌법적
견제와 균형의 "타성"으로 억제될 필요가 없다고 보았다.[62]

제약적 비전은 인간 조건에 대한 비극적 비전이다. 무제약적 비
전은 궁극적으로 결정적인 것으로 볼 수 있는 인간 의지에 대한
도덕적 비전이다. 무제약적 비전은 더 고귀한 이상과 최선의 해결
책을 추구하도록 조장한다. 반대로 제약적 비전은 최선을 좋은 것
의 적——무익할 뿐만 아니라 흔히 비생산적인 것으로 얻을 수
없는 것에 도달하기 위한 헛된 시도인 반면 같은 노력을 하면 실
용적이고 유익한 균형을 창출할 수 있다——으로 본다. 아담 스미
스는 이러한 논법을 경제뿐만 아니라 도덕성과 정치에도 적용한
다. 즉 스미스에 따르면 신중한 개혁가는 국민의 확인된 습관과
편견을 존중할 것이며, 자신이 올바른 것을 확립할 수 없을 때 "그
는 나쁜 것을 개선할 가치가 없다고 생각하지 않을 것이다." 신중
한 개혁가의 목적은 이상을 만들어내는 것이 아니라 "국민들이
수용할 수 있는 최선의 것을 확립하는 것"이다.[63]

하지만 무제약적 비전을 표현하고 있는 콩도르세는 법이 "기후
에 따라 변화하고 정부의 형태와 미신이 신성시되는 풍습 그리고

각각의 국민들이 채택한 어리석음에 대해서까지 순응"해야 한다는 어떤 견해에 대해서도 거부했다.[64] 따라서 그는 프랑스 혁명이 미국 혁명보다 더 낫다고 생각했다. 왜냐하면 "프랑스 헌법과 법률에서 파생된 원칙들이 더 순수"하고 "국민이 제약 없이 자신들의 주권을 행사할 수 있도록" 하기 때문이다.[65] 어떤 사회의 제도들이 또 다른 제도로 옮겨갈 수 있는가 혹은 더 나은 사회들에 대한 특정한 청사진들이 다른 나라들에 적용될 수 있는가 여부의 문제가 미국과 프랑스 혁명을 바라보는 콩도르세의 견해와 관련이 있다. 제레미 벤담은 전혀 다른 사회들에 적용하려고 의도된 특정 개혁들과 일반적 원칙들을 만들어낸 것으로 주목받았다. 하지만 해밀턴에게 "필라델피아에서 좋은 것이 파리에서는 나쁠 수도 있으며 페테르부르크에서는 우스꽝스러울 수도 있다."[66] 각각의 결론은 그것들이 파생된 각각의 비전과 일치하고 있다.

제약적 비전은 인간의 본성을 시대와 장소에 관계없이 본질적으로 변치 않는 것으로 보기 때문에 특정 사회에서 독특한 인간의 욕구에 대한 특별한 문화적 표현을 강제적인 개입으로 즉시 유익하게 변화시킬 수 있다고 생각하지 않았다. 반면 무제약적 비전을 가진 사람들은 인간의 본성을 유익하게 변화시킬 수 있는 것으로, 그리고 사회 관습을 보존가치가 없는 과거의 잔존물로 보는 경향이 있다.

제약적 비전은 이상을 성취하는 비용을 이상보다 더 중요하게 생각한다. 하지만 무제약적 비전에서 이상에 더 가까워질 수 있는 것은 무엇이든 우선시된다. 비용은 유감스러울 수 있지만 결코 결정적인 것은 아니다. 토머스 제퍼슨은 프랑스 혁명 때문에 살해된

무구한 사람들 때문에 프랑스 혁명에 반대한 사람들에 대해 다음과 같이 반응하고 있다.

> 프랑스 혁명의 대의명분에 대한 일부 순교자들 때문에 나의 감정은 깊은 상처를 입기는 했지만 혁명을 실패로 돌아가게 하기보다는 차라리 지구상의 절반이 황폐해지는 것을 보리라.[67]

　사회 정의를 추구하는 데 따른 과정 비용에 대해선 개의치 않겠다는 신념이 이보다 더 분명하거나 혹은 단호하게 표현되고 있는 경우는 거의 찾아보기 힘들 것이다. 하지만 결국 제퍼슨도 혁명에 따른 희생이 자신이 계속해서 수용할 수 있는 수준 이상으로 증가하자 프랑스 혁명에 반대하게 된다. 제퍼슨은 무제약적 비전에 대해 전적으로 혹은 되돌릴 수 없을 정도로 헌신하지는 않았다.

　과정 비용의 상대적 중요성은 수 세기에 걸쳐 계속해서 제약적 비전과 무제약적 비전을 구분해 왔다. "그것이 자유를 위해 우리가 치러야 할 대가"라고 주장하며 범죄자들이 처벌을 피할 수 있도록 해주는 법률 절차상의 문제를 옹호하는 사람들이나 "달걀을 깨지 않고는 오믈렛을 만들 수 없다"고 말하면서 혁명을 옹호하는 사람들은 역사적으로 과정 비용을 부차적인 것으로 취급했던 무제약적 비전에 대한 현대적 사례들이다. 철학적 스펙트럼의 다른 쪽 끝에는 본질적으로 아담 스미스의 과정 비용에 대한 견해를 되풀이하고 있는 사람들이 있다. 즉 "사회의 평화와 질서는 불행한 사람들을 구제하는 것보다 더 중요하다."[68] 이상과 이상을 성취하기 위한 비용 사이의 계속된 투쟁은 단지 계속되는 비전의 충돌 중 일부에 불과하다.

요약과 의미

비전은 궁극적으로 인간의 본성——단지 인간의 현재 모습만이 아니라 인간의 궁극적 잠재력과 궁극적 한계——을 어떻게 이해하고 있느냐에 따라 달라진다. 인간 본성의 잠재력을 현재 드러난 것보다 훨씬 넘어설 수 있는 것으로 보는 사람들은 인간을 그 자체가 불행한 부수 효과를 창출하는 사회 장치에 의해서만 이기심과 위험한 충동이 억제될 수 있는 비극적 한계가 있는 피조물로 보는 사람들과는 전혀 다른 사회적 비전을 갖고 있다. 윌리엄 고드윈과 아담 스미스가 각각의 사회 비전——무제약적 비전과 제약적 비전——에 대한 가장 분명하고 가장 일관성 있는 예들 중 두 사람이다. 하지만 그들이 두 가지 사회사상의 오랜 전통에서 첫 번째 사람도 그렇다고 마지막 사람도 아니다.

루소가 인간은 "자유롭게 태어나지만 어디에서나 쇠사슬에 묶여 있다"[69]고 말했을 때 그는 근본적인 문제가 자연이나 인간이 아니라 제도라는 무제약적 비전의 핵심적인 부분을 표현하고 있다. 루소에 따르면 "인간은 자연 상태에선 적이 아니다."[70] 홉스는 『리바이어던』에서 루소와 극단적으로 반대되는 비전을 제시하고 있다. 홉스에 따르면 정치 제도의 무장권력은 그것이 없었다면 자연 상태의 인간들 속에 벌어졌을 바로 만인에 대한 만인의 투쟁을 막고 있다.[71] 홉스가 생각했던 자연 상태 속에서의 삶은 "고독하고, 가난하고, 더럽고, 야만적이고, 불충분하다."[72] 콩도르세의 무제약적 비전은 그가 인간의 "본성적 성향"이 사회의 선과 일치하게 되는 사회를 추구하게 하지만[73] 하이에크의 제약적 비전은 "자유로운 사회의 불가피한 규칙들이 우리에게 불쾌한 많은 것들을 요구한다"라는 결론에 이르게 된다.[74] 즉 인간의 고유한 본성은 사회 선과 일치할 수 없지만 불쾌함이 수반되더라도 의도적으로 사회 선에 따르게 해야 하는 것이다.

무제약적 비전에서 인간의 더 폭 넓은 능력을 고려하면 인간의 잠재 능력들을 발휘하게 하는 의지들이 특히 중요하다. 의지를 우회적으로 표현하는 말과 개념들——"성실", "참여", "헌신"——은 수 세기 동안 무제약적 비전에 중심적이었다. 또한 무제약적 비전이 추구하는 정책들은 흔히 "자유", "평등", "박애", "인간이 인간을 착취하는 상황을 종식시키는 것" 혹은 "사회 정의"와 같은 그들이 의도한 목적이라는 관점에서 기술되어 왔다. 하지만 제약적 비전에선 인간이 자신의 의지를 직접적으로 실현하는 능력은 매우 제한되어 있으며 의지는 훨씬 작은 중요성을 갖는다. 버크는 "인간의 오류에서 비롯된 유익한 결과"와 "가장 분명한 미덕들에 따른 나쁜 결과"에 주목했다.[75] '자유방임주의'라는 스미스의 경제학설은 암묵적으로 한결같이 의도와 결과가 일치하지 않는다는 점을 가정하고 있다. 자본주의 시스템의 이익은 자본가들의 의도에서 비롯된 것이 아니기 때문이다.

제약적 비전은 사회 과정을 의지나 궁극적 목적의 관점에서가 아니라 그 같은 목적들——예를 들어 "재산권", "자유 기업 제도"

혹은 헌법에 대한 "엄격한 해석"——에 기여하는데 필요한 것으로 생각되는 시스템 특성의 관점에서 기술하고 있다. 두 가지 비전 속에는 서로 다른 목적이 존재할 뿐만 아니라 더 근본적으로 그 목적들은 서로 다른 것과 관련이 있다. 무제약적 비전은 바로 바람직한 결과의 관점에서 말하고, 제약적 비전은 바람직한 결과에 도움이 되는 것으로 생각되는 과정 특성의 관점에서 이야기한다. 제약적 비전은 바람직한 결과에 대해 직접 말하지 않으며 다시 말해서 어떤 균형의 일부로 받아들일 수 있는 불행한 많은 부수 효과를 고려한다.

특정 시대의 사회 사상가들 사이에 다양한 차이점들이 존재하듯이 역사 전체를 통해 볼 때 사회 사상가들의 견해엔 훨씬 더 복잡한 차이점들이 존재한다. 하지만 어떤 사람들은 제약적 비전을 갖고 있는 것으로 또 다른 사람들은 무제약적 비전을 갖고 있는 것으로 분류할 수 있을 정도로 인간 본성과 사회 인과율에 대한 어떤 분명한 핵심 가정들을 찾아 볼 수 있다. 제약적 비전과 무제약적 비전으로 모든 사회 이론가들을 구분할 수는 없지만 이 같은 분류를 통해 중요한 많은 인물들과 지난 이백 년 간 계속되어 온 이데올로기 갈등의 논점을 분명하게 부각시킬 수는 있다.

무제약적 비전의 전통에서 일관되게 흐르고 있는 것은 세계의 악은 어리석거나 비도덕적 선택 때문——그리고 더 현명하거나 더 도덕적이고 인도주의적인 사회 정책들이 해결책이다——이라는 확신이다. 윌리엄 고드윈은 『정치적 정의에 관한 고찰』에서 무제약적 비전에 대한 고심을 수많은 18세기 사상가들——장-자크 루소, 볼테르, 콩도르세, 토머스 페인, 그리고 홀바흐가 주목할 만한 예들이다——속에서 찾아 볼 수 있는 사상을 묘사하며 체계화하고 있다. 19세기에 들어선 생-시몽, 로버트 오웬, 그리고 조지 버나드 쇼와 점진적 사회주의자인 다른 페비언주의자들이 전혀 서로 다른 방식으로 고드윈의 일반적 접근을 진척시키고 있다. 무제약적 비전은 20세기엔 정치학자인 해롤드 라스키, 경제학에서 솔스타인 베블렌과 존 케네스 갤브레이스, 그리고 법학에서 이론에선 로널드 드워킨, 실천에선 어를 워런으로 대표되는 사법적 행동주의 옹호자들과 같은 전 학파로 이어지고 있다.

반면 제약적 비전은 인간에겐 고유한 도덕적 그리고 지적인 한계가 주어져 있어 제한되고 불행한 선택만을 할 수 있기 때문에 세계의 악이 생겨난다고 보았다. 제약적 비전을 가진 사람들은 세계의 악을 개선하고 진보를 조장하기 위해 도덕적 전통, 시장 혹은 가족들과 같은 어떤 사회 과정의 시스템 특성들에 의존하고 있다. 그들은 사회 과정들이 계획되기보다는 발전되는 것으로 생각했다——그리고 특정 개인이나 집단들을 위해 직접적으로 특정 결과를 산출하기 위해 설계된 특정 정책보다는 사회적 상호작용의 일반적 형태들에 의존한다. 아담 스미스에게서 찾아볼 수 있는 인간 능력에 대한 제약적 견해는 또한 17세기 토머스 홉스를 시작으로 스미스와 동시대인들 가운데 에드먼드 버크와 『연방주의자의 보고서』의 저자들, 법학의 올리버 웬델 홈즈, 경제학의 밀턴 프리드만, 그리고 일반 사회 이론에서 프리드리히 A. 하이에크에 이르기까지 일련의 다른 사회 사상가들의 흐름에서도 찾아볼 수 있다.

모든 사회 사상가들이 제약적 비전과 무제약적 비전이라는 도식적 이분법에 들어맞는 것은 아니다. 예를 들어 존 스튜어트 밀과 칼 마르크스는 5장에서 살펴보게 될 전혀 다른 이유로 어느 한쪽으로 분류되지 않는다. 또 다른 사람들은 두 가지 비전 사이의 중도적 위치를 차지하고 있거나 하나의 비전에서 또 다른 비전으로 전향하고 있다. 하지만 현실에선 여전히 비전의 충돌이 일어나고 있다. 모두가 진영을 선택하지는 않으며 혹은 초지일관 태도를 분명히 하고 있는 것도 아니기 때문이다.

단서를 두기는 해야 하지만 애초에 인간의 본성을 어떻게 받아들이느냐 하는 것은 사회에 대한 비전을 정의하는 지식, 도덕성, 권력, 시간, 합리성, 전쟁, 자유 그리고 법에 대한 전체적 개념과 매우 깊은 상관관계를 갖는 중요하고 주목할 만한 현상으로 남아 있다. 이 같은 상관관계는 다음 장에서 살펴보게 될 것이다.

다양한 신념, 이론과 사회적 사고 체계들이 하나의 연속체 전체에 걸쳐 펼쳐져 있기 때문에 어떤 면에선 이 책에서 사용하고 있는 이분법보다는 '덜' 제약적 비전과 '더' 제약적인 비전으로 말하는 것이 더 적절할 수도 있다. 하지만 제약적 비전과 무제약적 비전으로 나누는 것이 더 편리할 뿐만 아니라 중요한 특징을 간파할 수 있기도 하다. 사실상 사람이 100퍼센트 무제약적이라거나 100퍼센트 제약적이라고 믿는 사람은 없다. 어떤 기존 사상가를 두 가지 비전 중 어느 한쪽으로 분류하는 것은 단지 그 사람이 인간의 제약에 대해 더 많은 말을 했는가 아니면 인간의 사용되지 않은 잠재력에 대해 더 많은 말을 했는가에 따른 것이 아니라 바로 특정 이론의 구조와 작용에 제약들이 내재되어 있는가 혹은 어느 정도나 내재되어 있는가 여부다. 인간에 대한 제약을 중요한 특징으로 통합한 이론을 주장하는 사람들은 제약적 비전을 갖고 있으며, 인간에 대한 제약들을 분석의 필수적이거나 혹은 중요한 일부로 하지 않은 이론을 주장하는 사람들은 무제약적 비전을 갖고 있는 것이다. 분명 모든 비전은 어떤 것을 빠뜨리고 있다——사실상 '대부분'의 것들을 빠뜨리고 있다. 제약적 비전과 무제약적 비전이라는 이분법은 인간의 고유한 한계가 비전에서 핵심적인 요소로 다루어지고 있느냐 여부에 따른 것이다.

제약적 비전과 무제약적 비전이라는 이분법은 또 다른 의미에서 정당화되고 있다. 서로 다른 인간관과 세계관은 단지 정의(正義)에서 전쟁에 이르는 쟁점들에 대해 '서로 다른' 결론에 이르게 하는 것이 아니라 흔히 극단적으로 상반된 분명한 차이를 보이는 결론에 이르게 한다. 그렇게 되면 단지 비전의 차이들이 존재하는 것이 아니라 비전들이 충돌하게 된다.

제3장
지식과 이성은 완벽해질 수 있는가?

제약적 비전과 무제약적 비전은 지식의 질, 집중 혹은 확산 그리고 사회 과정에서 지식의 역할에 대한 개념은 물론 지식에 대한 정의에서도 차이가 나는 경향이 있다. 이성 역시 두 가지 비전에서 전혀 다른 의미를 갖는다.

지식의 활용

제약적 비전

제약적 비전은 어떤 개인이 갖고 있는 지식만으로는 대체로 사회적 의사 결정에 불충분하며 흔히 자신의 개인적 결정을 하는 데도 충분하지 못한 것으로 본다. 따라서 어떤 복잡한 사회와 그 진보는 오로지 지난 세대의 훨씬 더 많은 수의 사람들뿐 아니라 광범위한 분야의 동시대인들의 지식을 전달하고 종합한 수많은 사회제도들 때문에 가능하다. 제약적 비전은 지식을 무엇보다 '경험'——비용, 희소성, 선호를 나타내는 가격에서 다원적 경쟁에서 효과 있는 것에서 효과 없는 것을 제거해 나가며 매 세대의 나날의 경험으로부터 발전한 전통에 이르기까지 대체로 불분명한 형태로 사회적으로 전달되는——으로 인식하고 있다. 프리드리히 A. 하이에크는 지식을 경험으로 보는 자신의 견해를 다음과 같이 표현하고 있다.

우리가 지식을 과거의 경험이 통합되는 환경에 대한 인간의 모든 적응을 포함하는 것으로 해석할 때에만 지식의 증가는 문명의 성장과 동일시된다. 이런 의미에서 모든 지식이 우리 지력의 일부는 아니며 우리의 지력이 우리 지식의 전부도 아니다. 따라서 우리의 습관과 기술, 우리의 감정적 태도, 우리의 도구들과 우리의 제도들은 모두 덜 적합한 행동을 제거하는 과정을 통해 성장하는 과거 경험에 대한 적응이다. 그 모든 것은 우리가 의식하고 있는 지식만큼이나 없어서는 안 될 행동의 불가피한 토대이다.[1]

제약적 비전에서 그것은 단지 개인들이 효과가 없는 것 대신 효과 있는 것을 합리적으로 선택할 뿐만 아니라 또한 승자나 패자가 사회에 어떤 것이 더 적합한지 합리적으로 이해하지는 못하더라도——그리고 더 근본적으로——제도들과 전체 사회들은 경쟁을 통해 결국 일반적으로 더 효과적인 문화 특성을 갖고 있는 것들이 존속되게 된다. 부족 사회 단계에서 효과적일 수 있는 가치들은 민족국가가 기능할 수 있게 하거나 촉진하는 가치들에 비해 경시되는 경향이 있다. 이런 관점에서 "인간은 분명 더 자주 그것이 왜 옳은 것인지 이해하지 못하고 올바르게 행동하는 법을 배워왔으며 인간은 이해보다는 관습에 더 쉽게 영향을 받는다." 따라서 "주위 상황에 대한 인간의 사고보다는 행위규칙체계에 더 많은 '지성'이 존재한다."[2]

따라서 소수의 사람들이 아무리 재능 있고 능력 있다 해도 지식은 소수의 분명히 표현될 수 있는 '이성'보다는 행동, 감정, 습관에 구체화되어 있는 것처럼 많은 사람들의 사회적 경험이다. 해밀턴에 따르면 지식이 외따로 떨어진 고안물이라기보다는 사회적 경험으로 인식될 때 "서재에선 극히 적은 지식을 얻을 수 있다."[3]

버크의 말에 따르면 "우리는 사람들이 각각 자신이 개별적으로 축적한 이성을 이용해 살아가게 되는 것을 두려워한다. 우리는 각각의 개인에게 축적되어 있는 이성이 작으며 개인들은 민족과 세대들이 축적해 놓은 저장고와 지식들을 이용하는 게 더 나을 것이라고 어렴풋이 느끼고 있기 때문이다."[4] 버크는 이성이 단순히 유명한 사람들의 글이 아니라 국민의 전체 경험으로서 문화와 행동에서 구체화된 감정, 정식 절차 그리고 심지어 편견에 요약되어 있는 것으로 보았다. 그는 이처럼 지식에서 문화적으로 추출된 것들은 절대 오류가 없다거나 변할 수 없는 것——이것은 균형이라기보다는 해결책이 될 것이다——이 아니라 오히려 효과가 있는 시험된 경험체로 생각한다. 그리고 그것은 가장 신중하고 심지어

내키지 않는 검사를 한 후에만 변화되게 된다. 버크에 따르면 우리는 아버지의 상처를 간호할 때처럼 걱정스럽게 사회 질서의 결점에 주의를 기울여야 한다.[5] 사회 질서의 결점은 무시되어서는 안 되지만 그렇다고 실험이나 성급한 영감에 내맡겨져서도 안 된다. 조금도 검토하지 않는다면 진화 과정은 없게 되며 따라서 버크의 특징이자 정도의 차이는 있지만 제약적 비전을 믿는 다른 사람들의 특징인 전통과 지속되는 제도에 대한 확신의 기초도 존재하지 않게 된다.

제약적 비전의 균형적 관점에서 결점은 불가피하며 따라서 결점의 중대함이 변화에 따른 불가피한 비용을 감수할 만한 가치가 없다면 결점 그 자체를 변화의 이유로 다루지는 않는다. 버크는 "나의 원칙을 흔들리지 않고 지킬 수 있었기 때문에 합리적 노력을 위해 활발하게 활동할 수 있었다"라고 말하고 있다.[6] 또 다른 경우에 그는 "결점들이 곪아 범죄가 될 때까지 결점들을 견뎌야 한다"라고 말한다.[7] 이것은 단지 무관심하게 대세에 몸을 맡기는 것을 그럴듯한 말로 치장한 데 불과한 것은 아니었다. 버크는 워렌 헤이스팅스가 인도 통치를 하며 저지른 것으로 알려진 부정행위에 대해 그를 끊임없이 기소했으며 반란을 일으킨 아메리카 식민지를 해방시키기 위해 혹은 노예제를 반대하는 자신의 제안들을 위해 의회에서 인기 없는 저항을 계속했기 때문이다.[8] 아담 스미스 역시 노예제를 반대하고 수많은 국내 개혁들을 제안한 이외에도 아메리카 식민지들——다른 식민지들도——을 해방시켜줄 것을 촉구했다.[9] 미국에서 『연방주의자의 보고서』를 쓴 사람들——알렉산더 해밀턴, 제임스 매디슨과 존 제이——은 무엇보다 영국 지배에 대한 반란 지도자로 대중에게 알려지게 되었다. 제약적 비전은 현상 유지를 받아들이는 것(혹은 현상 유지에 대한 위장)과 같은 뜻은 아니다.

무제약적 비전

무제약적 비전은 인간의 지식이나 이성을 통한 지식의 적용에 대해 제한적 견해를 갖고 있지 않다. 그것은 토머스 페인의 유명한 책 제목에서 표현되고 있는 것처럼 "이성의 시대"를 개막한 18세기 무제약적 비전의 전형적인 견해들이다. 무제약적 비전에서 이성은 제약적 비전에서 경험이 차지하고 있는 것과 같은 최고의 자리를 차지하고 있다. 고드윈에 따르면 경험은 이성이나 "교양 있는 사람의 일반적인 능력"에 비해 엄청나게 과장되어 있다——그의 표현에 따르면 "불합리하게 과장된."[10] 따라서 고드윈은 나이 먹은 사람들의 지혜를 대개 무지한 자들의 환상으로 보았다. 어떤 믿음이나 관례가 오래됐다고 해서 유효성에 대해, 특히 분명히 표현될 수 있는 관점에서 중대한 시험을 하지 않아도 되는 것은 아니다. 고드윈의 말에 따르면 "우리는 모든 것을 이성의 기준에 맞추어야 한다." 그는 다음과 같이 덧붙이고 있다.

오래되었다거나 우리가 그것을 신성한 것으로 보는 데 익숙해져 있고 혹은 그것의 유효성을 문제 삼는 것이 이례적이라는 이유만으로 어떤 것이 유지되어서는 안 된다.[11]

마찬가지로 콩도르세에 따르면 "시대의 흔적이 남아 있는 모든 것은 존경보다는 불신을 불러일으킨다."[12) 콩도르세는 "우리는 성찰을 통해서만 인간에 대한 과학에서 어떤 일반적인 진리들에 도달할 수 있다"고 말하고 있다.[13)

가까운 장래에 사실들에 대해 직접적으로 이성을 적용할 수 있는 어떤 "교양 있는 사람"의 능력을 고려한다면 과거에서 기원한 집단적 지혜로 표현되는 것과 같은 분명하지 않은 제약적 비전의 시스템 과정을 따를 필요는 없다. 고드윈에 따르면 "집단적 지혜에 대한 주장은 가장 명백한 사기다."[14) 유효성은 간접적, 집단적 그리고 시스템적이 아니라 직접적, 개인적 그리고 의지적이다. 분명하게 표현될 수 있는 합리성은 실용적인 경험에 기초해 일반적으로 받아들여지는 것이 아니라 유효성의 양태다. 고드윈에 따르면 "편협한 견해를 갖고 관찰하는 사람들"은 자기들 사회에서 우연히 유행하게 되는 것은 무엇이든 기꺼이 받아들인다.[15) 따라서 이것은 쟁점을 결정하는 방법일 수 없다.

무제약적 비전에선 "편협한 견해를 가진 사람들"의 결론과 "교양 있는" 사람들의 결론 사이엔 심한 불평등이 존재한다는 점을 암묵적으로 인정하고 있다. 따라서 진보는 편협한 견해를 가진 사람들을 교양 있는 사람들의 수준으로 향상시키는 것을 포함하고 있다. 고드윈에 따르면

진정한 지적 개선은 가능한 한 빨리 공동체의 계몽된 구성원들이 이미 갖고 있는 지식 수준으로 정신을 향상시키고 거기서부터 더 많은 것을 습득하려 하기 시작하는 것이다.[16)

또한 무제약적 비전은 서로 다른 유형의 개인들이 갖고 있는 믿음을 비교하는 것——1) 현재 살고 있는 세대 X를 통해 표현되고 있는 것처럼 개별적인 A에서 X에 이르는 이어지는 세대들을 통해 작용하고 있는 시스템 과정 대 2) 동떨어져 있는 Y의 분명하게 표현된 합리성 사이보다는 X와 Y 사이를 비교하는 것——이 적절하다는 견해를 암묵적으로 인정하고 있다. 집단적 지혜에 대한 거부는 개별적 비교들을 판단의 기준으로 남겨둔다. W에서 A에 이르는 경험은 더 이상 중요하지 않기 때문에 쟁점은 분명하게 표현되고 있는 X의 합리성 대 Y의 합리성으로 축소된다. 따라서 무제약적 비전은 필연적으로 "교양 있는 사람"인 Y를 좋아하는 반면 제약적 비전은 필연적으로 많은 다른 사람들(A에서 W에 이르는)의 분명하지 않은 경험의 전형으로 볼 수 있는 X를 통해 표현되고 있는 견해들을 선호한다.

버크는 분명 자신을 Y보다는 X의 역할을 하는 사람으로 보았다.

나는 당신에게 아주 오래 전부터 지금까지 우리들 속에서 지속되면서 일반적인 승인을 받아 수용되었으며, 사실상 내가 다른 사람들로부터 배운 것을 나 자신이 성찰을 통해 얻은 결과로부터 구별할 수 없을 정도로 나의 정신에 주입되었던 견해를 제시하고 있다.[17]

버크가 말한 지식 혹은 이해력은 자신이 참여하고 있는 공유된 지식의 축적으로 인식되고 있다. 고드윈이 말하고 있는 지식 혹은 이해력은 "교양 있는 사람들"의 지식 혹은 이해력——본질적으로 많은 사람들 속에 흩어져 있기보다는 소수의 사람들에게 집중되어 있는 지식——이다. 지식의 의미 또한 차이가 있기 때문에 지식이 두 가지 비전 사이에서 아주 다르게 구분되고 있다. 제약적 비전에서 지식은 너무 복잡해, 분명하게 정의할 수 없는 경험의 다양성이다. 제약적 비전에서 지식은 수세대에 걸쳐 사실상 무의식적인 사고나 행동 방식——폭넓게 공유되고 있는——으로 다듬어져 문화적 과정과 특성들에 아주 깊이 새겨져 있는 것이다. 버크의 말에 따르면 그것은 "성찰되지 않은 지혜"다.[18]

'성찰되지 않은' 지혜는 무제약적 비전엔 전혀 낯선 개념이다. 무제약적 비전에서 인간은 모든 쟁점에 대해 분명하게 이성을 활용할 수 있는 능력과 의무를 가지고 있다. 고드윈에 따르면 "이성은 인간의 행위를 규제하기에 적절하고 충분한 도구다."[19] 정열과 편견이 존재할 수는 있지만 "우리가 우리의 이성적 능력을 발휘한다면 반드시 우리의 잘못된 성향들을 고칠 수 있다."[20]

무제약적 비전에서 분명하게 표현될 수 있는 지식은 전문적이고 집중되어 있기 때문에 가장 좋은 사회적 행동은 많은 사람들의 행동을 인도할 수 있는 소수의 전문화된 지식에 의지하는 것이다. 고드윈에 따르면 필요한 것은 "사회에 대한 올바른 견해들"을 사회의 "자유롭게 교육받고 성찰하는 구성원"들에게 주입하고, 이어 그 사람들이 "국민의 지도자나 교사"가 되는 것이다.[21] 이 같은 생각은 결코 고드윈에게만 특이한 것은 아니며 오히려 무제약적 비전에서 되풀이되고 있는 핵심 주제다. 지식에 대한 고드윈과 같은 생각은 흔히 사욕이 없는 조언자로서의 지식인에 대한 비전과 궤를 같이하고 있다. 볼테르는 "자기 이익에 집착하지 않는 철학자들만이 이성과 공익을 옹호할 수 있다"라고 선언한다.[22] 콩도르세 역시 "야심이 없는 진정으로 계몽된 철학자"들에 대해 말하고 있다.[23] 루소는 "가장 현명한 사람이 대중을 통치하는 것이 가장 훌륭하고 가장 자연스러운 제도"라고 생각했다.[24] 달랑베르에 따르면 "지식인이 아닌 사람이 현실의 정부 기구를 운영한다 해도 지배자들이 통치를 가르치는 사람들과 의견이 일치할 때 국민이 가장 행복해질 수 있다."[25]

이 같은 18세기의 주제를 19세기에 존 스튜어트 밀은 적어도 18세기 사상가들에 못지않은 열정으로 되풀이하고 있다. 밀은 전문적인 역할을 "나라에서 가장 교양 있는 지식인들"[26], "생각이 깊은 사람들"[27], "가장 훌륭하고 가장 지혜로운 사람들"[28], "진짜 탁월한 지력과 인격을 가진 사람들"[29]이 맡아야 한다고 보았다. "탁월한 정신을 가진 사람들이 서로 함께하기만 한다면,"[30] 대학들이 "시대의 노예가 아니라 자기가 살고 있는 시대를 개량하고 개혁할 수 있는 사람들을 계속해서"[31] 배출할 수 있다면 많은 것을 이룰 수 있을 것이다. 비슷한 처방이 오늘날에도 유효하다. 요컨대 "생각하는 사람들"이나 "가장 총명하고 훌륭한 사람들"의 전문적 역할은 수 세기 동안 무제약적 비전의 중심 주제가 되고 있다.

그러나 제약적 비전을 가진 사람들은 사회를 운영할 때 지식인들의 전문적 역할을 오랫동안 "매우 위험한 것"으로 보고 있다. 버크는 다음과 같이 말하고 있다.

야심으로 타락하지 않은 학자가 계속해서 교사로 만족하고 지배자

가 되려 하지 않는다면 좋으련만.[32]

　마찬가지로 존 랜돌프는 "대학 교수가 정치인으로 변신한다"[33]
는 생각에 대해 혐오감을 느꼈다. 같은 맥락에서 홉스는 대학을
유행하기는 하지만 별로 중요하지 않은 말들이 범람하는 장소로
보았으며[34] "그렇게 불합리한 것도 없지만 철학자들의 책에선 유
행하기는 하지만 별 의미 없는 말들을 쉽게 찾아볼 수 있을 것이
다"라고 덧붙이고 있다.[35]
　제약적 비전을 가진 사람들은 지식과 지혜를 구성하고 있는 것
에 대한 지식인들의 편협한 개념을 가장 위험한 것으로 보고 있
다. 버크에 따르면 그들은 "이해, 학문 그리고 고상한 취미에 대한
평판을 자신들이나 자신들의 추종자들에게 한정시키기 위해 노
력"하고 있으며 "편협하게 다른 사람들을 박해하는 데 말과 글을
사용"할 수 있다.[36] 아담 스미스는 교조주의적인 사람들을 "장기
판에서 서로 다른 말을 배열하듯 자신이 쉽게 큰 사회의 서로 다
른 구성원을 배열할 수 있다고 생각하는 것처럼 보이며 과대망상
에 사로잡혀 스스로를 현명하다고 생각하는 시스템적인 사람"이
라고 말하고 있다.[37] 스미스는 철학자가 왕이 되어야 한다는 생각
을 혐오했으며 "모든 정치 이론가들 중에서 군주가 단연코 가장
위험하다"고 선언하고 있다.[38]
　인간의 이해력이라는 광대한 스펙트럼의 협소한 영역 내에서
전문가들이 우수하다는 사실을 부정하는 것은 아니다. 부정되는
것은 전문가의 의견이 더 광범위하게 분산되어 있는 유형의 지식
을 대신해야 하는 일반적 우수성으로 논의되는 것이다. 하이에크

에 따르면 "과학 지식에 관한 한 적절하게 선택된 전문가 집단이 이용할 수 있는 최고의 지식을 활용할 수 있는 가장 유리한 위치에 있다는 사실을 인정해야 할 것이다." 하지만 그는 다른 유형의 지식에 대해선 다음과 같이 덧붙이고 있다. "실제로 각각의 개인은 다른 모든 사람들보다 어떤 이점을 갖고 있다. 왜냐하면 각각의 개인은 자신이 유익하게 이용할 수 있지만 자신이 자기의 이익에 근거한 결정을 할 수 있거나 혹은 자신이 적극적인 협조를 할 때만 이용할 수 있는 고유한 정보를 소유하고 있기 때문이다."[39] 지식은 단편적이고 광범위하게 흩어져 있는 것으로 인식되고 있기 때문에 많은 지식들 속에서의 시스템 조정은 소수의 전문화된 지식을 대신한다.

현명한 소수가 시스템 조정을 계획하거나 강요할 수는 없다. 시스템 조정은 '자유방임주의'라는 표현을 만들어낸 집단인 18세기 중농주의자들 중 한 사람이 말했던 것 중에서 발전된 '자연적' 질서다.[40] 자유방임주의 학설에 대한 가장 유명한 옹호자인 아담 스미스에게서도 똑같은 유형의 논의를 찾아 볼 수 있다.

국민들에게 국민들이 자신의 자본을 사용해야 하는 방식을 명령하려 하는 정치가는 가장 불필요한 배려로 스스로 무거운 짐을 떠맡는 것이다. 또한 그는 개인에게만이 아니라 어떤 심의회나 의회에게도 안전하게 위임될 수 없는 어떤 권위를 갖고 있는 듯이 행동하는 것이다. 그 같은 권위는 스스로를 절대 권위를 행사하기에 적합하다고 생각할 정도로 어리석고 주제넘은 인간의 손에 들어가기엔 너무 위험하기 때문에 어디에도 존재하지 않는다.[41]

시장은 의사 결정을 위해 발전된 수많은 시스템 과정들 중 하나에 불과하다. 많은 시스템 과정들 중에서 가족, 언어 그리고 전통은 다른 예들이다. 제약적 비전을 믿는 사람들은 다른 사람들에 비해 아무리 재능이나 지식이 많다 해도 어떤 특정 개인보다는 더 나은 결정을 할 수 있는 시스템 과정들에 크게 의존하고 있다.

요컨대 제약적 비전과 무제약적 비전은 특정 개인이 얼마나 많이 알 수 있고 얼마나 많이 이해할 수 있느냐에 대해 서로 다른 인식에서 출발하고 있다. 따라서 제약적 비전과 무제약적 비전은 최선의 사회적 의사 결정이 전문화된 형태의 가장 개인적인 지식을 가진 사람들에 의해 이루어지느냐 아니면 많은 사람들 속에 각각 적은 양으로 흩어져 있는 지식을 활용하거나 조정하는 사회 시스템에 의해 이루어지느냐 여부에 대해 상반된 결론에 이른다.

분명하게 표현된 합리성 대 시스템 합리성

특히 분명하게 표현된 합리성의 힘은 무제약적 비전에서 중요하다. 지식을 활용하고 조정하는 분명하지 않은 사회 과정들의 힘은 제약적 비전에서 중요하다. 무제약적 비전에서 "분명한 이유" 없이 행동하는 것은 "선입관과 편견"에 따라 행동하는 것이다.[42] 고드윈에 따르면 "토론을 통해 발견하고 증명할 수 있다."[43] 지식이 분명하게 표현될 수 있는 합리성과 같은 의미를 갖는 고드윈의 비전에서 "말과 글의 정확성은 건전한 지식의 필수적인 선행 조건이다."[44] 미덕은 인간이 "자신들의 행동을 인정하고 행동의 근거가 되는 이유들을 분명히 해야 할" 때 증진된다.[45] 고드윈에 따르면 우리가 "분명한 정의(正義)의 수준에 대한 명령을 각자의 능력이 되게" 할 수 있다면 "우리는 전 인류가 분별 있고 고결해 지게 될 것이라고 기대할 수 있을 것이다."[46] 콩도르세에게도 그 임무는 "거의 모든 사람에게 엄격하고 흠 없는 정의의 원칙들을 공유하게 하는 것"이다.[47]

이성은 적어도 두 가지 전혀 다른 의미를 갖고 있다. 하나는 원인과 결과의 의미다. 다시 말해서 물이 얼어 얼음이 될 때 물의 부피가 늘어나는 원인이 있으며 우리 대부분은 물리학자가 아니라도 그 이유를 알고 있다――그리고 그 이유를 아무도 모르던 때도 있었다. 이성의 또다른 의미는 인과율이나 논리에 대한 분명한 설명이다. 다시 말해서 개인이나 사회가 이성의 법정에서 자신들의 행동을 정당화할 것을 요구받았을 때 그것을 설명하는 것을 의미한다. 인간의 능력과 잠재력에 대한 사람들의 비전이 제약적이면 제약적일수록 이 두 가지 의미 사이의 차이는 점점 더 커진다. 모든 것은 원인을 갖고 있겠지만 인간은 원인이 무엇인지 설명할 수 없을 수도 있다. 이론은 '문자 그대로' 전적으로 무제약적인 것은 아니기 때문에 이성에 대한 두 가지 의미 사이의 차이를 어느 정도 의식할 수 있다.

반면 이론은 인간이 어떤 것도 이해할 수 없을 정도로 그렇게 제약되어 있는 것이 아니다. 이론이 어떤 것도 이해할 수 없을 정도로 제약적이라면 이성의 두 가지 의미 사이에 중첩된 것은 전혀 없다는 것을 의미하게 된다. 하지만 스펙트럼에서 더 무제약적인 끝 쪽에선 이성에 대한 두 가지 개념 사이에 중첩된 부분이 너무 많아 이성이 존재한다고 말하는 것은 사실상 우리가 그것을 설명할 수 있다고 말하는 것으로 생각할 수 있다. 최소한 우리의 의사 결정은 우리가 설명할 수 있는 이유들을 기초로 진행되어야 한다. 하지만 스펙트럼의 제약적인 끝 쪽에선 분명하게 표현될 수 있는 합리성이 기껏해야 부수적인 역할을 하게 되는 사회 과정 전체를 통해 어떤 특정 개인이 알고 있지 못한 지식과 이유들이 많은 결정들에 영향을 미쳐야 한다.

고전 경제학과 특히 오스트리아 학파의 신고전주의 경제학은 개인의 명료성이 거의 의미가 없는 시스템 합리성에 대한 제약적 비전을 예시하고 있다. 신고전주의 경제학에서 볼 수 있듯이 통제할 수 없는 시장에서 가격, 임금, 이자율을 변화시키는 것은 경제를 변화하는 수요, 기술 변화, 발전된 기술에 맞추어 조정——이 과정에서 어떤 행위자도 자신의 개인적 반응이 전체에 어떻게 영향을 미칠지 알지 못하고 혹은 개의치 않으면서——하는 것이다. 이것은 그 자체의 특징적인 형태와 결과를 가진 일반적인 상호작용의 과정으로 분석할 수는 있지만——그렇지 않다면 오스트리아 학파의 경제학이 존재할 수 없었을 것이다——어떤 개인이나 집단이 실제적인 과정을 계획하거나 통제할 수 있도록 구체적인 세부사항으로 설명할 수는 없다. 그 속에 있는 합리성은 시스템적이며, 개인적이지 않다——그리고 존재할 수도 있는 개인적 합리성은 대체로 부차적이어서 인간이 얼마나 합리적인가와 같은 아주 곤란한 문제들은 제약적 비전에선 거의 의미가 없다.[48]

개인적 합리성과 시스템 합리성 사이의 어떤 유사한 차이점을 종교 교리에서도 찾아볼 수 있다. 종교 교리에서 한 편으로 1) 신은 자연과 인간의 현상에 영향을 미치기 위해 직접적으로 행동하는 것으로 인식되는가하면 다른 한 편으로 2) 신의 섭리에 의한 시스템 과정은 세부적인 일에 대해 신의 감독을 요구하지 않으면서 삶을 가능하게 하고 유익하게 만든다.[49] 시스템 과정들에 대한 세속적 해석과 종교적 해석 모두 공통된 것은 개별적 인간 행위자의 지혜는 과정 전체에 대한 지혜가 아니다. 반대로 개인적 합리성에 대한 세속적 해석과 종교적 해석이 있다. 종교적 해석은 신이 직접적으로 하루하루의 날씨 변화에서 개인의 죽음에 이르기까지 개별적 사건들에 대해 결정을 한다. 근본주의적인 종교는 많은 근본주의자들이 인간을 중심으로 계획을 세우는 것을 일종의 찬탈 혹은 "신의 역할을 하는 것"으로 반대할 수도 있지만 중앙집권적 계획이 가장 중시되는 비전이다. 중앙집권적 계획은 무제약적 신과 매우 제약되어 있는 인간이라는 근본주의자의 비전과 일치하고 있다.

법

두 가지 비전은 경제와 종교에서 뿐만 아니라 법에서도 충돌하고 있다. 올리버 웬델 홈즈가 "법의 생명은 논리가 아니라 경험이다"라고 선언했을 때 그는 시스템 개념을 표현하고 있다.[50] 명료성이 의사 결정에 본질적인 것은 아니다. 왜냐하면 "양식 있고 존경할 만한 많은 판결들"은 "분석할 수 없을 정도로 뒤얽혀 있어 꼭 집어 말할 수 없지만, 그 가치를 잃어버리지 않고 잠재의식 속에 내재되어 있던 인상들을 함축하고 있는, 경험을 통한 직관"을 표현하고 있기 때문이다.[51] 홈즈에 따르면 법엔 "우리 자신의 삶뿐만 아니라 지금까지 존재해 왔던 모든 사람의 삶"을 반영한 경험들이 포함되어 있다.[52] 법을 순전히 분명하게 표현될 수 있는 논리의 과정으로 인식하는 것은 "잘못"이다. 왜냐하면 "더 넓은 의미에서 법은 논리의 개발"이라고 할 수도 있지만 "수학처럼 행동에 대한 일반 공리로부터 이해"될 수는 없다.[53] 요컨대 법의 발전에 대한 논리는 시스템의 논리다.

법의 발전은 지구의 발전처럼 거의 천 년 간 계속되고 있다. 각각의 세대는 정신이 물질처럼 단순히 자연스러운 성장 법칙에 복종하는 다음 단계의 조치를 취하고 있다.[54]

하지만 존 스튜어트 밀은 반대로 법이 발전되는 것이 아니라 만들어진다고 주장했다. 밀에 따르면 제약적 비전을 가진 사람들이 역사로부터 발전하는 자연스런 질서로 특징짓고 있는 것은 "야만주의 시대에 원자들의 우연한 집합"에 불과하다.[55] 그는 다음과 같이 말하고 있다.

모세의 법과 마호메트의 법은 만들어졌으며 발전하지는 않는다. 이러한 법들은 사실상 종교 믿음에 직접적인 제재 규약을 담고 있다. 하지만 리쿠르고스 법과 솔론의 법은 '만들어진 것'이며 지금까지 '발전해 온' 어떤 법도 그것들에 근거하고 있을 정도로 영속성이 있다.[56]

밀이 보기에 판례를 조사하는 것은 "낡아빠진 수단을 위해 현재의 목적을 불합리하게 희생"시키는 것이다.[57)

하지만 밀은 자신의 주장을 다른 분야에서처럼 철회하지는 않았지만 단서를 달아 수정하고 있다. 밀에 따르면 법을 "만드는" 사람들은 "국민이 수용할 수 있는 정도"를 고려해야 한다. 그것은 국민의 "오래된 습관" 혹은 국민들의 "지속될 수 있고 노력을 요하는 확신으로 그것이 없인 모든 법체계가 작동하지 않게 될" 하나의 기능이다. 따라서 "사람들의 동의를 얻는 것은 상반된 이익과 기대 사이에 있는 무수히 많은 타협을" 나타내고 있는 "제도들에서 존재의 지속성 같은 어떤 것의 보존에 좌우된다." "국민의 동의를 얻을 수 있는 법 없이는 어떤 정부도 일년을 유지할 수 없으며 일주일조차 견디기 힘들 것이다."[58) 이 같은 단서를 달고 있는 밀의 주장은 애초에 전혀 상반된 것처럼 보였던 것, 즉 하이에크가 말한 것처럼 "초기에 법을 만든 유명한 사람들은 모두 새로운 법을 만들려고 한 것이 아니라 단지 존재했던 법과 늘 존재했었던 법을 진술한 데 불과하다"는 주장과 크게 차이가 나지 않는다.[59) 즉 하이에크에 따르면 그것은 "대체로 이전에 존재했던 관례를 분명하게 하는 것이다."[60)

법에 대한 많은 현대의 저자들은 밀보다 훨씬 더 분명하게 무제약적 비전을 표현하고 있다. 예를 들어 로널드 드워킨은 "경제는 물론 윤리가 보이지 않는 손에 의해 움직인다는 어리석은 믿음"을 버리고 "결국 개인의 권리와 일반적인 선은 일치하게 될 것이며 원칙에 근거한 법이 국가를 모두가 이전보다 행복하게 살

수 있는 갈등 없는 유토피아로 만들어가게 될 것이다"라고 주장했다.[61]

법에 적용되고 있는 서로 다른 비전들은 사법적 행동주의에 대해 상반된 결론에 이르고 있다. 드워킨이 적용한 것처럼 무제약적 비전은 "행동주의 법정"이 헌법의 문구를 법정 자체의 고유한 의미로 읽을 것을 요구하고 있다.[62] 드워킨이 자신의 결론이나 결론에 도달하기 위해 사용된 방법이 그에게만 고유한 것은 아니다. "합헌적 법률과 도덕 이론의 융합"[63] 그리고 "새로운 도덕적 통찰력"[64]에 대한 그의 요구는 많은 요구들 중 하나였다.[65]

법에 대한 올리버 웬델 홈즈의 개념은 사법적 행동주의에 대한 그 같은 여지를 남기지 않고 있다.

필연적으로 헌법 조문에서 유추할 수 없는 사법적 규제로 입법부를 지나치게 구속하는 것은 위험하다.[66]

고수해야 할 것은 법조문만이 아니라 오히려 법조문 원래의 의미다. 그는 수정헌법 14조*를 근거로 "수정헌법 14조가 채택되던

---

* 영국에 반기를 든 북아메리카의 13개의 식민지는 1776년 독립을 선언하면서 그들의 결속을 위하여 연합헌장(The Articles of confederation)을 제정하고 이 헌장에 입각하여 연합회의(Confederance Congress)라는 중앙 정부를 수립했다. 그러나 이 중앙정부는 독립 이후에 일어난 사태에 대처하는 데 무력했다. 따라서 새로운 헌법의 제정을 요구하는 소리가 높아졌다. 그 결과 1787년 5월부터 9월에 걸쳐 필라델피아에서 55명의 대표가 모여 제헌회의를 열고 현재의 연방헌법이 채택했다. 이 헌법은 곧 각 주에 회부되어 13개의 주 중 9주가 비준을 완료함으로써 헌법으로서의 효력을 발생하게 되고, 이 헌법에 의하여 1789년 독립 전쟁의 영웅인 조지 워싱턴(George Washington, 1732~99, 재임 1789~97)이 초대 대통령으로 취임하고 미국 연방 정부가 정식으로 발족하기에 이르렀다. 1787년제정된 미국 헌법의 본체는 오늘날까지도 전혀 수정 없이 보존되어 세계에서 가장 오래된 헌법으로 돼 있다. 그러나 시대의 변천에 맞게 현재까지 26개의 새로운 조항이 추가되

당시 잘 알려지지 않았던 과세 방법은 위헌적이라고 선언하기를 거부했다."[67] 그는 후에 "수정헌법 14조에 주어지는 점점 더 넓어지는 영역에 대해 느끼는 불안감보다 더 많은 것"에 대해 말하고 있다.[68] 또 다른 사례에서 그는 "우리가 셔먼 법*에서 찾아볼 수 있는 것 이상을 이 법에서 읽을 이유가 없다"고 보았다.[69]

두 가지 비전 사이의 또다른 충돌에서처럼 양측은 아주 상이한 쟁점을 제시했다. 분명하게 표현될 수 있는 합리성을 선호하는 무제약적 비전을 가진 사람들은 쟁점을 X와 Y라는 동시대의 두 부류 사이에 있는 하나로 본 반면 시스템 과정을 선호하는 제약적 비전을 가진 사람들은 쟁점을 지금 세대의 X집단으로 대표되는 잇따른 세대들의 경험 대 그들 동시대의 반대자들인 Y집단의 분명하게 표현될 수 있는 합리성 사이에 존재하는 것으로 보았다.

무제약적 비전을 가진 사람들이 이전 세대들을 인정하는 한 그들은 쟁점을 어떤 특정한 이전 세대——H세대라고 말하자——와

있는데, 이 추가 조항을 수정(Amendment)헌법 내지 수정조항이라 한다. 이 중 1789년에 발의되어 1791년 발효한 수정 헌법 제1조부터 제10조까지를 보통 미국의 '권리장전'이라고 한다.
수정 제14조(공민권)[1866년 6월 16일 발의, 1868년 7월 28일 비준]
제1절. 미국에서 출생하고 또는 귀화하고, 미국의 관할권에 속하는 모든 사람은 미국 및 그 거주하는 주의 시민이다. 어떠한 주도 미국 시민의 특권과 면책권을 박탈하는 법률을 제정하거나 시행할 수 없다. 어떠한 주도 정당한 법의 절차에 의하지 아니하고는 어떠한 사람으로부터도 생명, 자유, 또는 재산을 박탈할 수 없으며, 그 관할권 내에 있는 어떠한 사람에 대하여도 법률에 의한 동등한 보호를 거부하지 못한다. …… 제5절. 연방 의회는 적당한 입법에 의하여 본 조의 규정을 시행할 권한을 가진다.
* 셔먼 반(反)트러스트법이라고도 한다. 1890년에 미국 연방의회에서 각 주간(州間) 또는 국제 거래에서의 독점 및 거래 제한을 금지하기 위하여 제정된 법률로 '불법한 제한 및 독점으로부터 거래를 보호하기 위한 법률(An Act To Protect Trade And Commerce Against Unlawful Restraints And Monopolies)'의 통칭이다. 8조로 된 간단한 내용의 규정이지만 미국에서의 반트러스트법의 중요한 법원(法源)이며, 그 후에 제정된 클레이턴법이나 연방 거래위원회법과 함께 각국의 독점 규제의 모델이 되었다.

현재 세대 Y집단 간에 존재하는 것으로 본다. 이것은 살아 있는 사람들과 죽은 사람들 사이의 갈등으로 치부되며 죽은 자들은 무덤 이외의 영역을 지배할 수 있는 권리를 갖고 있지 못하다.[70] 이같은 관점에서 우리가 앞으로 나아가기 위해선 "어떤 이상화된 조상의 강요가 아니라 우리 자신의 이성적이고 취소할 수 있는 의지"를 사용해야 한다.[71] 다음으로 이전 시대의 상황들은 무관하거나 현재 상황에 근거한 현재의 관점보다 관련이 적은 것으로 생각한다. 예를 들어 미연방 대법원장인 어를 워런은 현재의 상황은 "합중국 헌법 제정자들 중 가장 현명한 사람의 지혜를 뛰어넘고 있다"고 말하고 있다.[72]

하지만 올리버 웬델 홈즈가 법을 "우리 자신의 삶만이 아니라 지금까지 살아 왔던 모든 사람들의 삶"을 요약하고 있는 것으로 특징지었을 때, 그는 충돌이 한 세대 내에서의 상반된 집단 사이에서 혹은 동시대 집단과 "합중국 헌법 제정자들" 같은 과거 집단 사이에 일어난다는 어떤 견해도 분명하게 거부하고 있다. 오히려 충돌은 많은 세대들에 걸친 역사적 경험 대 동시대 사상가 집단의 분명하게 표현된 합리성이라는 두 가지의 전체적 과정들 사이에서 일어나는 것으로 본다. 홈즈나 시스템 과정을 주장하는 다른 사람들도 분명하게 표현된 합리성에 중요한 지적 그리고/혹은 도덕적 우수성과 무제약적 비전을 가진 사람들의 "사회 정의"에 대해 심각하게 이의를 제기하지는 않는다. 제약적 비전을 가진 사람들에게 쟁점은 어떤 개인이나 집단이 또 다른 개인이나 집단보다 더 현명한가 여부가 아니라 시스템 경험이 개인이나 집단보다 더 현명한가 여부다.

하지만 사법적 행동주의를 통해 계획 입법을 주장하는 사람들은 특정 세대에서조차 민주적인 다수를 차지한다는 근거보다는 의사 결정에 대해 지적, 도덕적으로 우월한 과정을 갖고 있다는 근거에서 그렇게 하고 있다. 드워킨이 반대되는 과정을 "어리석은 믿음," "인간 본성에 대한 비관적인 이론,"[73] "에드먼드 버크의 별난 철학"[74] 그리고 "역사의 혼란스럽고 부도덕한 발전"[75]으로 치부했을 때, 이것은 이전 세대들을 무시하는 것은 차치하고라도 동시대 민주적인 다수보다 우선하는 탁월한 능력을 주장하기 위한 서막이었다. 드워킨에겐 "사회의 시민들이 불평등을 더 선호한다 해도 더 평등한 사회가 더 나은 사회다."[76]

사회 정책

두 가지 비전은 현재 존재하고 있는 사회의 구성원들 사이의 관계에 대해 전혀 다른 견해를 갖고 있다. 선택된 수단들이 쟁점을 결정하고 수단 선택권이 큰 불평등을 의미한다 해도 무제약적 비전은 역사적으로 사회에서 더 평등화된 사회·경제적 조건을 만드는 쪽으로 나아가는 경향이 있다. 드워킨이 제시하고 있듯이 국민이 원하느냐 원하지 않느냐 여부에 관계없이 분명 아주 불평등한 지적·도덕적 자격으로만 평등을 강요하는 것을 정당화할 수 있으며, 매우 불평등한 권력만이 그것을 가능하게 할 것이다. 이는 밀이 "가장 현명하고 훌륭한 사람들"이라고 부른 사람들과 아직 그 같은 지적·도덕적 수준에 도달하지 못한 사람들 사이의 큰 차이들을 고려하면 불평등한 수단을 통해 평등한 목적을 촉진하려는 무제약적 비전에 일치하고 있다.

반대로 제약적 비전을 가진 사람들은 사회·경제적 평등을 촉진하는 것보다는 분명한 지배 엘리트인 합리주의자들을 만들어내는 불평등한 권력의 위험성에 더 많은 관심을 갖는 경향이 있다. 하이에크의 말에 따르면

> 문명 발전에서 가장 위험한 단계는 당연히 사람들이 모든 믿음을 미신으로 보고 자신이 합리적으로 이해할 수 없는 어떤 것도 받아들이거나 따르려 하지 않게 되는 단계일 것이다. 의식적 이성의 힘이 갖고 있는 한계를 배울 수 있을 만큼의 충분한 이성을 갖고 있지 못하고, 의식적으로 계획되지 않은 모든 제도와 관습을 경멸하는 합리주의자들은 따라서 그것들에 기초해 건설된 문명의 파괴자가 될 것이다.[77]

사법적 행동주의에 대한 의견의 충돌은 사회 선(善)에 기여하기 위한 가장 좋은 방법에 대해 훨씬 더 일반적인 충돌을 반영하고 있다. 무제약적 비전에서 현명하고 양심적인 개인들은 자신들의 권한에 맡겨진 특정 쟁점에서 가장 좋은 결과를 만들어내기 위해 노력해야 한다. 제약적 비전은 개인들이 고유한 한계를 갖고 있다고 보기 때문에 각 개인들이 사회에 대해 가장 훌륭하게 기여할 수 있는 것은 자신이 제도 내에서 담당하고 있는 역할의 전문화된 의무를 다하며 시스템 과정들이 결과를 결정할 수 있게 하는 것을 의미한다. 반대로 무제약적 비전은 "그런데 그것이 '올바른가,' 그것이 '선'한가"라고 묻기 위해 복잡한 법 원리들을 설

명하고 있는 연방 대법원장 어를 워런의 법률가들의 개입에서 예시되고 있다. 제약적 비전에서 그 같은 의문은 법률가의 일이 아니며, 법률가의 권한에 속한 것도 아니다. 전문가들은 협소한 기술적 범위 내——이 예에선 기록된 법이 그 사건에 즉시 쓸 수 있도록 어떻게 적용되는지를 결정하는 것——에서만 우수할 수 있기 때문이다. 버크는 "나는 자기들에게 맡겨진 것 이상이 아니라 자기들에게 맡겨진 직무에 충실한 사람들을 존경한다"고 말하고 있다.[78]

무제약적 비전은 판사들에게 사법적 행동주의를 촉구하고 있는 것과 마찬가지로 기업가들에겐 "사회적 책임"——기업가들은 고용하고, 투자하고, 기부해야 하며 그렇지 않다면 대체로 사회에 대해 분명한 이익을 창출할 수 있는 눈을 가지고 자기의 기업을 경영해야 한다——을 촉구하고 있다. 예를 들어 사회적으로 책임이 있는 기업가는 모든 수익을 주주들에게 지불하거나 기업에 재투자하기보다는 불우한 사람들을 고용하고, 기업에 가장 이익이 될 수 있는 사람들 보다는 사회가 가장 필요로 하는 것에 투자하고 수익의 일부를 자선과 문화활동에 기부해야 한다.

제약적 비전을 가진 사람들은 복잡한 사회의 시스템 과정에서 사회적 책임에 따른 의사 결정의 파생 효과를 고려할 때, 그 같은 일들은 기업가의 능력을 벗어나는 것이라고 보고 있다. 인간 지식에 대한 제약적 비전에 따르면 기업가가 할 수 있는 것은 법의 한계 내에서 자신의 개별 기업이 번창할 수 있도록 기업을 운영하는 것이다. 제약적 비전은 사회적 이익을 창출하는 것은 기업가 개인의 의지라기보다는 경쟁 시스템의 결과라고 본다. 아담 스미스에 따르면 기업가가 실제로 사회적 이익을 촉진하려 할 때보다 더 효과적으로 사회의 이익을 촉진하는 데 기여하는 것은 기업가가 "오로지 자신의 이익을 추구할" 때다. 스미스는 또한 "공익을 위해 거래하는 척하는 사람들이 더 많은 이익을 창출하는 경우를 본 적이 없다"라고 말하고 있다.[79]

제약적 비전을 가진 사람들의 저작들엔 좋은 의도를 가진 정책들이 야기한 비생산적 결과에 대한 풍부한 사례들이 제시되고 있다. 하지만 무제약적 비전을 가진 사람들에게 이 같은 사례들은 사회 전체적으로 유익한 추세들을 방해하기 위해 고칠 수 있는 무관한 잘못들을 이용하고 있는 데 불과하다. 하지만 제약적 비전을 갖고 있는 사람들에게 이러한 잘못들은 우연한 일들이 아니라 개인들의 고유한 한계들이 무시되고 이러한 한계들을 극복하기 위한 시스템 과정들이 특수한 땜질 때문에 교란되고 있을 때 예상될 수 있는 증상들이다.

성실성 대 충실성

어떤 특정 개인이 얼마나 많은 지식을 가질 수 있는가 그리고 그러한 지식이 복잡한 사회 쟁점들을 판단할 때 얼마나 효과적일 수 있는지에 대해 충돌하고 있는 비전들 때문에 두 가지 비전은 광범위하게 서로 다른 중요성을 성실성과 충실성에 결부시키고 있다. 현명하고 양심적인 개인이 직접적으로 사회에 이익이 되는 결과를 가져올 수 있을 정도로 능력이 있는 것으로 인식될 때, 공익에 대한 성실성과 헌신은 중요하다. 고드윈의 전체적 목적은 개인의 "성실성, 용기와 정의"를 강화하는 것이다.[80] 고드윈은 "일반적 성실성의 중요성"이라는 주제를 되풀이해 말하고 있으며, 같은 주제를 수 세기에 걸쳐 무제약적 비전을 가진 다른 사람들도 되풀이해 재론하고 있다.[81] 고드윈에 따르면 성실성은 "모든 다른 미덕들에 작용해"[82] "그 같은 미덕들이 성실성에 이어 드러날 수 있게 하는"[83] 경향이 있다. 고드윈은 모두가 때때로 불성실할 수 있다는 사실을 인정[84]하기는 하지만 강력한 이상으로서 충분한 사회 이익을 창출할 수 있는 "하나의 일반적이고 변할 수 없는 성실성"[85]을 강조하고 있다.

제약적 비전에선 성실성이 무제약적 비전에서 만큼 명예로운 자리를 차지하고 있지는 않다. 제약적 비전을 가진 사람들은 때로 성실성을 사회에 대해 작은 이익을 줄 수 있는 개인적 미덕—— 그리고 때로 국민들이 사회적으로 비생산적인 이상을 고집할 때 주로 악화되는 요소들로——으로 취급하며, 자신들의 반대자들에게 기꺼이 성실성을 인정한다. 제약적 비전에서 도덕적으로 중요한 것은 생활 속에서 어떤 사람이 맡고 있는 해야 할 일에 대한 '충실성'이다. 개인은 자신의 능력 범위 내에서 실제 결과를 결정하는 커다란 시스템 과정에 봉사함으로써 사회적 이익에 가장 크게 기여할 수 있다. 이것은 의무에 대해 어떤 사람의 의무가 직접적으로 인류에 도움을 주는 것으로 보는 무제약적 비전의 견해와 전혀 다른 개념을 갖고 있다.[86] 하지만 제약적 비전에서 사회적 의사 결정권을 행사하는 개인은 그가 아무리 성실할지라도, 특히 인류를 위해 도움이 되는 것에 대한 '특별한 목적을 위한' 결정을 계속할 능력을 가지고 있지 못하다.

제약적 비전에서 기업가의 도덕적 의무는 자기들의 저축을 기업가에게 위임한 주주들의 신뢰를 손상시키기 때문에 자선적 기부나 투자 혹은 고용 결정을 통해 공익을 성실하게 추구하는 것이 아니라 주주들에게 충실한 것이다. 마찬가지로 법관의 도덕적 의무는 자신이 지지하기로 맹세한 법을 자신이 보기에 더 낳은 결과를 가져올 수 있는 법으로 성실히 바꾸는 것이 아니라 자신이 지지하기로 맹세한 법을 충실히 실행하는 것이다. 제약적 비전에서 학자의 도덕적 의무는 자기 학생들과 독자가 자신이 사회를 위해 최선이라고 성실히 믿고 있는 특정 결론을 내리도록 이끄는 것이 아니라 자기 학생과 독자들에게 지적인 과정을 충실하게 증진시키는 것이다. 제약적 비전을 가진 사람들은 비슷한 이유에서 특정 견해를 옹호하는 보도나 해방 신학을 싫어한다. 특정 견해를 옹호하는 보도나 해방 신학은 위임된 역할을 잘못되게 이용하고 있는 것으로 보기 때문이다.

성실성은 무제약적 비전에 너무 중요하기 때문에 흔히 타락하지 않았다면 변명만 일삼는 사람들로 지칭하는 상대방 비전에 속한 것으로 쉽게 인정하지 못한다. 무제약적 비전의 전통 속에선 "가면이 벗겨져야 하는" 제약적 비전을 가진 자들의 "진정한" 이유들에 대한 언급을 쉽게 찾아 볼 수 있다. 성실성이 제약적 비전에 속한다고 인정한다 해도 그것은 흔히 제약적 비전을 가진 자들의 현상 유지를 극복할 수 없는 한정된 무능함이나 편협한 무능 혹은 "무분별함", "편견"이라는 말들이 동반된다. 무제약적 비전 내에서 성실성은 크게 양보하는 것이지만 제약적 비전을 가진 사람들은 더 쉽게 양보한다. 성실성이 제약적 비전을 가진 사람들에겐 그다지 큰 의미가 없기 때문이다. 제약적 비전을 가진 사람들은 필연적으로 무제약적 비전을 가진 사람들을 어리석은 사람으로 묘사하지도 않는다. 왜냐하면 제약적 비전을 가진 사람들은 사회 과정이 너무 복잡해 현명하고 도덕적인 개인들까지도 쉽게 잘못을 저지를 수 있는 것——그리고 위험하게도 실수를 저지른다——으로 생각하기 때문이다. 버크에 따르면 현명하고 도덕적인 개인들은 "가장 나쁜 사람이 되지 않으면서도 최악의 짓을 저지를 수 있다."[87]

역할이나 구조화된 관계에 대한 쟁점은 성실성 대 충실성의 문제와 관련이 있다. 역할에 대한 충실성은 제약적 비전에서 중요하다. 왜냐하면 버크의 말에 따르면 한정된 역할을 수행하는 과정에서 개인은 국가와 시대의 경험 자본에 의존하고 있기 때문이다. 동시대인들 속에 개인은 특정 결과들이 다른 사람들의 가치, 지식 그리고 능력에 의해 결정될 수 있게 내버려 두면서, 이것을 가능하게 하는 과정에 충실하게 봉사하기 위해서만 자신의 역할을 다한다. 하지만 개인 자신의 이성과 성실성이 중요한 무제약적 비전은 역할을 불필요하게 제약하고 있는 것으로 본다. 무제약적 비전을 가진 사람들은 "역할에 대한 고정 관념"을 한탄하고, "덜 구조화된" 상황을 추구하고, 부모와 자식 혹은 학생과 선생의 관계를 "민주화"하고 직함과 정식 절차들의 중요성을 깎아내리는 경향이 있다.

이 모든 형태들은 '특별한 목적을 위한' 의사 결정에서 인간의 능력에 대해 그들이 강조하고 있는 비전과 일치하고 있다. 마찬가지로 불분명한 역사적 경험에 따른 결과들을 개발해 그로부터 현재 이러한 역할을 하고 있는 사람들을 제한하는 역할과 규율에 도움을 얻는 것은 개인 능력들에 대해 더 제약적 비전을 가진 사람들에게 일관되어 있다. 예를 들어 엄청난 신뢰를 필요로 하는 역할──예를 들어 부모-자식 혹은 의사-환자의 역할──은 또한 섹스를 배제한 역할들이며 제약적 비전을 가진 사람들은 특히 이러한 금기가 깨어졌을 때 충격을 받는다. 흔히 다른 것들도 그렇지만 무제약적 비전이 그 반대되는 것을 논리적으로 강요할 수는 없다.

성실성과 충실성은 정직의 측면들──하지만 상반된 비전들에서 다르게 평가되는 아주 다른 측면들──로 볼 수 있다. 특히 제약적 비전은 진실성을 위해 성실성을 충실성과 구별한다. 즉 J.A. 슘페터에 따르면 "어떤 사람이 자신의 이상을 위해 하게 될 첫 번째 일은 거짓말이다."[88] 이것이 성실성이 제약적 비전에서 낮게 평가되는 한 가지 이유다. 현대에 들어 알렉산더 비켈이 사법적 행동주의를 옹호했을 때 분명 충실성보다는 성실성에 더 큰 비중을 두고 "위선은 불가피하다"[89]고 주장하고 공익에서의 "정치인 같은 속임수"에 대해 말하고 있다.[90]비켈이 후에 사법적 행동주의에 대한 반대자로 돌아섰을 때, 그는 또한 도덕적 태도를 바꾸었으며 이제는 성실성보다 충실성을 강조한다. 개선을 수정과정에 맡기고 "분명한 헌법에 복종하는 것"이 이제 법관들의 "도덕적 의무"였다.[91] 두 가지 태도에서 비켈의 결론은 그 자신의 각각의 비전과 일치하고 있다.

진실성에 대한 충실성에 합리적인 것은 역할에 대한 충실성에 합리적인 것과 매우 유사하다. 두 가지 경우에 사람들은 특정 사례에서 사회에 가장 바람직하게 되는 것에 대한 자신의 '특별한 목적을 위한' 개념을 더 넓은 시스템 과정 고수——이 경우에 도덕성에 대한 규범을 수용하는——에 종속시킨다. 사람들은 더 넓은 시스템 과정을 고수하는 것이 사회에 장기적으로 이익이 되리라는 것에 더 큰 확신을 갖고 있기 때문이다.

여기서 다시 위대한 역사적 비전이 100퍼센트 무제약적이거나 100퍼센트 제약적인 것은 아니라는 사실에 주목할 필요가 있다. 무제약적 비전에서 정도의 차이는 흔히 진실성——그리고 힘——의 중요도를 고려하는 만큼이나 중요하다. 고드윈의 주장처럼 아주 순수한 무제약적 비전에서 이성은 아주 강력하다——고드윈이 생각한 이성은 "무엇이든 할 수 있다"는 것으로[92] 그가 기만이나 힘은 공익을 추구하면서 정당화되지 않는다[93]고 묘사할 때 잘 드러나 있다. 따라서 특정 시대에 가장 현명하고 인정 많은 사람들이 대부분의 사람들보다 훨씬 더 높은 수준에 있다 할지라도 일반 국민의 동의를 얻을 수 있는 그들의 궁극적 능력은 사실상 필수적이다. 하지만 인간의 잠재력에 대한 무제약적 비전이 목표를 실현하기 위한 과정에서 더 저항적인 불화를 가정하고 있는 곳에서 거짓말과 힘은 권리에 불과한 것이 아니라 의무가 된다. 왜냐하면 되돌릴 수 없는 획기적 약진의 거대한 이익이 수세기 동안 지속되고 있으며 그 동안 최초의 비용은 상환되기 때문이다.

레닌처럼 어떤 사람이 자연스럽게 획득할 수 있는 대중의 의식 수준이 본질적으로 그 임무에 불충분하다고 믿는다면[94] 더 멀리 내다 볼 수 있는 엘리트들은 해야 할 엄청난 역사적 역할을 가지고 있으며[95] 필요한 수단은 무엇이든 이용해야 한다. 고드윈과 레닌 모두 제약적 비전에서 중요하게 생각하는 자연스럽게 발전된 시스템 과정들을 거부하지만, 인간의 지식과 이성에 대해 그들이 가정하고 있는 정도의 차이는 진실과 힘의 역할에 대해 같은 식으로 심한 차이가 나게 하고 있다. 마르크스주의에 대한 레닌의 해석을 믿는 사람들과 민주사회주의를 믿는 사람들 사이의 관계는 역사적으로 아주 적대적이었다. 가정을 조금만 바꾸어도 비전에——그리고 그에 따른 행동——심각한 영향을 미칠 수 있는 것이다.

젊은이와 나이 먹은 사람들

두 가지 비전에서 경험과 분명하게 표현될 수 있는 합리성은 비중에서 큰 차이가 나기 때문에 현실적으로 젊은이와 나이 먹은 사람들을 마찬가지로 다른 관점에서 보게 된다. "가장 오류가 적은 지침인 인간의 경험"[96]을 중시하는 제약적 비전에서 젊은이는 나이 먹은 사람들에게 지혜에서 비교될 수 없다. 아담 스미스는 젊은이가 나이 먹은 사람들 같은 확신을 갖게 될 수 없다고 생각했다.[97] 그는 "가장 현명하고 가장 경험이 많은 사람은 일반적으로 가장 잘 속지 않는다"라고 말했는데, 이는 결정적으로 연륜 때문이다. 즉 "세월이 지나면서 쉽게 믿지 않는 것을 가르치는 지혜와 경험을 얻게 되며, 세월이 지나면서 얻은 지혜와 경험으로도 속지 않는 법을 완전히 깨우칠 수는 없다."[98]

무제약적 비전에서처럼 상대적으로 지식과 이성이 분명하게 표현될 수 있는 합리성으로 인식될 때 젊은이들은 상당한 이점을 가지고 있다. 18세기에 콩도르세는 "지금 학교를 떠나는 어떤 젊은이도 가장 위대한 천재들——고대가 아니라 17세기의 천재들이라 하더라도——이 오랜 연구 후에 얻을 수 있는 것보다도 더 현실적인 지식을 갖고 있다"라고 쓰고 있다.[99] 세계에 대한 막연한 불안의 상당 부분이 현재의 제도와 믿음 때문이라고 보는 무제약적 비전에선 당연히 필요한 사회적 변화를 만들어내는 데 그러한 제도와 믿음에 가장 덜 익숙해져 있는 사람들이 특히 귀중하다고 본다. 고드윈에 따르면

다음 세대는 뿌리뽑아야 할 그렇게 많은 편견들을 갖지 않게 될 것이다. 국가 업무에서 자유에 열광적인 어떤 혁명의 결과로 성립된 독재 국가를 가정하자. 현재 인류의 아이들은 더 확고하고 독립적인 사고 습관 속에서 태어나게 될 것이며, 그들 아버지의 비굴함, 소심함 그리고 사악한 기민함은 당당한 모습과 분명하고 단호한 판단으로 대체될 것이다.[100]

고드윈에 따르면 "아이들은 우리 손에 맡겨진 일종의 가공되지 않은 원자재다."[101] 그들의 정신은 "백지장 같은 것이다."[102] 고드윈은 젊은이를 억압된 집단으로 보긴 했지만[103] 그들 중에서 "오랫동안 고대하고 있던 인류의 구세주들 중 한 명"을 찾게 될 것으로 생각했다.[104] 그러나 극적인 해결보다는 신중한 균형을 추구했던 제약적 견해는 젊음들을 사려 깊지 못한 것으로 보고 있다. 사려는 경험을 통해 얻어지는 것으로 생각하기 때문이다.[105] 도덕

적 열정도 대체물은 아니다. 버크에 따르면 "도덕적 열정이 거만한 열정에 따른 주제넘은 무지에 대한 변명이 될 수 있는 것은 아니다."[106] 버크의 미국인 제자 존 랜돌프는 "나는 속물, 초학자(初學者), 젊은 초심자들에게 말하고 있는 것이 아니라 이 나라의 머리가 희끗희끗한 사람들에게 말하고 있으며……"[107] 하지만 무제약적 비전을 가진 사람들에게 나이를 먹는다는 것은 그렇게 특별하게 고려해야 할 만한 가치가 없다. 콩도르세에 따르면 "편견과 탐욕"은 "나이 든 사람들에게 공통된" 특징이다.[108]

요약과 의미

사회에서 지식의 분배는 지식의 정의에 따라 매우 다양하다. 무제약적 비전에선 지식을 더 정교하고 분명하게 표현될 수 있는 사실과 관계들에 제한한다. 반면 제약적 비전에선 지식이 필수적으로 중요한 정보와 결론 이외에 말과 수에서는 물론 습관, 반감, 매력에 요약되어 있는 불분명한 많은 양을 포함하고 있는 것으로 정의되기 때문에 무제약적 비전에서보다 지식이 사회 전체에 훨씬 더 넓게 퍼져 있는 것으로 본다. 인간의 의식적 합리성에 중대한 한계가 있다고 보는 제약적 비전은 인간의 생존과 진보에 필요한 광범위한 지식 배열을 전달하고 조정할 수 있는 발전된 사회 과정들을 중요하게 생각한다. 인간의 지식에 대한 지배를 훨씬 더 낙관적으로 보고 있는 무제약적 비전은 특별한 지식 능력을 가진 사람들을 자신들의 가정에 대한 증거이자 사회 발전을 증진하기 위한 지식과 이성의 매개물로 본다.

무제약적 비전이 지식에 대해 인식하고 있는 것처럼 분명하게 표현할 수 있다는 것은 지식의 보급에 중요한 역할을 한다. 고드윈에 따르면 "토론을 통해 발견과 증명에 이를 수 있다."[109] 그는 또한 앞서 지적했듯이 언어의 정확성이 "건전한 지식의 불가피한 선행 조건"이라고 생각했다.[110] 하지만 제약적 비전을 가진 사람들은 분명하게 표현할 수 있다는 것을 그다지 중요하게 생각하지 않는다. 버크는 "모든 것이 논의되어야 하는 것이 이 시대의 불행(이 신사들이 생각하듯이 영광이 아니라)이다"라고 선언했다.[111] 그는 "세련된 수다"[112]를 싫어했으며 자주 되풀이해서 이성조차 "그 힘을 잃었다"[113]고 주장했다. 해밀턴은 "단순한 수사와 과장"[114] 혹은 "말의 본질과 분명한 의미를 여러 가지로 해석할 수 있게 하는 인위적 논법"[115]에 불과할 수 있는 능숙하게 논리정연한 말을 의심스러워했다. 또한 그는 "양측에서 그럴듯한 엄청나게 많은 말을 하는 것은 아주 쉽다"[116]는 사실에 주목했다. 홉스는 말은 현명한 사람에겐 의사소통의 수단이지만 "바보들에겐 말이 전부다"[117]라고 단언했다. 제약적 비전의 전통에서 분명하게 표현되지 않는 사회적 경험은 분명하게 표현할 수 있는 합리성보다 행동에 대한 더 효과적인 지침으로 남아 있다. 하이에크에 따르면 국민이 "통치자들이 분명하게 어떤 사람이라는 사실을 알지 못하고 통치자들에 따라 행동하는 '법을 아는 것'"으로 충분하다.[118]

무제약적 비전에서 인식되고 있는 것처럼 최근에 가장 진보된 형태의 지식으로 훈련받은, 분명하게 표현할 수 있는 이상적인 젊은이는 무제약적 비전을 가진 사람들에게 미래에 대한 하나의 큰 희망이다. 지식인들도 마찬가지다. 제약적 비전은 지식인이나 젊은이를 이런 식으로 보지는 않는다. 제약적 비전에서처럼 지식이 더 확대적으로 정의되고 결과적으로 더 폭넓게 배분되는 곳에서 지식인들이 보통 사람들보다 더 많은 지식을 갖고 있는 것은 아니다. 하이에크에 따르면

> 역동적인 문명 발전에서 계속해서 활용되는 지식 전체와 비교할 때 가장 현명한 사람들의 지식과 가장 무지한 개인들이 의도적으로 이용할 수 있는 지식 사이의 차이는 상대적으로 사소한 것이다.[119]

하이에크가 지식인들이 갖고 있는 "거의 특별할 것 없는 지식"이라고 말했을 때,[120] 그는 제약적 비전을 가진 사람들 속에서 수 세기 동안 되풀이 반복되고 있는 지식인들에 대한 회의론을 반영하고 있다. 스미스처럼 홉스는 사람들 간에 본질적 차이가 거의 없다고 생각했다.[121] 그가 찾아낸 사회적 차이는 결코 늘 지식인들에게 유리한 것은 아니었다. 홉스에 따르면 보통 사람은 자신이 지식인들의 특징이라고 생각한 의미 없는 논의에 거의 참여하지 않는다.[122] 게다가 국민이 한 결정의 질에서 진정한 차이는 그들의 개인적 지식이나 지적 교양에 대해서보다는 시스템 인센티브에 기인한다. 다시 말해서 "평범한 남편은 자신의 가정 문제에 대해 다른 사람들의 일을 상담해 주는 추밀 고문관보다 세심하다."[123] 이런 관점에서 지식인들에 대한 인센티브는 다른 사람들에게 영향을 주는 결과의 관점에서 올바른 것이라기보다는 자신들의 총명함을 증명하는 것이다. 홉스에 따르면 지식인들은 "다른 사

람의 사업 성공보다는 자신이 갖고 있는 재치에 대한 명성을 더 연구한다."124)

버크는 마찬가지로 지식인들이 사회에 끼칠 수 있는 위험과 함께 지식인들의 오만과 과시욕이라는 주제를 반복해서 다루고 있다.125) 그는 "온천지가 굴복하게 될" 그들의 "거대 이론들"에 대해 이야기하고 있다.126) 홉스는 또한 "자신들이 더 현명하며, 더 훌륭하게 통치할 수 있다고 생각하는" 사람들을 혼란과 내전의 원인으로 생각했다.127) 마찬가지로 해밀턴은 지식인들이 "어떤 끊임없는 열망을 갖고 있는 위험한 착각에 따르며 결코 개혁에 대해 만족할 수 없는" 경향이 있기 때문에 지식인을 위험하다고 보았다.128) 지식인들이 정말로 사회 질서에 위험한 것으로 인식되지 않은 영역에서도 제약적 비전에선 정책 결정자로서의 지식인의 역할은 흔히 보통 사람들의 역할보다 못한 것으로 생각한다. 존 랜돌프는 "책을 쓰거나 의회라는 유명한 단어조차 쓰지 못하지만" 어떤 지식인들보다 "더 현실적인 감각을 갖고 있는" 사람을 알고 있다고 말하고 있다.129)

하지만 무제약적 비전을 믿는 사람들에게 지식인들은 고드윈의 말처럼 "진리를 발견하는 인류의 선구자들"이다.130) 마찬가지로 콩도르세에 따르면 "사색적인 진리의 발견"은 "인류를 진보하게 할 수 있는 유일한 수단"이다.131) 하지만 인간, 지식 그리고 합리성 등에 대해 근본적으로 다른 개념을 갖고 있는 사람들은 지식인들을 하나의 위험——특정 사회만이 아니라 어떤 사회에 대해서도——으로 보고 있다.

제4장

사회 문제는 조절하는 것이 최선인가,
해결책까지 추구해야 하는가?

인간 본성에 대한 비전의 차이는 사회 과정에 대한 비전의 차이에 반영되어 있다. 그것은 단지 어떤 비전에선 사회 과정들을 인간 본성의 결점들을 완화하는 것으로, 또다른 비전에선 인간 본성에 대한 결점을 악화시키는 것으로 보는 것만이 아니다. 두 가지 비전은 사회 과정의 기능과 기능이 정지되는 것을 보는 방식에서도 서로 차이가 난다. 두 가지 비전은 도덕성을 보는 관점뿐만 아니라 인과율을 보는 관점에서도 차이가 나는 것이다.

사회 과정들은 언어에서 전쟁, 사랑에서 경제 시스템에 이르기까지 엄청난 영역을 망라하고 있다. 이들 각각은 번갈아 가며 아주 다양한 형태로 나타나고 있다. 하지만 일반적인 사회 과정들 속에는 어떤 공통된 것도 있다. 제약적 비전의 틀 속에서 보느냐 아니면 무제약적 비전의 틀 속에서 보느냐에 따라 사회 과정들은 어떤 특성——질서, 의도적으로 계획되느냐 여부——을 갖는다.

사회 과정은 또한 시간과 비용이 든다. 제약적 비전과 무제약적 비전은 사회 과정의 여러 가지 측면을 각각 서로 다른 시각에서 보고 있다.

질서와 계획

어떤 규제의 형태는 의도적 계획이나, 그것이 나타날 때 영향을 미치는 어떤 동인이나 힘에 의해 계획되지 않은 상황의 발전을 반영할 것이다. 서로 다른 종의 나무나 야채들은 산중턱의 서로 다른 높이에서 야생 상태로 자라거나 정원사가 정원에서 사전에 계획한 세심한 배려로 가꾸어질 것이다. 두 가지 비전은 두 가지 유형의 사회 과정이 존재한다는 것을 인정하고 있지만 발전된 질서와 계획된 설계의 효율성, 바람직함, 정도에서 차이를 보이고 있다.

제약적 비전

제약적 비전은 의도적으로 설계된 사회 과정을 거의 믿지 않는다. 제약적 비전은 어떤 관리하기 쉬운 의사 결정자 집단이 경제 시스템, 법률 시스템 혹은 도덕성이나 정의 시스템에 대한 전체적인 청사진을 설계하는 엄청난 복잡성에 대해 효과적으로 대처할 수 있다고 믿지 않기 때문이다. 대신 제약적 비전은 역사적으로 발전된 사회 과정에 의존하고, 역사적으로 발전된 사회 과정들을 그것의 목적이나 의도 보다는 시스템 특성——그것들의 인센티브와 상호작용의 형태들——의 관점에서 평가한다.

언어는 발전된 사회 과정——의도적인 전체적 계획 없는 시스템 질서——의 가장 순수한 예일 것이다. 언어 규칙은 사실상 기록되기는 하지만, 현재 사용되고 있는 관습을 규범화하고 대부분의 사람들이 아주 어린 시절부터 규칙들에 복종하기 시작한 이후, 그들에게 분명히 가르쳐지기 이전에 기록된 것이다. 하지만 언어는 극히 복잡하고 미묘하며 물론 사회의 기능에 필수적이다. 어린 아이들에게까지도 언어는 분명하게 표현될 수 있는 것을 되뇌이는 것이라기보다는 결국 완전하게 설명될 수 없는 복잡한 규칙을 언급하고 있는 것이다.[1]

따라서 언어는 고유한 시스템 특성, 내적 논리와 외부적인 사회적 결과들——하지만 어떤 개인이나 심의회에 의해 의도적으로 계획되지 않은——을 가지고 있는 발전된 복잡한 질서를 요약하고 있다. 언어의 합리성은 개인적이 아니라 시스템적이다——숙고된 청사진이라기보다는 발전된 형태.

사실상 언어는 제약적 비전이 보고 있는 것처럼 법, 경제, 정치, 그리고 다른 시스템에서의 사회 과정들에 대한 하나의 모델이다.[2] 언어는 만들어질 '수 없다'——에스페란토어는 분명 만들어졌다——는 것이 아니라 발전될 때 더 효과적이다. 자연적 언어들은 어떤 개인이나 심의회의 명령에 따라 어떤 언어가 계획되기보다는 수 세기에 걸친 경험을 통해 더 큰 자산을 얻을 수 있기 때문이다. 발전된 언어는 또한 비중은 말할 것도 없고 어떤 특정 개인이나 심의회가 열거할 수 있는 것보다 훨씬 큰 다양한 목적들을 이용할 수 있다.

아주 똑같은 방식에서 경제 시스템의 복잡한 특성은 일이 벌어진 이후에 대체적인 윤곽으로 분석될 수 있지만 절실하게 경험할 수 있는 현실은 흔히 독자적으로 발전한다——그리고 그것은 중앙집권적 권위들에 의해 "계획될" 때보다는 시장이 발전할 때 더 효과적으로 고려될 수 있다. 제약적 비전은 개인들이 언어의 영역과 규칙 내에서 고유한 말과 문체를 선택할 수 있는 것처럼 의도적 행동이나 개인적 단계에서의 계획을 배제하지는 않는다. 두 가지 경우에서 제약적 비전이 거부하는 것은 시스템 전체에 대한 개인적 혹은 의도적 계획이다. 제약적 비전이 인식하고 있는 것처럼 인간은 오만하게도 시스템 전체를 계획하려 할 수는 있지만 실제로 시스템 전체를 계획할 수는 없다. 시스템 합리성은 개인이나 의지적 합리성보다 우선적으로 고려되어야 한다.

제약적 비전은 사회 과정에 대해 정적인 비전이나 현상 유지가 바뀌어서는 안 된다는 시각이 아니다. 오히려 제약적 비전의 중요한 원칙은 발전이다. 언어는 변치 않고 남아 있는 것은 아니지만 전체적으로 새로운 계획에 따라 대체되는 것도 아니다. 특정 언어는 수 세기에 걸쳐 거의 전혀 다른 어떤 것으로 발전할 수도 있지만 점점 늘어나는 변화의 결과로서 몇몇 사람의 계획보다는 많은 사람들이 사용함으로써 계속해서 확인된다. 정치에서도 발전은 제약적 비전의 기본 방침이다. 버크는 "어떤 변화의 수단이 없는 국가는 국가를 보존할 수단도 없는 것이다"라고 단언하고 있다.[3] 하지만 그는 정치 시스템 전체를 "어떤 실험해 보지 않은 견해"에 맡기려 하지는 않았다.[4] 개인의 총명함이 실용적 조정을 대신할 수는 없으며 덜 총명한 사람들에 대해서는 말할 것도 없다.

나는 아직 기업을 이끄는 사람보다 이해력이 훨씬 떨어지는 사람들의 관찰 결과에 의해 수정되지 않는 어떤 계획을 본 적이 없다. 느리지만 훌륭하게 지속되고 있는 진보에 따른 각 단계의 결과에 주목해야 한다. 다시 말해서 첫 번째 것에 대한 성패 여부를 통해 우리는 두 번째 일에서 더 현명해질 수 있다. 따라서 우리는 점점 더 현명해지면서 전 과정을 안전하게 처리할 수 있는 것이다.[5]

20세기에 F. A. 하이에크는 기본적으로 똑같은 견해를 표현하고 있다.

전통은 변치 않는 어떤 것이 아니라 이성이 아닌 성공에 의해 인도되는 어떤 선택과정의 산물이다.[6]

하이에크의 견해는 버크의 견해보다 의도된 계획에서 훨씬 더 벗어나 있다. 하이에크는 단순히 성공에 대한 실용적인 개인의 판단에 기초하기보다는 다른 사회 시스템들과의 경쟁 속에서 살아남는 것에 좌우되는 "적자생존"의 문화적 선택 과정을 포함하고 있기 때문이다.[7] 제약적 비전을 주장하는 두 사람 사이에 다윈의 개입에 따른 영향이 분명하게 나타나고 있다. 하지만 그것은 '개인들의' 적자생존에 대한 이론이 아니라 사회 과정의 적자생존에 대한 이론이다.

무제약적 비전

　인간의 의지적 이성이 너무 제한되어 있어 전체적인 사회 계획에 착수할 수 없다는 중요한 가정이 없다면 분야마다 전혀 다른 일련의 결론이 나타나게 된다. 예를 들어 전체 경제 시스템에 대한 직접적인 통제와 효과적인 이성적 계획이 가능하다면, 우회적이고 통제할 수 없는 과정의 최종 결과보다는 직접적으로 바람직한 결과에 도달하는 것이 분명 더 효율적이다. 대체로 대중들 사이에서 서로 충돌하는 많은 가치들에 좌우되기보다는 소수의 사회 의사 결정자 집단이 바람직한 것을 분명하게 규정할 수 있을 때, 사회 쟁점들은 공학 기술 문제——이런 접근을 하는 사람들 사이에서 흔히 일어나는 유추이며 마찬가지로 반대되는 관점인 제약적 비전으로부터 흔히 공공연하게 비난받고 있는——와 대단히 유사하게 된다.[8]

　사회적 쟁점들을 본질적으로 공학 기술의 문제로 인식하고 있는 가장 눈에 띄는 비전들 중 하나는 솔스타인 베블렌의 견해다. 베블렌은 많은 저작들에서 자신의 이 같은 견해를 표현하고 있으며『공학자와 가격 시스템』에서 구체화해 상세히 설명하고 있다. 여기서 그는 관련된 전문가, 공학자들에 의한 직접적 통제를 지지하는 시장 시스템 과정——가격 시스템——을 분명하게 거부했다. 이런 식의 생각들을 논리적으로 그렇게 극단적으로 전개한 사람들은 거의 없지만 그의 논리적 요소들은 이후 수많은 저자들에게서 찾아볼 수 있다. 예를 들어 베블렌처럼 존 케네스 갤브레이스는 가격 메커니즘이 완전히 사기는 아니라 해도 강력한 이해관계에 의해 부당하게 조작될 수 있는 것으로 보았다.[9] 경제와 다른 시스템 과정에 대해 정도에서 차이는 있지만 다양한 회의론을 갖고 있는 다른 사람들 역시 공익에 대해 필수적인 전문 지식을 가지고 헌신하는 사람들이 더 직접적으로 통제하는 것을 추구하는 경향이 있다. "산업 정책" 옹호자들은 최근 이런 전통에 속하는 사람들 중 하나다. 모두가 이처럼 공학자의 전문적인 역할을 요구하는 것은 아니지만 공학 기술의 문제와 사회 쟁점이 서로 닮았다는 점에 주목하고 있다.

무제약적 비전에 기인한 공학적 분석에서 사람은 사회적 "필요"로 시작할 수 있다. 왜냐하면 "실제로 바람직한 것"에 대한 "객관적 분석"을 할 수 있기 때문이다.[10] "공익"은 분명하게 규정될 수 있으며 따라서 합리적으로 추구될 수 있다. 따라서 최종 목적을 성취하는 방법을 결정하는 것은 관련된 사실들을 수집해 그것들——"우리가 완전히 제시된 항목들 중에서 선택할 수 있는"——을 분명하게 표현하는 문제다. 결국 사회 쟁점은 전문가들에 의해 "기술적으로 조정될 수 있는 것"의 문제로 축소된다.[11] 시스템 비전은 대체로 대중들 사이에서 충돌하는 많은 가치들 때문에 본질적으로 일관되지 않은 효과가 존재한다고 생각한다. 반면 합리주의적 비전에선 "필요", "낭비" 혹은 자연 환경이나 인간이 만든 환경을 "망쳐 놓은 것" 등을 구성하고 있는 것에 대해 합의할 수 있는 제3의 부분을 선택하고 있다.

합리주의적 비전에선 사회적 해결책들이 존재할 뿐만 아니라 흔히 '분명한' 해결책들——현상 유지를 통해 이익을 얻고 있는 사람들의 반대를 고려하면 반드시 쉬운 해결책은 아니지만——

이 존재한다. 고드윈에 따르면 "진실 그리고 무엇보다 정치적 진실은 얻기 어려운 것이 아니다." "야심이 없는 솔직한" 사람들이 "독립적이고 공정한 토론"을 하기만 하면 된다.[12] 고드윈의 견해에 따르면 "선과 악의 본질"은 이해하기에 "가장 단순한 주제들 중 하나"다.[13] 필요한 것은 "상식과 분명하고 정확한 인식이 세계를 지배하는 것이다."[14]

무제약적 비전을 가지고 있는 이후의 저자들도 아주 비슷한 평가를 하고 있다. 조지 버나드 쇼는 현재 존재하고 있는 사회악은 "치유할 수 없는 것도, 심지어 과학적으로 진단했다면 치유하기 어려운 것조차도 아니다"[15]라고 말하고 있다. 마찬가지로 국제적 갈등은 피할 수 없는 것도 본질적으로 해결하기 어려운 것도 아니다. 무력충돌이라는 쟁점은 일반적으로 교전 당사국들이 "자본주의 경쟁 관계 대신 서로에 대한 관대한 인간 관계를 맺고 있었다면 피 한 방울 흘리지 않고 아주 쉽게 해결할 수 있었을 것들"이다.[16] 쇼에 따르면 현재 존재하고 있는 사회는 "거의 끊임없이 수정하고 재조정할 수 있는 인위적 시스템——뿐만 아니라 인간의 의지에 따라선 실제적으로 파괴하고 대체할 수 있는——에 불과하다."[17] 모든 성공적인 사기업은 "그 방법을 찾아 낼 수 있는 효과적인 의지가 존재한다면 공기업은 곧 쉽게 운영될 수 있다"는 하나의 예이다.[18]

요컨대 제약적 비전을 지배하고 있는 '본질적' 어려움은 무제약적 비전의 관점에선 현실적인 장애가 되지 않는다. 무제약적 비전은 의도적인 방해와 많은 혼란이 많은 악에 대해 책임이 있다고 보고 공적인 개혁정신이라는 측면에서 결정적으로 필요한 것은 헌신이라고 생각한다.

에드워드 벨러미의 유명한 사회 소설 『과거를 돌아보다』에서 진보된 미래 사회의 한 시민은 과거로부터 온 사람에게 옛날 사회의 "특이한 맹목성"에 대해 말하고 있다. 옛날 사회에선 "사회 문제들"과 "불만족"이 필연적으로 변화를 예견하고 있으며[19] 문제는 "공통된 이익 속"에서 해결되어야 한다는 것이다.[20] 경제를 통제하는 것은 어렵지 않다. 왜냐하면 "기업이 커질수록 기업에 적용될 수 있는 원칙들은 더 단순해지기 때문이며……"[21] 순수하게 성직자의 지혜가 "우리가 아마도 필요로 할 수 있는 모든 정보"를 제공한다.[22] "단순한 장부상의 대차 계정 시스템"만 있으면 되는 것이다.[23] 자원 경쟁은 본질적이 아니라 "모든 개인의 이익을 모든 다른 개인들의 이익에 대해 적대적으로 만드는 어떤 시스템"에 기인한다.[24] 낭비,[25] 맹목성,[26] 그리고 공익[27]이라는 개념들이 넘쳐난다——어떤 사회를 합리적으로 운영할 수 있는 본질적 단순성에 대한 반복된 주장과 함께.[28]

무제약적 혹은 합리적 비전에 대한 더 세련된 현대적 해석은 같은 주제들에 대한 변주들이다. 사회들이 더 복잡한 것으로 인식되는 곳에서도 현대의 전문가들은 사회를 훨씬 더 중앙집권적으로 관리할 수 있게 하면서 사회의 복잡성을 통제할 수 있다. 따라서 무제약적 비전에 대한 더 정교한 해석에서 모든 사회는 다수의 보통 사람들보다는 전문가에 의해서이긴 하지만 쉽게 운영할 수 있는 것으로 남아 있다. 제3의 집단의 의사 결정은 중요한 역할을 한다. 다시 말해서 "현대의 삶에서 전문가 대표들은 합리적 고려에 없어서는 안 될 도움이 되고 있다."[29] "바람직한" 혹은 "바람직하지 않은", "선호되는", "만족스러운", 혹은 "불만족스러운"
이라는 것이 내쳐 너무 명백해 설명이 필요 없는 것으로 설명 없
이 연이어 언급되고 있다.[30] "필요" 역시 같은 방식으로 다루어지
고 있다.[31] 제3의 집단이 공학적 혹은 "과학적"인 사회적 의사 결
정을 하는 것에 대한 비슷한 설명은 다음과 같다.

> 관료주의 자체는 과학적 판단들을 정책 결정과 관련시키는 하나의
> 방법이다. 현대 정부에서 관료제의 성장은 그 자체가 부분적으로 전
> 문가의 지식을 이용하기 위해 점차 강화되고 있는 정부 능력에 대한
> 척도다.[32]

이처럼 현대에 전문가들의 활용을 강조하는 것은 적어도 콩도
르세가 물리학을 사회과학이 따라야 할 모델을 제공하는 것으로
보았던 18세기까지 거슬러 올라가는 전통을 반영하고 있다.[33] 사
실상 그는 "사회과학"[34]이라는 용어를 사용하고 사회 정책들을
공식으로 나타내는 데 사용될 수 있는 수량화와 확률이론을 주장
했다.[35]

무제약적 비전에서 되풀이되고 있는 또다른 주제는 현재의 쟁
점들이 과거의 것들과 얼마나 큰 차이가 있는가 하는 것이다. 따
라서 역사적으로 발전된 믿음——"전통적 지혜"[36]——을 갤브레
이스는 더 이상 적용할 수 없다. 이것이 새로운 최근의 결론은 아
니다. 18세기에 고드윈은 우리는 "우리 조상들의 결정에 대한 소
심한 경의"에 근거해 오늘의 문제를 결정할 수는 없다고 주장했
다.[37] "시대에 뒤떨어진"과 "부적절한"과 같은 용어들은 상반된

비전에서는 나이 먹은 사람들의 지혜라 불리는 것을 일축하는 데 공통적으로 사용되고 있다. 쟁점은 인간의 역사에 변화가 일어나느냐 여부가 아니라 사실상 변화들이 의상이나 무대 배경의 변화냐 아니면 연극 그 자체의 변화이냐 하는 것이다. 제약적 비전에서 변화하는 것은 대개 의상과 무대 배경이다. 무제약적 비전에선 연극 그 자체로 주인공들이 근본적으로 다르고 마찬가지로 전체적인 변화는 미래에는 가능할 뿐만 아니라 필요하기까지 하다.

과정 비용

모든 사회 과정——경제, 종교, 정치적 과정이든 아니면 다른 과정이든——은 비용을 수반한다. 제약적 비전을 가진 사람들과 무제약적 비전을 가진 사람들은 사회 과정에 필요한 태도의 유형을 다르게 보고 있는 것——예를 들어 성실성 대 충실성——처럼 사회 과정에 따른 비용을 아주 다르게 보고 있다. 이러한 비용들은 시간이나 폭력과 같은 여러 가지 원인에서 기인한다. 비용에 상응한 이익이 정당하게 혹은 부당하게 배분될 수 있으며 그 이익을 받는 사람들은 자유로울 수도 혹은 자유롭지 않을 수도 있다. 이 모든 측면들이 제약적 비전과 무제약적 비전에서 다르게 평가되고 있다.

시간

시간은 흐르며 흘러간 시간은 되돌릴 수 없다는 사실은 특수한 의사 결정의 어려움, 사회 과정들 그리고 도덕적 원칙들——제약적 비전을 가진 사람들과 무제약적 비전을 가진 사람들은 이 모든 것을 전혀 다르게 보고 있다——을 창출한다. 두 가지 비전은 어떤 한 시점에 이루어진 결정이 또 다른 시점에 영향을 미친다는 사실을 인정하고 있다. 하지만 이러한 사실에 대처하는 방식은 인간의 능력, 특히 인간의 지식과 통찰력에 좌우된다.

시간이 지나면서 지식의 축적은 지식이 더 적은 상황에서 이루어진 개인과 사회의 결정이 더 많은 지식을 갖게 된 상황에 영향을 미칠 수 있다는 사실을 의미한다. 무제약적 비전을 가진 사람들에게 이것은 과거의 결정에 얽매어 있는 존재는 아마도 더 이후의 지식에 의해 있을 수도 있는 이익을 얻을 수 없게 된다는 의미다. 입헌적 법률의 사례에서건 혹은 결혼에서건 과거의 결정에 얽매이는 것은 불합리하고 비용이 많이 드는 것으로 여겨진다. 따라서 무제약적 비전은 더 이후에 얻게 될 정보의 관점에서 결정을 변화시킬 수 있도록 가장 큰 유연성을 추구하는 경향이 있다. 사회 계약에 대한 로크의 개념에 반대하는 주장을 하며 윌리엄 고드윈은 일반적으로 시차적으로 적용할 수 있는 태도를 취하고 있다.

나의 인생 전체에 대한 더 낳은 정보를 얻을 수 없는 것일까? 그리고 평생에 대한 더 낳은 정보를 얻을 수 있다면 일년, 일주일, 혹은 한 시간 동안에 대한 더 낳은 정보는 왜 얻을 수 없겠는가?[38]

고드윈에게 "정보에 대한 중요한 수단들 중 하나는 시간이다." 따라서 "우리가 오늘의 우리 스스로를 지금부터 두 달 후에 알게 될 행동에 얽매고 있다면" 우리는 불필요하게 우리의 행동에 대한 지식의 효과를 제한하고 있는 것이다.[39] 미래에 대한 헌신은 인간이 "미래에 해야 할 것에 대해서처럼 더 이상의 정보에 대해 자신의 마음을 닫을 것"을 요구한다.[40] 고드윈에게 미래의 지식을 미리 고려하며 사는 것은 앞으로의 수입을 미리 고려해 생활하는 것만큼이나 "장래에 대비치 않는 것"이다.[41]

무제약적 비전에선 시차적 헌신에 대한 실제적 영향은 물론 도덕적 영향이 존재한다. 예를 들어 충성과 애국심은 물론 보은의 마음도 본질적으로 어떤 사람이 개인과 사회가 처음으로 대면하게 된다 해도 미래의 어떤 시점에 존재할 수도 있는 상황에 대한 공정한 평가에 따라 행동하기보다는 그러한 개인과 사회에 대해 미래에 다르게 행동하기 위한 헌신들이다. 위험에 빠진 두 사람 중 한 사람만 구할 수 있을 때 당신의 아버지를 구하는 것은 충성스러운 행동일 수는 있지만 정의로운 행동은 아니다.[42] 따라서 행동하는 형태의 관점에서 감사와 충성은 공정하지 못한 시차적 헌신——처음으로 똑같은 개인과 상황에 마주쳤다 해도 그렇지 않았다면 최선을 고려했을 결과를 낳기 위한 미래의 지식과 미래의 도덕적 평가를 사용하지 않은——이다. 이 같은 관점에서 충성심, 약속, 애국심, 감사, 선례, 충실성의 맹세, 헌법, 결혼, 사회 전통과 국제 조약들은 모두 후에 더 많은 지식을 갖게 되었을 때 활용될 수 있는 선택들에 대해 적은 지식을 갖고 있었을 더 초기에 강요된 제약들이다. 고드윈은 그것들 모두를 비난했다.[43] 모든 것은 고드윈이 주장한 "통제되지 않는 개인적 판단의 행사"에 앞선 제약들이다.[44]

고드윈이 보기에 헌법이나 판례로 사법적 판단을 얽매는 것은 후에 나타날 더 많은 지식에 근거한 더 좋은 판단을 방해하는 더 적은 지식에 근거한 시차적 헌신의 또다른 예이다. 고드윈의 원칙에 따르면

계몽되고 분별 있는 재판관은 자신에게 맡겨진 소송을 판결하기 위해 법전이 아니라 이성의 규약에 도움을 청해야 할 것이다. 그들은 자신이 생각해야 할 것을 다른 사람이 가르치는 것과 자기에게 맡겨진 사건을 모든 정황을 조사한 자신들보다 다른 사람들이 사건이 일어나기 전에 더 잘 이해하는 척하는 것이 비합리적이라고 느끼게 될 것이다.[45]

제약적 비전을 가진 사람들은 고드윈이 비난한 그 모든 것들——충성, 헌법, 결혼 등——을 칭송하고 존중했다. 시차적 헌신이 수반하는 과정 비용은 1) 시간 경과의 결과로서 인간이 훨씬 더 많은 지식, 합리성과 공정성에 얼마나 영향을 미칠 수 있을지 그리고 2) 순간적 의사 결정의 불이익을 수용하는 비용에 따라 좌우된다. 더 많은 지식과 이해에 대한 능력이 크다고 생각되는 경우——무제약적 비전에서처럼——에 헌신을 피하려는 상황이 가장 강력하다. 이러한 능력이 본질적으로 매우 제한되어 있다고 생

각되는 경우——제약적 비전에서처럼——이익은 상대적으로 더 작으며 다른 고려들에 의해 더 쉽게 균형을 잃게 된다.

특히 사회적 원칙에서 버크는 시간이 지난다고 해서 근본적인 진보가 이루어진다고 보지는 않았다.

> 우리는 '우리'가 발견하지 못했다는 사실을 알고 있다. 그리고 우리는 도덕적으로 어떤 발견도 이루어지지 않을 것이라고 생각하며 정부의 중대한 원리들이나 자유에 대한 생각에서도 많은 것을 발견할 수 있을 것이라고 생각하지 않는다……[46]

제약적 비전을 가진 사람들은 대체적으로 18세기 콩도르세에서 시작해 무제약적 비전을 가진 사람들에게서 기원한 "사회과학"이라는 개념을 직접적으로 거부하지는 않지만 과학의 선행 조건들이 존재하지 않는 과학적 존재에 대한 거짓된 망상으로서 회의적으로 보고 있다.[47] "사회과학" 이론이나 연구에 기초해 역사적으로 발전된 원칙들을 바꾸는 것은 무제약적 비전을 가진 현대 사회 사상가들의 특징——그리고 제약적 비전을 가진 사람들이 '몹시 싫어하는 것'——이 되었다. 버크에 따르면 정부는 "어떤 개인이 평생 얻을 수 있는 것보다 더 많은 경험"을 필요로 한다.[48] 버크의 가정을 고려한다면 헌신을 피함으로써 개인이 점점 더 많이 습득한 지식은 사회의 축적된 경험에 대한 충실성으로 얻어진 지식에 비하면 사소한 것이다.

제약적 비전이 생각하고 있는 것처럼 개인이 자기 문화의 집단적 지혜에 의해 인도되는 세계에서 문화 그 자체는 안내자로 작용할 수 있도록 어떤 안정성이 있어야 한다. 버크에 따르면 이러한 안정성이 없다면 "화폐의 표준을 계속해서 바꾸고 있는 나라에서 신용에 대한 평가의 기준이 무엇인지 아무도 알 수 없는 것과 같게 된다."[49] 고드윈이 제시한 사법 상황은 법관이 완전히 자유롭게 각각의 사건을 '특별한 목적을 위한' 판결을 내릴 때보다 더 나쁜 판결에 이를 수 있다. 하지만 제약적 비전은 이 같은 손실을 형법을 더 적게 위반하거나 민사소송을 덜 필요로 하게 하는 알려진 규칙이 제시하고 있는 선견지명이 있는 지침으로 상쇄한다. 버크에게 "변덕의 해악은 고집과 가장 맹목적인 편견의 해악보다 만 배는 더 나쁘다."[50] 요컨대 신뢰할 수 없는 사회적 기대에서 야기된 과정 비용은 증가하는 개인 지식의 가치나 개인이 갖고 있는 지식이 더 훌륭하게 조절되어 적용된 것의 가치보다 중요하다.

제약적 비전의 전망을 고려하면 법관은 자신에게 맡겨진 사건에 대해 사회적으로 최선의 판결에 이르기 위한 '시도' 조차 해서는 안 된다. 하이에크에 따르면 "법관이 관심을 가져야 할 유일한 공익은 개인이 합리적으로 의지할 수 있는 법률 원칙의 준수다." 법관은 "특정 경우에 알려진 결과가 자신에게 전적으로 바람직하지 않을 수 있는 것처럼 보일 수 있다 해도 그 법률 원칙들을 적용"해야 한다.[51] 인간 능력에 대해 제약적 비전을 갖고 있는 사람들에 따르면 비용은 다른(그리고 더 많은) 비용이 다른 사회 과정에 수반될 때만 정당화된다. 하지만 무제약적 비전을 믿는 사람은 이 같은 결론을 몹시 싫어한다. 획기적인 법원 판례에 따르면 법원은 "절대로 불평등과 부정의의 도구로 이용되어서는 안 된다."[52]

무제약적 비전에서 고의로 부정의를 받아들이는 것은 불합리하다. 하지만 제약적 비전에서 유일한 현실적 문제는 어떤 과정이 또 다른 과정보다 더 부정의 할 것인가 여부이기 때문에 부정의는 불가피하다.

아담 스미스에게도 일반적 안정성은 특정한 이익보다 더 중요하다. 즉 "사회의 평화와 질서는 심지어 가난한 사람들에 대한 구제보다도 더 중요하다." 따라서 그는 "흔히 현명한 사람과 덕망 있는 사람을 부자와 지체 높은 사람보다 더 좋아한다"고 믿긴 했지만 부자와 지체 높은 사람들을 확정하는 것이 더 낮은 비용을 수반한다는 사실에 주목했다. 따라서 "사회의 평화와 질서"는 더 안전하게 "지혜와 미덕이라는 볼 수 없는 불확실한 차이보다는 태생과 재산이라는 솔직하고 분명한 차이에 의존"[53]해야 할 것이다.

다시 한 번 무제약적 비전을 가진 사람들이 어떤 해결책이라고 생각하는 것에서 제약적 비전을 가진 사람들은 균형을 생각한다. 무제약적 비전은 연이어 '특별한 목적을 위한' 형태로 이루어지는 최선의 개별적 판결들을 추구한다. 반면 제약적 비전은 지혜와 미덕이라는 이점을 표준과 기대의 안정성이라는 이점으로 대체한다. 하나의 과정이 추상적으로 더 낮은 개별적 판결을 제시할 수는 있지만 덜 매력적인 대안을 뒷받침하는 것으로 밝혀지게 될 순균형(純均衡)——예를 들어 서열의 분명한 특성 대 지혜와 미덕의 덜 눈에 뛰는 차이——에 이르기 위해 그 같은 판결의 '과정 비용'을 빼야한다는 사실을 인정해야 할 것이다.

이러한 계산이 늘 현상 유지의 측면으로 귀착될 필요는 없다. 제약적 비전의 많은 유력한 예들은 3장에서 본 것처럼 인기 없는 변화와 때로 엄청난 변화를 옹호한다. 하지만 더 낳은 판결이 본질적으로 과정 비용 때문에 변화를 정당화하기에 충분하지 않다는 사실은 제약적 비전을 가진 사람들이 그렇지 않았다면 무제약적 비전의 기초에서 강력하게 되었을 제안된 많은 변화들을 거부할 수 있는 어떤 근거를 제공한다. 요컨대 무제약적 비전의 관점에서 본 인간은 제약적 비전의 관점에서 생각하고 있는 인간이 따르는 정책들과는 논리적으로 매우 다른 정책들을 따라야 한다.

무제약적 비전이 구속받지 않은 개인의 판단과 양심을 중시하는 것처럼 제약적 비전은 사회의 규칙을 중시한다. F. A. 하이에크는 다음과 같이 말하고 있다.

우리는 성공적으로 자기 위치를 분명히 할 수 있고, 우리의 동료들이 알려진 목적이나 알려진 관계에 의해 지배되고 있기 때문만이 아니라 그들이 또한 우리가 때로 알지 못하고 있는 목적이나 기원 그리고 우리가 바로 그 존재조차도 의식하지 못하고 있는 규칙에 의해 제한되기 때문에 그들의 목적을 성취할 수 있는 많은 기회가 있는 사회에 살고 있다.[54]

따라서 일반적으로 공유되고 있는 암묵적 규칙은 과정 비용으로 축소된다. 하지만 과정 비용의 중요성이 적어지면 적어질수록 각각의 쟁점을 그것이 가져올 수 있는 이점에 근거해 판단하는 개인의 능력은 더욱 더 커진다. 따라서 무제약적 비전에서 규칙은 하나의 사소한 성가심에서 받아들일 수 없는 부담까지 포괄하고 있다. 그러므로 두 가지 비전의 차이는 규칙과 관행을 시차적 헌

신——예를 들어 충성, 헌법과 결혼——과 관련시켜 볼 때 특히
분명해진다.

극단적인 경우에 제약적 비전은 "옳든 그르든 나의 조국"이라
고 말하는 반면 무제약적 비전에선 그 옹호자들이 자신이 옳다고
생각할 때마다 말이나 행동으로 기꺼이 자신의 조국에 반대하는
세계시민의 역할을 떠맡는다. 따라서 애국심과 반역은 극단적인
무제약적 비전에선 무의미한 구분이 되는 반면 제약적 비전에서
이 같은 구분은 가장 중요하고 가장 강력한 차이들 중 하나다.

하이에크의 말에 따르면 제약적 비전은 "모든 사람에게 있는
필연적이며 치유할 수 없는 무지"를 전제로 말하고 있다.[55] 그는
또한 무제약적 비전의 개인적이고 합리적인 의사 결정은 "관련된
모든 사실에 대한 완벽한 지식을 요구한다"고 보고 있다. 하이에
크에 따르면 관련된 모든 사실들을 완벽하게 알 수는 없다. 왜냐
하면 사회의 기능은 "어느 누구도 모두 알 수 없는 수없이 많은
사실"들에 대한 사회의 조정에 의존하고 있기 때문이다.[56] 하이에
크가 보기에 "어떤 한 사람이 관련된 모든 사실을 알고" 어떤 결
정을 내리고 그 결정의 더 광범위한 파급 효과를 고려하는 것은
하나의 환상이다.[57] 제약적 비전에서 발전된 문명의 이익은 널리
흩어져 있는 단편적인 지식에 대한 더 낳은 사회적 조정——개인
의 더 많은 지식이 아니라——에서 비롯된다. 하이에크에 따르면

문명화된 사회에서 개인이 얻을 수 있는 것은 더 많은 지식이 아니
라 다른 사람들이 갖고 있는 지식으로부터 얻을 수 있는 더 큰 이익
이다. 다른 사람들의 지식은 사람들이 단지 자신의 가장 시급한 물질

적 욕구를 만족시키는 것보다는 무한히 더 넓은 분야의 목적을 추구할 수 있는 능력의 근거다. "문명화된" 개인은 아주 무지할 수도 있고, 많은 야만인들보다 더 무지할 수 있지만 자신이 살고 있는 문명으로부터 큰 이익을 얻을 수 있을 것이다.[58]

제약적 비전 속에서 개인이 자신이 살아가고 이해할 수 있게 해 주는 사회와 자신을 별개로 생각하거나 사회보다 자신을 우선시하는 것은 특히 부당하다. 어떤 개인이 이룬 훌륭한 위업마저도 필연적으로 어떤 사회가 조정하는 관련된 전체 스펙트럼의 협소한 일부에 국한된 것으로 생각된다. 따라서 어떤 개인의 훌륭한 위업이 그가 자신을 포함하고 있는 복잡한 사회를 더 낳은 방식으로 해체하거나 다시 통합할 수 있다고 생각할 수 있는 근거가 될 수는 없다. 버크에 따르면 뛰어난 개인들이 "특수한 기능이 탁월"하다고 해서 다른 기능들도 탁월하다는 것을 보장하는 것은 아니다.[59] 비슷한 맥락에서 해밀턴은 "가장 위대한 천재들"조차도 보통 사람들도 알 수 있는 결정적인 고려를 간과하곤 한다고 주장한다.[60]

지적으로(혹은 도덕적으로) 뛰어난 사람과 평범한 사람들 사이의 비교는 무제약적 비전의 관점과 관련된 반면 제약적 비전을 가진 사람들에겐 가장 뛰어난 개인——지적으로 혹은 도덕적으로——조차 본질적으로 지식을 파악하고 사회를 발전시키는 수많은 상호관계에 대한 이해가 아주 제한되어 있다. 그러므로 제약적 비전에서, 많은 문화에서 불분명하게 표현되고 있는 역사적 지혜 그리고 시스템 지혜는 소수의 특별한 통찰력보다 더 정확한 것처럼 보인다. 역사 과정과 시스템 과정은 모두 인간의 경험과 이해력을 동원하지만 서로 상이한 방식으로 적용되고 있다. 두 가지 비전은 바로 "이성"이라는 개념을 다르게 보고 있다. 하이에크에 따르면

> 선과 악, 기존에 존재하는 규칙에 부응하는 것과 부응하지 않는 것을 구별하는 인간 정신의 능력을 포함하고 있는 "이성"은 분명한 가정들에서 연역된 규칙들을 만들어 내는 능력을 의미하게 된다.[61]

제약적 비전에서 사회는 때로 살아 있는 유기체에 비교된다. 살아 있는 유기체는 치명적인 결과 없이 서로 다른 방식으로 전체적으로 해체되거나 재구성될 수 없다. 예를 들어 버크는 어떤 몸체를 조각조각 잘라내어 다시 살아나기를 바라면서 그 조각들을 "마법사의 솥"에 던져 버리는 것에 대해 기술하고 있다.[62] 제약적 비전에서 "국가 건설"이라는 개념은 근본적으로 잘못된 생각이다.[63] 국가는 성장하고 발전할 수 있을지는 몰라도 건설될 수는 없다.

무제약적 비전을 가진 사람들이 미래의 행동에 대해 공정하지 못한 것이라 생각하고 있는 충성이라는 시차적 헌신을 제약적 비전을 가진 사람들은 전혀 다르게 보고 있다. 인간의 본성에 대한 어떤 사람의 견해가 아주 제약되어 있다면 충성에 대한 대안은 공평성이 아니라 순수한 이기심이다. 따라서 이 같은 견해는 충성으로 이끄는 유형의 감정적 집착을 사회 전체가 기능하는 데 필수적인 유익한 사회적 결합으로 본다. 버크에 따르면

사회에서 우리가 속한 일부에 집착하거나 우리가 속한 작은 집단을 사랑하는 것은 일반적 애정의 첫 번째 원칙(조짐에 불과할지라도)이다. 그것은 우리가 조국과 인류에 대한 사랑으로 나아갈 수 있는 첫 번째 연결 고리다.[64]

비슷한 맥락에서 해밀턴은 다음과 같이 말하고 있다.

우리는 이웃보다는 우리의 가족을 더 사랑한다. 다시 말해서 우리는 일반적인 우리의 동포들보다는 우리의 이웃을 더 사랑한다.[65]

반면 고드윈은 "맹목적이고 무지한 동정"보다는 이성의 확산을 믿는다.[66] 그는 미숙한 감정을 "미덕으로 성숙한" 감정과 구분하고 있다──미덕으로 성숙한 감정은 "전 인류"에 관심을 갖는다. 고드윈의 관점에서 "조국에 대한 사랑"은 "이성이 아니라 우연한 관계에 근거한 편애"를 확립하게 될 "거짓된 원칙"이다.[67]
두 가지 비전 중 어떤 비전도 큰 단위보다 작은 단위가 본질적으로 더 중요하다고 보지는 않는다. 무제약적 비전은 단지 인간을 궁극적으로 큰 단위가 작은 단위보다 더 중요하다는 원칙을 이해하고, 원칙에 근거해 행동할 수 있는 것으로 볼 뿐이다. 제약적 비전은 큰 단위가 더 중요하다는 원칙에 대해 이론상으로는 동의하지만 실제적으로 인간의 본성을 뛰어넘는 것으로, 따라서 강하고 자연스럽게 일어난 감정적 집착은 사회적으로 개인의 이기심에 대한 균형추로 유용하다고 본다. 예를 들어 아담 스미스는 직접적으로 국가보다 인류를 우선시하려고 시도하는 합리주의적 관점을 거부한다.

우리는 조국을 단지 큰 인류 사회의 일부로 사랑하는 것은 아니다——우리는 조국 자체를 위해 조국을 사랑하며 이유 없이 사랑한다. 본성의 다른 모든 부분에 대한 시스템은 물론, 인간의 애정 체계를 설계한 지혜는 큰 인류 사회의 이익이 각 개인의 주된 관심을 자신의 능력과 이해 범위 내에서 가장 중요한 특별한 부분으로 명령함으로써 가장 훌륭하게 촉진될 것으로 판단하고 있는 것처럼 보인다.[68]

스미스는 자신의 경제 이론에서처럼 자신의 도덕론에서도 정확히 간접적으로 '사회' 이익으로 이끄는 것——단지 그것이 개인에게 이익이 되기 때문이 아니라——으로서 개인의 행동에 초점을 맞추고 있다. 경제 이론과 도덕론에서의 이 같은 간접성은 스미스가 인간이 직접적으로 계속해서 사회적 이익을 창출할 수 있는 지식이나 충분한 의지를 결여하고 있다고 보고 있기 때문이다. 마찬가지로 해밀턴은 이기심을 인간 본성의 변치 않는 부분으로 생각했으며, 따라서 현명한 사회 정책은 기껏해야 "경로를 서서히 바꾸고 가능하다면 그것을 공익으로 유도"할 수 있을 뿐이다.[69]

인간의 본성에 대해 제약적 비전을 갖고 있지 않는 사람들은 마찬가지로 민족주의의 종식과 국내에서든 해외에서든 동료 인간에 대한 개인과 제도 모두의 "사회적 책임"이라는 가정을 요구하면서 논리적으로 정반대 방향으로 나아가고 있다. 인간의 능력이 크면 클수록 과정 비용은 더 적어지며 사회 이익을 더 직접적으로 추구할 수 있다.

자유와 정의

두 가지 비전은 사회 과정을 근본적으로 다른 기준으로 판단하고 있다. 개인의 의지와 개별적 정의(正義)를 중요시하는 무제약적 비전에서 개인적 보상이 가치가 있는가 아니면 단지 특권과 행운을 반영하고 있는가 여부의 문제는 매우 중요하다. 지도자 개인과 사회 정책들은 특권을 종식시키고 평등과 우수함을 촉진하기 위한 그들의 헌신에 대한 관점에서 선택되어야 한다. 하지만 제약적 비전에서 사회 과정은 최소한의 비용으로 인간의 제한된 잠재력에서 최대한의 사회 이익을 추출할 수 있는 사회 과정의 효율성에 의해 판단되어야 한다. 이것은 희소하고 귀중한 능력들에 대해 보상해야 한다는 것을 의미한다. 희소하고 귀중한 능력은 많은 경우에 타고난 재능이나 단지 성공한 부모 덕분에 개발된 재능인 희소하고 귀중한 능력을 소유하고 있는 개인들에 대한 우연한 이익만이 아니라 대부분의 사람들이 갖고 있는 재산으로 얻기에는 너무 비용이 많이 들 수 있는 능력들을 포함하고 있다. 때로 보상받아야 할 희소하고 가치 있는 특성들은 그것들이 존재하는 가정에서 양육되면서 거의 서서히 배어듦으로써 얻어진 재능과 적응을 포함하고 있을 것이다.

무제약적 비전에서 개인의 재능으로부터 얻어진 사회적 이익은 개인에 대한 과분한 보상——즉각적이 아니라면 시간을 두고 발전한 어떤 더 낳은 사회에서——없이 유도될 수 있다. 이러한 시각에서 막대한 차이가 나는 보상을 계속해서 지불하는 것은 사회의 발전을 더디게 한다. 하지만 인간 본성에 대한 제약적 비전은 보상 때문에 사회 발전이 일반적으로 지체되리라고 보지 않는다. 따라서 개인들에게 정당한 보상 이상을 지불하는 부정의는 개인이 재능을 연마하고 활용하고자 하는 충분한 인센티브를 지불하지 않음으로써 사회가 입을 수 있는 손실과 균형을 이루어야 한다.

두 가지 비전은 도덕적 판단만이 아니라 더 근본적으로는 사회적 인과율에 대한 이해에서도 차이가 난다. 제약적 비전에서 어떤 사회 시스템의 중요한 특성은 사회 시스템 내의 개인들이 직면하고 있는 일련의 인센티브들이다. 예를 들어 인센티브들은 시장과 법의 분명한 보상과 처벌은 물론 문화와 문화의 가치에 의해 발전된 내적인 심리적 보상과 처벌도 포함하고 있다. 근본적으로 변화하지 않고 있는 중요한 인간의 본성을 고려할 때, 이러한 시스템 특성들은 대체로 개인의 노력을 결정한다.

하지만 이러한 노력들이 직접적으로 현실화되는 것은 아니다. 시스템 상호작용은 단순히——혹은 주로——개인적 계획의 결실은 아니다. 아담 스미스에게 기업가는 동떨어져 "자신이 의도하지 않았던 부분"인 결과를 산출하는 것은 아니다. 제약적 비전에선 사회적 인센티브가 개인의 의지보다 더 중요하긴 하지만 시스템 상호작용의 분명한 특성——예를 들어 경쟁 경제에서 인과율의 정교한 원칙과 경로들——은 또한 실제적인 산출에 본질적이다.

요컨대 제약적 비전은 인간의 본성을 주어진 것으로 받아들이고 사회적 결과가 1) 개인에게 제시된 인센티브와 2) 개인들이 인센티브에 반응해 상호작용하는 상황들과 상관관계가 있는 것으로 보고 있다. 이러한 상호작용들——갈등과 협력——은 너무 복잡해 단지 어떤 행위를 하는 사람의 평균적 의지에 좌우되지는 않는다. 본질적으로 불충분한 자원에 근거한 서로 다른 가치와 충돌하는 주장들로 최선의 결과를 얻을 수 있다 해도 그 결과는 사실상 어떤 사람의 의지나 대부분의 사람들의 평균적 의지를 반영하지는 않는다. 예를 들어 절약을 하면 할수록 총수요, 생산, 고용, 투자와 수입에 대한 절약의 우회적 효과로 인해 저축이 적어질 수 있다.[70] 마찬가지로 법률 체계에서 특정 집단에 권익을 많이 부여하면 많이 부여할수록 그 집단을 어렵게 할 수 있다.[71]

예기치 않았던 결과는 제약적 비전에선 기존 시스템의 "실패"가 아니다. 인간과 본성의 한계가 본질적인 것처럼 인간과 본성에 대한 실망 역시 피할 수 없다. 제약적 비전에서 문제는 "문제들"이 "해결되는가" 여부——문제들을 해결할 수는 없을 것이다——가 아니라 얻을 수 있는 최선의 균형이 이루어질 수 있는가 여부이다.

무제약적 비전에선 인간의 본성 그 자체가 하나의 변수이며, 사실상 변화될 수 있는 중요한 변수이다. 특정 개인이나 집단이 이미 사회적 이익에 대한 지식, 도덕 혹은 헌신에서 대중을 앞설 수 있다는 사실은 무엇을 할 수 있을지를 증명하고 있다. 기존 사회질서에서 이득을 얻고 있는 사람들의 반대와 다른 개인이나 집단들의 타성과 맹목성은 대중보다 우수한 특정 개인이나 집단이 사회의 이익을 극대화하는 데 큰 장애가 된다. 진보를 위해 이 같은 장애들이 극복되어야 한다면, 그것은 사회에 대한 열린 가능성을 이해하고 있는 사람들의 헌신, 지성 그리고 상상력에 의해서 가능하다.

과정들만을 분석하고 규정하고 판단하려 하는 제약적 비전과는 대조적으로 무제약적 비전은 '결과' ——예를 들어 수입의 배분, 사회 유동성과 다양한 제도에 의한 평등한 대우나 불평등한 대우——를 분석하고 규정하고 판단하고자 한다. 과정들은 과정으로서의 추상적 장점이 무엇이든 실제적 결과들이 불만족스러운 것으로 생각되기 때문에 때로 비난의 대상이 된다. 예를 들어 가난한 사람들에 대한 자유나 평등의 환상적 본질은 수 세기 동안 무제약적 비전에서 되풀이되고 있는 주제다. 아나톨 프랑스는 이러한 견해에 대해 고전적인 표현을 하고 있다.

위엄 있는 평등 속에서 법은 가난한 사람들뿐만 아니라 부자들에게도 다리 아래서 거주하거나, 거리에서 구걸하거나 빵을 훔치는 행위를 금하고 있다.[72]

때로 분명 공정한 과정에서 비롯된 불평등은 계획적인 위선으로 생각되며 또다른 때에는 부적절한 과정에서 비롯된 잘못된 결과로 생각된다. 비슷한 맥락에서 무제약적 비전은 단지 정치 과정이 어떤 사람의 행동을 법적으로 제한하지 않고 있다는 이유만으론 사람들은 "현실적으로" 자유롭지 않다고 본다. 어떤 사람이 자신의 목적을 이루기 위한 실제적인 수단을 갖고 있지 못하다면

'과정'에서의 자유는 있을지 모르지만 '결과'에서는 자유롭지 않다. 요컨대 두 가지 비전은 자유를 전혀 다른 방식으로 정의하고 있다. 무제약적 비전이 정의하고 있는 자유에 따르면 법적인 제약이 없다는 사실과는 무관하게 "어떤 사람이 자신의 목적을 이룰 수 없다면……" 그 사람은 자유롭지 않다.[73] 예를 들어 "집단적 선택을 통해 공유할 수 있는 상품 선택을 높은 비용 때문에 선택할 수 없다면 선택하는 사람들은 시장에서 자유롭지 않다."[74] 더 일반적으로

> 우리의 자유는 결국 명예, 존경, 사랑, 애정, 소속감, 우정과 같은 중요한 최고의 목적들을 획득하느냐 여부에 달려 있다. 개인들이 이러한 목적들을 획득하지 못한 정도만큼 그는 자유로울 수 없다.[75]

자유를 과정 특성의 관점에서 정의하고 있는 제약적 비전을 가진 사람들은 무제약적 비전을 가진 사람들의 자유에 대한 결과적 정의를 싫어한다. 인간의 지혜와 도덕성에 대한 제약적 관점을 고려할 때, 인간은 성공적으로 결과를 규정할 수는 없으며 단지 그 결과가 때로 자신의 의지와 정반대되기도 하는 과정들을 시작할 수 있을 뿐이다. 게다가 인과관계를 통해 어떤 결과를 얻을 수 있다 해도 얻어진 결과들은 그 같은 결과들을 가져오게 한 과정과 무관하게 도덕적 혹은 지적으로 정당화되지 않는다. 제약적 비전을 가진 사람들에게 생산에 기여한 사람들, 생산을 그만둔 사람들, 생산에 방해가 된 사람들에 대한 결과의 평등은 과정의 평등을 무시한 것이다. 제약적 비전을 가진 사람들에겐 정의 역시 과

정적 특성이다. 도보 경주가 공정한 조건에서 진행되었다면 같은 사람이 반복해서 우승하든 매번 우승자가 바뀌든 그 결과는 정의로운 것이다.

무제약적 비전을 가진 사람들은 직접적으로 최선의 결과를 추구한다. 제약적 비전을 가진 사람들에게 최선의 과정은 이용되고 지켜져야 한다. 직접적으로 최선의 결과를 만들어 내려는 시도는 인간의 능력을 넘어선 것이기 때문이다. 인간 본성에 대한 두 가지 비전의 근본적 차이와 가정들은 두 가지 비전이 주장하는 각각의 쟁점에 대한 주장에 영향을 미치고 있다.

요약과 의미들

두 가지 비전은 인간의 생존과 진보의 원천에 대해 근본적인 차이를 보이고 있다. 무제약적 비전에 따르면 사회의 정형화된 행위는 그것이 일반적으로 인간 그리고 특히 지적이고 도덕적으로 진보된 사람들의 분명하게 표현될 수 있는 합리성을 반영하고 있는 한 성공적이고 정의로우며 진보적이다. 질서——그리고 특히 정의롭고 진보적인 질서——는 일반적 복지에 대한 사람들의 헌신에 의해 강화된 계획의 결과다. 대체적인 윤곽에서 이것은 18세기 프랑스에서 시작해 서구 전역과 그 너머로까지 확산된 "이성의 시대"에 대한 비전이다.

제약적 비전에서 인간——개인적으로 그리고 집단적으로——은 의도적이고 전체적인 계획에 대한 지적·도덕적 선행 조건들을 결여하고 있기 때문에 질서는 계획 없이 역사적으로 그리고 그것이 계획되었을 당시에 더 효과적으로 발전한다. 언어는 계획 없는 질서에 대한 한 가지 예이며 언어의 복잡성, 치밀함과 유효성은 어떤 개인이나 심의회의 특별한 지혜나 고결함에 의존하기보다는 모든 사람의 경험을 개발하는 시스템 과정의 힘을 예시하고 있다. 이러한 전통 속에서 하나의 분명한 요소가 제약적 비전을 경제학——중농주의자들로 시작하는(또는 18세기 프랑스에서)——에 적용하고 있다. 그것의 슬로건——자유방임주의!——은 아담 스미스에 의해 가장 분명하게 표현되고 있으며, 오늘날 밀턴 프리드만과 프리드리히 하이에크의 저작에서 예시되고 있다.

두 가지 비전은 일반적인 사회 과정을 전혀 다르게 판단하고 있다. 무제약적 비전은 결과——연방 대법원 판사 어를 워런의 말처럼 "그것이 옳은가? 그것이 선한가?"——로 사회 과정을 판단하는 경향이 있다. 제약적 비전은 옳은 것과 선한 것을 결과보다는 과정 특성으로 판단하고 있다. 다시 말해서 도보경주가 적절한 조건에서 진행된다면 공정하다——승자와 패자가 누구냐 혹은 같은 사람이 얼마나 자주 우승하느냐에 관계없이. 따라서 제약적 비전에서 정의는 동의한 규칙을 고수하는 것을 의미하지만 무제약적 비전에서는 최종 결과가 어떠냐에 따라 어떤 것이 정의롭다거나 정의롭지 못하다고 판단한다.

홉스에 따르면 "법을 실현하는 자가 정의다."[76] 하지만 고드윈에게 정의는 "각각의 개별적인 사건에 대해 곰곰이 생각한 결과다."[77] 고드윈에게 결과는 정의를 규정짓는다. 왜냐하면 "어떤 유익한 목적을 의도하지 않은 것은 무엇이든 정의롭지 않기" 때문이다.[78] 분명 사회 과정은 궁극적으로 유익한 결과를 위해 존재하거나 유익한 결과에 의해 정당화된다——두 가지 비전에서. 두 가지 비전은 직접적으로 이익을 창출해 내는 인간의 능력에 대해서로 다른 평가를 하고 있다. 대신 규칙——법, 계약, 관습 혹은 헌법이든——을 따르는 것은 관련된 더 낮은 과정 비용에 의해서만 (적어도)정당화될 수 있는 열등한 대체물이다. 직접적이고 '특별한 목적을 위한' 의사 결정에 의해 성취될 수 있는 결과가 더 효율적이고 도덕적이며 혹은 바람직할 수 있다는 사실이 주어진 사건에서 증명될 수 있다 해도, 제약적 비전을 가진 사람들은 결과적 정의를 위한 규칙 위반이 다른 많은 사람들의 기대를 혼란스럽게 하여 역으로 앞으로의 그들의 행동을 어떻게 변화시키는가 하는 관점에서 그것의 과정 비용을 평가하게 될 것이다. 왜냐하면 일단 기대한 것들에 혼란을 느낀 사람은 현재 존재하고 있는 규칙과 합의 그리고 미래의 규칙과 합의에 대한 일반적인 신빙성에 대해 확신을 잃기 때문이다. '특별한 목적을 위한' 이익이 시스템 손실보다 중요한가 여부는 인간의 능력에 달려있다——법에서만이 아니라 정치, 경제 그리고 다른 분야에서.

정의뿐만 아니라 자유도 똑같은 이유로 두 가지 비전에 의해 다르게 정의된다. 제약적 비전에서 자유는 과정 특성——외부적으로 강요된 장애물의 부재——이다. 홉스는 이러한 자유의 개념을 인간과 무생물에 적용한다. 다시 말해서 인간은 감옥의 벽으로 구속되어 있거나 제한되어 있다면 자유롭지 않으며, 물은 강둑에 의해 혹은 용기에 가두어져 있다면 자유롭지 않다. 하지만 '내적' 원인 때문에 움직일 수 없다면——"병 때문에 침대에 누워 있는"

사람 혹은 "전혀 움직이지 않고 놓여 있는" 돌——홉스는 그것은 자유가 없는 것이라고 생각하지 않았다.[79] 오늘날 자유에 대한 똑같은 개념이 계속해서 제약적 비전을 특징짓고 있다. 하이에크에게 자유는 "강제로부터의 자유," 다른 사람들의 자의적 권력으로부터의 자유를 의미하지만 '상황'의 구속이나 강제로부터의 해방을 의미하지는 않는다.[80]

하지만 무제약적 비전에서 자유는 직접적이고 외부로부터 강요된 장애와 선택의 범위를 축소하는 상황에 따른 한계의 부재를 포함하고 있는 것으로 규정되고 있다.

자신과 자신의 가족을 부양할 수 있고 직업을 선택할 수 있으며 생활비를 벌 수 있을 때에만 개인과 그의 가족은 실제적인 자유를 행사할 수 있다. 그렇지 않다면 그는 자신이 원하는 것을 할 수단 없이 살아가야 하는 종복이다.[81]

이미 보았듯이 무제약적 비전은 자유를 경제적 선행 조건뿐 아니라 오직 다른 사람들에 대한 감정적 속박으로부터만 파생될 수 있는 심리적 이익도 포함하는 것으로 아주 폭넓게 규정하고 있다.[82] 존 듀이는 그가 자유를 "특정한 것을 할 수 있는 효과적인 힘"으로 규정할 때 이러한 관점을 가장 잘 요약하고 있다.[83] 이러한 정의와 함께 특정한 것을 할 수 있는 효과적인 힘에 대한 한계가 내적이냐 아니면 외적이냐, 의도적이냐 아니면 상황적이냐의 여부는 중요하지 않다.

제약적 비전과 무제약적 비전이 생각하고 있는 자유에 대한 개념의 근본적 차이는 인간의 능력에 대한 근본적으로 서로 다른 개념을 반영하고 있다. 인간이 겨우 과정들을 시작할 수 있을 뿐인 제약적 비전에선 사회 과정을 통해 자유를 위해 그가 할 수 있는 가장 중요한 것은 어떤 개인에게 또다른 개인보다 얼마나 많은 권력을 허용할 것인지를 제한하고 있는 규칙, 그리고 권력 소지자가 그것을 행사하도록 허용되는 특정한 조건들을 제한하는 폭넓게 알려져 있는 규칙들을 확립하는 것이다. 하지만 인간이 최종 결과를 형성하고 판단할 수 있다고 보는 무제약적 비전은 최종 결과들이 개인의 선택영역을 극대화하고, 의도적이건 아니면 상황적이건 최종 결과들이 장애를 제거한다는 것을 보장할 수 있는 상응한 권리와 의무가 존재한다고 생각한다. 이것은 몇 가지 경우에 의도적이건 혹은 상황적 이유에서건 사회적 배경 때문에 다른 사람들과의 경쟁에서 불리한 위치에 있는 사람들에 대해 보상적 이익을 제공할 수도 있음을 의미한다. 하지만 제약적 비전을 가진 사람들에게 이것은 단지 어떤 개인이나 심의회의 능력을 뛰어넘는 것일 뿐만 아니라 또한 사회의 일반적 불이익과 위험에 이르게 할 정도로 사회 과정을 혼란시킬 수도 있는 노력이다.

사회 과정의 복잡성은 두 가지 비전에서 되풀이되는 주제이긴 하지만 전혀 다르게 이해되고 있다. 제약적 비전을 가진 사람들에게 개인이나 심의회가 사회 과정의 복잡성을 완전히 파악할 수 없다는 것은 자명하며, 따라서 시스템 과정들——시장 경제, 사회 전통, 헌법——에 의존한다. 하지만 무제약적 비전을 가진 사람들에게 개인과 심의회는 사회의 복잡성과 맞서 싸울 수 있으며, 맞서 싸워야 한다. 제약적 비전을 가진 사람들은 시스템 과정에 .대한 간결한 묘사를 '지나치게 단순화한 것'이라고 생각한다. 왜냐하면 제약적 비전을 가진 사람들은 특정 시스템을 구체적으로 상세하게 기술하지 않기 때문이다. 제약적 비전은 누구도 특정 시스템을 명확히 규정할 수 없다고 생각하기 때문에 특정 시스템을 구체적으로 상세하게 기술하는 것은 제약적 비전의 가정에선 자기 모순적이게 된다.

무제약적 비전을 가진 사람들이 똑같은 모든 과정들에서 직접적으로 특정 결과들을 창출해내려고 하는 것처럼 제약적 비전을 가진 사람들 가운데서 과정 특성에 대한 선입관은 분명하게 규정할 수 있는 많은 유형의 사회 과정들로까지 확대된다. 예를 들어 빈곤층으로 규정되는 어떤 경제 수준 이하로 살아가는 사람들이 있을 때, 무제약적 비전을 가진 사람들은 더 높은 생활 수준이라는 형태로 어떤 더 바람직한 '결과'를 직접적으로 만들어내기 위해 어떤 식으로든 그들에게 보조금을 주고 싶어 하는 경향이 있다. 제약적 비전을 가진 사람들은 보조금을 지급하는 것과 같은 계획이나 미래 행동에 영향을 줄 수 있는 것들을 고려해 만들어진 과정 '인센티브들'에 초점을 맞춘다. 왜냐하면 보조금 지급과 같은 계획들은 특정 수혜자들만이 아니라 다른 사람들에게도 영향을 미쳐 실업, 10대의 임신 혹은 빈곤이라는 일반적 발생률에 원인이 된다고 생각하는 다른 요소들을 피하기 위한 노력을 기울이지 않게 할 수도 있다고 생각하기 때문이다.

지금까지 비전에 대한 분석을 통해 인간의 도덕적·지적 잠재력에 대한 두 가지 근본적인 서로 다른 가정에서 출발해 각각의 가정에 적합한 지식과 이성에 대한 개념으로 나아가 이러한 개념들을 사회 과정들에 적용해 보았기 때문에 이제 비전의 충돌에 대한 기본적 토대는 만들어진 셈이다. 앞으로 이 토대 위에서 1) 비전의 다양성과 역동성 그리고 2) 시대의 이데올로기적 갈등에 핵심이 되는 평등에 대한 비전, 권력에 대한 비전, 정의에 대한 비전에 초점을 맞추어 더 자세히 살펴보게 될 것이다. 이러한 것들은 앞으로 이어지는 장들의 주제들이다.

제5장
비전은 다양하고 역동적이다

지금까지의 논의는 순수한 비전들 혹은 일관된 비전들, 분명하게 말해 제약적 비전 혹은 무제약적 비전이라 불리는 것에 집중되어 왔다. 하지만 처음에 말한 것처럼 제약적 비전과 무제약적 비전이 결코 유일하게 가능한 유형의 비전들은 아니다. 각 비전에는 정도의 차이뿐 아니라 일관되지 않은 혼합된 비전들이 있다. 게다가 비전에 대한 믿음이 변치 않는 것도 아니다. 개인이나 사회 전체가 시간이 지나면서 자신들의 믿음을 변화시킬 수 있다. 믿음의 변화는 기독교인들을 박해하러 가던 바울이 예수를 만나 회개하게 되는 것과 같은 갑작스러운 전향처럼 어떤 특별한 사건이 어떤 사람의 전체 생각을 바꾸게 하거나 혹은 물방울이 바위를 뚫는 것처럼 서서히 변화가 찾아와 인간과 세계에 대한 일련의 암묵적 가정들이 변하면서 결국 하나의 비전이 인식할 수 없을 정도로 사라져 버리거나 대체될 수도 있을 것이다. 두 번째 유형의 변화는 그것이 언제 어떻게 일어났는지에 대한 분명한 기록도 남기지 않을 수 있으며 혹은 더 이상 사물을 예전에 보았던 것과 같은 방식으로 보지 않는다는 사실을 제외하면 그것과 관련된 부분에 대해 의식조차 할 수 없을지도 모른다.

비전들에 대한 어떤 변화들은 시대와 관련된 나이와 밀접한 관계를 갖는 경향이 있다. 20대엔 급진주의자였던 사람이 40대 땐 보수주의자가 되었더라는 상투적인 말은 수 세대에 걸쳐 회자되고 있다. 칼 마르크스는 1840년대에 파리에서 만났던 러시아의 급진주의자들이 20년 후에는 차르 체제의 충실한 지지자가 될 것이라고 예언했다──그는 분명 자신의 경우에 그 같은 어떤 전향도 기대하지 않았겠지만.

비전은 변화할 수 있고 변화하긴 하지만 수 세기에 걸쳐 지속되며 유지되고 있는 제약적 비전과 무제약적 비전은 그 같은 변화가 쉽지만은 않다는 사실을 보여주고 있다. 변절에 대한 고뇌는 이전의 자기 동지들의 비난뿐 아니라 자기 내부에서 비롯된다. 신념을 잃었으면서도 외부적으로는 신념을 지키는 듯한 모습을 보이는 사람들이나 될 수 있는 한 철저히 물러나 있는 사람들은 모두 비전의 힘과 변화의 고통에 대해 증언하고 있다. 사회 비전에 대한 그 같은 변화를 논의하는 용어들──전향, 변절자, 이단──은 종교의 역사에서 빌려온 것들로, 종교와 유사한 감정적 헌신을 불러일으키는 세속적 신조에 똑같이 적용되고 있다.

비전들을 모두 살펴볼 수는 없으며 이 책이 의도하는 것도 아니다. 하지만 몇 가지 유형의 비전들과 일반적인 비전의 역동성에 대해 생각해보는 것은 유용한 일일 것이다. 하지만 비전의 다양성

을 살펴보기 이전에 제약적 비전과 무제약적 비전을 더 분명하게
정의할 필요가 있다.

조작상의 정의들

이론은 말 그대로 100퍼센트 제약적이거나 100퍼센트 무제약
적이 아니다. 문자 그대로 해석하자면 완전히 무제약적인 것은 모
르는 것도 없고 못하는 것도 없다는 의미가 될 것이다. 종교적 비
전은 신이 전지전능하다고 보고 있지만 본질적으로 종교적 비전
은 인간을 제약하고 있으며 따라서 완전한 무제약적 '사회' 비전
을 배제하고 있다. 100퍼센트 제약적 비전은 인간의 모든 생각과
행동은 예정되어 있으며 마찬가지로 추구해야 할 특정 사회 비전
을 주장하는 것과는 양립할 수 없을 것이다.

여기서 살펴볼 고전적 사회 비전들은 그렇게 극단적으로까지
나아가지는 않지만, 그래도 사회 비전들은 각 비전 내에서 정도의
차이는 물론 비전들 사이에서 종류의 아주 현실적인 차이들이 존
재한다. 일단 제약적 비전과 무제약적 비전이라는 이분법이 단순
히 철학적 스펙트럼에서 서로 다른 부분을 구분하는 편리한 방법
이라는 사실을 인정한다면 문제는 특정 영역의 비전들을 연속된
스펙트럼의 한쪽에 자리하게 하는 작용 기준을 선택하는 것——
그리고 그래도 제약적 비전과 무제약적 비전으로 인간과 사회에
대한 모든 철학을 하나도 빠짐없이 규명하지는 못하고 있기 때문
에 비전의 다른 영역들이 이 두 가지 범주에 맞지 않을 수 있다는

것을 인정하는 것——이다.

가장 단순한 경우는 윌리엄 고드윈처럼 누군가가 인간 이성과 이성 영역 내에서의 개인과 사회적 결정의 한도를 자세히 설명하고 있을 때이다. 엄청나게 많은 결정들을 의도적으로 분명하게 표현될 수 있는 합리성에 따라 수정할 수 있는 것으로 생각한다면 분명 무제약적 비전이 존재하는 것이다——인간이 말 그대로 모든 것을 알고 있다는 의미에서가 아니라 차라리 인간의 지식과 이성 내에 존재하는 어떤 한계도 이론이 통합된 부분이 되기에 충분한 분석에 영향을 미치지 못한다는 점에서. 하지만 두 가지 비전을 가지고 있는 저자들 중 고드윈만큼 자신의 가정과 가정에 따른 결론을 명백하게 자세히 설명하고 있는 저자는 거의 없다.

아담 스미스는 인간의 한계에 대한 자신의 비전을 『도덕적 감정에 대한 이론』에서 명백하게, 그리고 『국부론』에선 대체로 암묵적으로 자신의 사회 이론에 통합시키고 있다. 다른 사람들은 인간에 대한 자신들의 비전을 분명하게 언급하거나 자신들의 비전을 자신들이 사회에 대해 내린 결론들과 결부시키는 정도에서 상당한 차이가 있다. 하지만 두 명의 사상가가 사실상 동일한 사회 분석과 주장을 하면서 자신들의 정교한 가정 혹은 정교하지 못한 가정에 기초해 비전에 대한 특정한 경향의 영역으로부터 어떤 것은 포함하고 어떤 것은 배제하는 것은 자의적인 선택이 될 것이다. 게다가 그것은 비전이 "분석할 필요도 없이 누구나 분명하게 인정하고 있는 작용 원리"——어떤 개인의 마음 속에서도 필연적으로 명쾌하게 설명되지 않는 일련의 가정들——라는 우리가 처음에 했던 정의와도 일치하지 않게 된다.

두 가지 비전에 대한 작용적 정의를 하고자 하는 것은 결정적인 차이들을 연상시키는 대조 이상을 의미한다. 제약적 비전에서 공통적으로 찾아볼 수 있는 균형과 무제약적 비전에서 찾아볼 수 있는 해결책 사이의 차이는 암시적이긴 하지만 결정적인 것은 아니다. 인간의 기질을 변화시키기보다는 인센티브를 통한 사회적 이익을 추구하는 것 간의 차이 역시 마찬가지다——이것은 균형 대 해결책의 특수한 경우이기 때문에. 제약적 비전이 중시하는 것은 단지 균형을 추구하는 것이 아니라 균형의 시스템 형태이다. 하나의 중앙집권적 계획 위원회나 한 명의 행동주의 법관은 균형을 만들어낼 수는 있다. 하지만 이것이 무제약적 비전에 아무리 적합하다 해도 제약적 비전이 의도하는 것은 아니다.

사회적 의사 결정의 시스템 방식 대 의도적 형태는 인간 능력이라는 중요한 쟁점에 더 가까워지게 된다. 다른 사람의 복지를 위임받은 대리자로 행동하고 있는 특정 개인들의 집단적 결정을 사회적 결정이 되게 하는 것은 개인적 이익을 고려해 자신의 재량을 행사하는 무수한 개인들이 만들어낸 시스템 상호작용이 사회적 결정이 되게 하는 것보다 인간에게 훨씬 더 큰 능력이 있다고 공언하는 것이다.

요컨대 제약적 비전과 무제약적 비전을 구별하는 두 가지 중요한 기준은 1) 재량의 근거와 2) 재량의 방식이다. 사회적 결정들은 두 가지 비전에서 사회적 결정들로 남아 있지만 사회적 결정을 하는 재량권은 아주 다르게 행사되고 있다. 무제약적 비전은 분명 합리적 근거에서 대리자들이 공익을 위해 의도적으로 사회적 결정을 한다고 생각한다. 제약적 비전에선 사회적 결정들이 개인의 이익을 위해 행사되는 개인의 재량권의 상호작용으로부터 시스템으로 발전한다고 본다——경쟁 시장 경제에서처럼 시스템 과정 특성들이 개인적으로 의도하지 않았던 결과로서만 공익에 도움이 된다.

두 가지 비전은 인간의 고유한 한계를 인정하고는 있다. 하지만 이러한 한계들의 본질과 정도에 대해선 상당한 차이를 보이고 있다. 식량에 대한 필요, 죽음이라는 현실 혹은 새로 태어난 아이의 무지에 대해선 무제약적 비전을 가진 사람들도 기꺼이 인정하고 있다. 제약적 비전을 가진 사람들을 특징짓고 있는 것은 무제약적 비전을 가진 사람들이 중요하게 생각하는 개인의 분명하게 표현될 수 있는 합리성에 대한 신뢰를 배제할 정도로 인간 존재에 고유한 제약을 아주 중요하게 본다는 사실이다. 제약적 비전에 따르면 무제약적 비전을 성공적으로 이행하기 위해 필요한 지식, 도덕성 그리고 용기는 단순히 인간의 합리성에 달려 있는 것이 아니다——그리고 대중이나 엘리트에 의해 계속해서 개발되고 있지도 않다. 하나의 비전이 인식하고 있는 인간에게 가장 좋은 사회를 또다른 비전에선 인간에게 재난으로 받아들이고 있다. 따라서 두 가지 각각의 비전을 믿는 사람들은 특정한 쟁점마다 서로 대립하지 않을 수 없다. 두 가지 비전 모두에게 새로운 쟁점들——불우한 사람들의 집단에 대한 보상적 특혜와 같은——도 그 쟁점들이 두 가지 비전의 암묵적 가정에 근거하고 있는 한, 두 가지 비전 사이에서 똑같은 대립을 불러일으킨다.

제약적 비전

인간의 욕망(예를 들어 물질에 대한 것뿐만 아니라 정의와 사랑에 대한)에 비해 인간의 지적, 도덕적 그리고 다른 능력들이 너무 제한되어 있으며 인간의 욕망을 본질적으로 모두 만족시킬 수 없다는 사실은 제약적 비전의 필요조건이긴 하지만 충분조건은 아니다. 하지만 인간의 이성이 인류를 위해 이 같은 사실을 추상적으로 이해할 수 있을 뿐만 아니라 개인적으로 자신을 위해 이 같은 사실들을 현실적으로 받아들이고 기꺼이 그 현실에 적응할 수도 있다면 사회 제도나 시스템 과정이 균형을 강요할 필요는 없다. 자유롭게 받아들여진 균형은 본질적으로 해결이다. 고드윈과 콩도르세가 마음 속에 그리고 있는 미래는 그 같은 세계일 것이다. 이것이 무제약적 비전이다.

제약적 비전에선 1) 내적으로 그리고 외적으로 인간의 자원은 욕망을 만족시키기에 충분하지 못할 뿐만 아니라 또한 2) 개인들은 사회적으로 얻을 수 있는 것에 상응하는 자신의 욕망을 만족시키는 것에 대한 한계를 받아들이려 하지 않을 것이라는 사실을 필요로 한다. 예외가 있다면 고유한 사회적 제약들이 개인으로서의 그들에 대해 가격(각 개인들의 물질 상품 소비를 강제로 제한하는 것), 혹은 사람들이 서로에게 가하는 심리적 고통의 양을 제한하는 도덕적 전통과 사회 압력 같은 다양한 사회 메커니즘을 통해 억지로 강요할 때이다. 두 번째 기준——시스템 과정들이 고유한 사회적 한계들을 개인에게 전달할 필요성——은 가장 현명한 사상가, 가장 고결한 지도자 혹은 가장 동정심이 많은 인도주의자를 포함한 모든 인류에게 적용된다. 제약적 비전이 생각하고 있는 인간의 한계 내에 모두가 포함될 때만 제약적 비전은 완성된다.

제약적 비전이 생각하는 인간은 현재 수준의 물질적·심리적 복지조차 계획하고 성취할 수 없다. 제약적 비전은 현재의 물질적·심리적 복지조차 경험에 따라 오랜 시간에 걸쳐 많은 사람들이 더 좋아하는 것(말보다는 행동으로 드러나는)에 순응하는 발전된 시스템 상호작용의 산물로 본다. 제약적 비전은 진보를 시스템 상호작용이 계속되는 것——그리고 개인적으로 생각해낸 사회적 계획들이 이러한 발전된 형태를 대신하려는 시도에 의해 위협받는 것——으로 본다.

제약적 비전이 발전된 시스템 상호작용을 매우 중요하게 생각한다고 해서 제약적 비전이 집단적 선택의 비전이 되는 것은 아니다. 왜냐하면 최종 결과는 전혀 '선택'되지 않기 때문이다——'자유방임주의' 경제하에서 경쟁에 따른 가격, 산출, 고용, 이자율은 고전적인 예다. 법에선 성문법을 고수하는 법관——그 자체로 결과에 대한 선택을 '회피하는'——이 유사한 예일 것이다. '자유방임주의' 경제와 "활자화된" 법은 본질적으로 수많은 개인들이 실제적인 재량의 근거로 삼고 있는 기준 틀이다.

무제약적 비전

재량의 근거와 재량의 방식이라는 관점에서 무제약적 비전의 작용적 정의는 단지 하나의 비전이 얼마나 무제약적이어야 이런 호칭을 붙일 수 있는가를 결정하는 극히 불가능한 임무를 회피하고 있다. 고전적인 무제약적 비전들——고드윈과 콩도르세의 비전 같은——조차 인간이 죽을 수밖에 없다는 사실과 현실적으로 버리고자 하는 잘못된 생각이 존재하고 있다는 사실을 인정하고 있다. 잘못된 생각들을 모두 버릴 수 있게 되면 궁극적으로 필요한 사회 균형을 개인이 기꺼이 수용하게 되는 사회에 이르게 될 것이며 따라서 모든 실제적인 목적들에 대한 해결책이 된다. 완전히 균형 잡힌 세계에서조차 고드윈과 콩도르세는 감당할 수 있는 것 이상으로 더 많은 인구를 낳을 수 있는 인간의 생물학적 능력은 파멸적인 빈곤을 가져올 수 있는 잠재력을 내포하고 있다는 사실을 인정했다——하지만 그들의 중요한 가정은 파멸을 가져올 수도 있는 잠재력이 사실상 결과에 대한 합리적 예측에 의해 '억제되게 될 것' 이라는 사실이다.[1] 그렇게 되면 추상적인 균형은 존재하게 되겠지만 실제적인 해결책은 존재하지 않게 된다.

모든 개별적인 인간들이 개인적이고 자연스럽게, 더구나 같은 시간과 장소에서 이러한 최고 수준의 지적 · 도덕적 해결책에 이를 필요는 없다. 오히려 무제약적 비전의 전통을 계승하고 있는 사람들은 거의 한결같이 일부의 지적 그리고 도덕적 선구자들은 자기 동시대인들보다 훨씬 앞서 있으며 어떤 방식으로든 자기 동시대인들을 훨씬 더 높은 수준의 이해와 경험으로 인도한다. 지적 그리고 도덕적 선구자들은 모두가 사회적 결정을 할 수 있을 정도로 인류가 현실적으로 진보할 때까지 대리적 의사 결정자들이 된다. 고드윈이 특히 다르게 생각하고 있는 것은 각각의 개인이 개별적으로 판단을 내리기는 하지만 본질적으로 개인의 이익을 최우선으로 한다기보다는 사회적 책임을 지고 사회적 대리자로 행동한다는 사실이다. 기업가, 대학들, 그리고 다른 것들에 의해 이러한 "사회적 책임"의 전통은 어떤 사람의 행동에서 실제적인 사회적 효과를 식별하는 능력을 의미한다——무제약적 비전에선 암묵적으로 인정되고 있지만 제약적 비전을 가진 사람들은 공공연하게 거부하고 있는 가정.[2]

무제약적 비전에선 인간은 실제적인 사회적 해결책들을 강요받아서라기보다는 받아들일 수 있는 능력이 있다는 믿음을 중시한다. 무제약적 비전을 가진 사람들은 사실상 과도기에 제약적 비전을 가진 사람들이 받아들일 수 있는 것보다 더 가혹한 부담을 주장할 수도 있다. 하지만 과도기적 방법을 지지하는 일부 무제약적 비전을 가진 사람들의 바로 그 의지는 과도기의 부담이 정확히 현재 존재하는 것보다 훨씬 더 자유롭고 일반적인 복지로 가는 길에서 단지 과도기적으로 필요하다는 믿음을 고려할 때 충분히 예측할 수 있는 것이다.

게다가 무제약적 비전을 가진 모든 사람이 부담을 강요하는 과도기적 필요성을 한결같이 받아들이고 있는 것은 아니다. 고드윈은 자신이 보고 싶어 하는 세계를 만들기 위해 어떤 힘의 사용을 거부한다.[3] 또한 조지 버나드 쇼 같은 페이비언 사회주의자들은 적어도 영국에선 이상적인 세계를 만들기 위해 힘을 사용할 필요가 없다고 생각한다.[4] 고드윈과 페이비언 사회주의자들의 경우에 폭력은 모순될 뿐만 아니라 대안적 방법이 효과적이라고 생각한다. 무제약적 비전을 가진 사람들의 지적·도덕적 능력이 크면 클수록 필수적인 도덕적 헌신과 지적 능력을 가진 사람들이 사회적 결과들을 직접적으로 창조하는 데 더욱 더 크게 의존하게 된다.

비전을 정의하는 것은 폭력의 존재 혹은 부재라기보다는 재량의 근거 혹은 재량의 방식이다.

재량의 방식이 재량의 근거와 관련되어 있기는 하지만 그것들은 별개의 고려 대상이다. 예를 들어 파시즘은 대리적 의사 결정을 강조하지만 무제약적 비전은 아니다. 왜냐하면 의사 결정 방식도 지도자를 선택하는 방법도 분명하게 표현될 수 있는 합리성은 아니기 때문이다. 또한 파시즘이 무제약적 비전이 아닌 이유는 단지 파시스트가 아닌 사람들이 파시즘이 비합리적이라는 사실을 알고 있기 때문이 아니라 파시즘 자체의 신조가 결정적인 감정적 유대(국가주의, 인종)와 정치 추진력으로서의 폭력의 사용을 정당화하고 있기 때문이다. 재량의 근거와 재량의 방식이 지속적으로 제약적 비전이나 무제약적 비전의 중요한 가정을 반영하고 있을 때만이 특정 사회철학은 이 두 가지 항목 중 하나로 분명하게 자리 잡을 수 있다.

작용적 정의는 사회 이론들을 제약적 비전이나 무제약적 비전으로 분류하거나 두 가지 범주에서 제외시키는 것을 더 현실적으로 만든다. 왜냐하면 이 두 가지 기준은 단순히 인간의 본성에 대한 저자의 독자적인 소견을 조사하기 보다는 더 분명한 방법을 제시하고 있기 때문이다. 결국 그것은 단지 특정 가정들의 존재가 아니라 어떤 비전의 본질을 결정하는 실질적인 분석으로 그러한 가정들을 통합하는 것이다.

예를 들어 존 롤스의 『정의론』은 재량의 근거와 재량의 방식이라는 기준에서 볼 때 무제약적 비전이다——비록 『정의론』의 중심 주제가 평등과 물질적 부를 생산할 필요 사이의 균형이긴 하지만. 롤스에게 재량의 근거는 집단적으로 균형을 선택하고 정의의 원칙——이러한 원칙들은 분명한 합리주의적 관점에서 파생되기 때문에——에 부응해 결과들을 조정하는 대리적 의사 결정자 "사회"다. 정의의 원칙들은 논리적으로 가상의 개인들이 더 좋아하는 것으로 생각되는 것에서 파생되기는 하지만, 이러한 원칙들을 적용하는 재량의 근거는 "사회" 혹은 하나의 집단적인 "우리"——즉 대리적 의사 결정자들——다. 또한 아직 태어나지 않은 "최초의 자리에 있는" 가상의 개인들이 자신들이 살고 싶어 하는 유형의 세계를 결정하는 것이다.[5]

롤스의 아직 태어나지 않은 편견이 없는 사람은 아담 스미스의 『도덕적 감정에 대한 이론』에서 도덕성의 원칙을 논리적으로 도출하는 "공정한 관찰자"와 기능 면에서 유사하다.[6] 두 가지 비전에서 가상의 존재는 사회 원칙을 논리적으로 도출할 때 개인이나 계급의 자기 이익에 대한 편견을 회피하기 위해 사용된다. 그 차이는 스미스의 "공정한 관찰자"가 법과 다른 사회 제약의 틀 내에서 도덕적(경제적일 뿐만 아니라) 재량의 근거로 남아 있으면서 또한 똑같은 "공정한 관찰자"의 도덕적 기준을 반영하고 있는 각 개인의 양심이라는 사실이다. 두 가지 비전에서 가상적인 존재는 사회적 원칙을 정의하고 있지만 현실의 사람들——롤스에게선 대리인을 통해 집단적으로, 스미스에게선 개인적으로 결정하는——은 재량의 근거로 남아 있다. 제약적 비전과 무제약적 비전 모두 어떤 사회의 기본 구조를 집단적 생산물로 보지만 재량의 지속적인 행사라는 면에서 제약적 비전과 무제약적 비전은 견해를 달리하고 있다. 즉 제약적 비전은 개인적 의사 결정자가 자기의 이익을 위해 재량을 행사하지만, 무제약적 비전은 대리적 의사 결정자가 집단적 이익을 위해 재량을 행사한다고 본다.

"집단적 의사 결정"과 "대리적 의사 결정"이라는 용어는 정확히 같은 의미를 가지고 있다고 할 수는 없지만 여기서는 다소 호환될 수 있는 의미로 사용된다. 예를 들어 "시민대회민주주의"는 공직자들이 시민대회가 한 결정들을 수행하긴 하지만 대리자 없는 집단적 의사 결정을 의미한다. 마찬가지로 국민투표 정부는 중요한 재량을 행사하는 사람들보다는 중요한 대리인으로 있는 공식적 대리자들과 함께 집단적 의사 결정을 가능하게 할 것이다. 하지만 제약적 비전이나 무제약적 비전 모두 이 같은 특별한 경우에는 많은 관심을 보이지 않고 있다. 따라서 여기선 무제약적 비전의 대리적 의사 결정을 개인적이고 자기 이익 추구적인 제약적 비전의 재량과 대비할 수 있을 것이다.

어떤 특정 비전은 이어져 있는 제약적 비전과 무제약적 비전 사이의 어딘가에 속해 있을 것이다. 어떤 특정 비전은 또한 지속되거나 지속되지 않는 방식으로 두 가지 비전의 요소들을 결합하고 있다. 마르크스주의와 공리주의는 아주 다른 방식이긴 하지만 복합적 비전의 고전적인 예들이다.

복합적 비전들

마르크스주의

마르크스주의의 역사 이론은 본질적으로 수 세기에 걸쳐 제약이 완화되고 결국 공산주의라는 무제약적 세계로 끝이 나는 일종의 제약적 비전이다.[7] 하지만 궁극적으로 공산주의가 출현하기 이전의 어떤 특정 시기에 사람들은 자기 시대의 고유한 제약——물질적으로나 도덕적으로——에서 벗어날 수 없다. 마르크스주의 역사관은 제약들을 완화하고 따라서 새로운 선택들을 지향하는 사람들과 현재 존재하는 사회에 헌신하는 사람들 간의 충돌에 대한 단계를 설정하는 지식, 과학, 기술에 의해 창조된 새로운 가능성들이 성장하고 있는 것이다. 이것이 마르크스가 역사의 획기적인 전환기——예를 들어 봉건주의에서 자본주의로——를 보는 방식이고 자본주의에서 공산주의로의 유사한 변화를 예견한 방식이다.

이러한 복합적 비전은 마르크스주의를 여타 다른 사회주의 전통과 구별할 수 있게 해 준다. 마르크스주의를 제외한 다른 사회주의 전통의 무제약적 비전은 이제 시대에 뒤떨어진 새로운 사회적 기회들을 만들어 낸 과거의 진보적 시스템으로서가 아니라 초시간적인 도덕 기준에 따라 자본주의를 비난한다.

마르크스는 자본주의를 단순히 부도덕하다고 보는 무제약적 비전을 가진 사회주의자들에겐 낯선 개념인 "부르주아 체제의 위대함과 일시적 필요성"에 대해 말하고 있다.[8] 악에 대한 더 보수적인 타협에서처럼 마르크스가 자본주의를 경과하는 것을 일시적으로나마 도덕적으로 받아들였다는 사실은 더 나은 어떤 것도 가능하지 않다──당대의 고유한 제약 속에서 지난 역사의 어떤 기간 동안──는 전제에 근거하고 있다. 자신의 시대에서 자본주의를 무너트리려는 그의 노력은 이제 새로운 선택이 자본주의를 불필요하고 비생산적으로 만들었다는 전제에 근거한 것이었다.

하지만 마르크스가 고유한 제약들을 믿고 있었기 때문에 다른 사회주의자들과 구별되는 것처럼 그는 또한 고유한 제약들이 인간 본성에 의해 결정되어 있다고 생각한 스미스와 버크 같은 사람들과도 구별된다. 마르크스에게 제약은 생산력의 제약으로, 그 같은 제약의 경계는 과학과 기술이 발전하면서 줄어들게 된다. 결국 "각자 능력에 따른 생산과 필요에 따른 배분"을 포함해 오랫동안 사회주의 전통의 일부가 되어 온 목적을 실현하기 위해선 선결 조건들이 존재할 것이다. 하지만 이 같은 원칙은 경제 발전 단계와 그것에 의해 조건지어지는 인간의 태도를 고려하지 않고는 단순한 선언에 불과할 뿐이다.

마르크스에 따르면 공산주의 사회는 "전 방면에 걸친 개인들의 발전과 함께 생산력이 증가하고 협력을 통한 부의 원천들이 더 풍부하게 넘쳐난 이후"──부르주아 권리의 편협한 영역이 사회 전체에 방해가 되어 사회가 "능력에 따른 생산, 필요에 따른 배분!"을 기치로 내걸 수 있을 때9)──에나 가능하다. 따라서 마르크스의 비전은 세계를 제약들이 점차 줄어들어 결국 무제약적이 되지만 수 세기에 걸쳐 제약되어 있는 것으로 보고 있다. 엥겔스는 제약들이 점차 줄어 제약적 세계가 무제약적 세계가 되는 것

을 "인간이 필요의 왕국에서 자유의 왕국으로 상승하는 것"이라고 말했다.[10]

과거와 미래에 대해 각각 적용하고 있는 마르크스의 학설은 각각 제약적 비전과 무제약적 비전의 이론을 반영하고 있다. 역사를 되돌아보면서 마르크스주의는 제약적 비전이 인과율을 의지보다는 시스템으로 보듯이 인과율을 보고 있다. 엥겔스는 "각 개인의 의지는 그 밖의 다른 모든 사람들에 의해 방해받고 있으며, 나타나는 것은 누구도 의도하지 않았던 것이다"라고 말하고 있다.[11] 자본주의 및 자본주의 이전의 과거와 관련해 아담 스미스 혹은 제약적 비전을 가진 어떤 다른 사람들처럼 마르크스주의는 사회적 인과율의 원천으로서 개인의 의지를 결정적으로 무시하고 있다.[12] 정치적 좌파의 다른 많은 사람들과 달리 마르크스는 자본주의 경제를 자본가 개인의 의지로 직접 통제할 수 있는 것이 아니라 시스템——예를 들어 기술이 생산비용을 낮춤으로써 가격을 내리게 하거나[13] 심지어 경제 위기 시에는 자본가들에게 비용 이하로 판매하게[14] 강요하는——을 통해 자본가들이 통제되는 것으로 보았다. 마찬가지로 마르크스는 부르주아 민주 정부가 자신들의 지배를 위협하는 반정부적 정치 추세를 통제할 수 없다고 보았다.[15]

과거에 대한 인과율의 결과는 물론 마르크스의 도덕은 계속해서 제약적 비전의 관점에서 전개되고 있다. 마르크스는 고대 경제 시스템과 사회 시스템에선 노예제와 근친상간이 역사적으로 정당화될 수 있는 것으로 생각했다. 왜냐하면 원시 시대에는 더 협소한 고유한 제약들이 존재하기 때문이다.[16] 마르크스가 구상한 혁명 직후의 체제도 제약에서 완전히 벗어나 국가를 언제 종식시킬지에 대해 의도적으로 결정할 수는 없다. 오히려 시스템 조건들이 국가가 결국 "소멸될" 시기와 방법을 결정하게 될 것이다.[17]

마르크스주의가 추구하는 무제약적 세계는 어떤 아득한 미래에나 실현되기를 기대할 수 있을 것이다. 아득한 미래에나 실현될 수 있는 세계에 대해 말하고, 그러한 세계의 바람직한 특성들을 자본주의의 특성들과 비교하면서 마르크스의 언어들은 무제약적 비전의 언어가 되고 있다. 마르크스주의적 공산주의하에서 실현되는 개인의 "현실적" 자유는 단지 제약적 비전을 가진 "부르주아"의 자유——"이런저런 것을 피할 수 있는 소극적인 능력"——만이 아니라 "자신의 진정한 개성을 주장할 수 있는 적극적인 능력"을 의미한다.

마르크스와 엥겔스에 따르면

다른 사람들과 함께하는 공동체 내에서만 각 개인은 모든 분야에서 자신의 재능을 개발할 수 있는 능력을 갖는다. 따라서 공동체 내에서만 개인적 자유가 가능하다.[18]

되돌아보면 마르크스와 엥겔스는 부르주아 자유의 출현——의도적으로 강요된 구속으로부터의 정치적 해방——을 "인간 해방의 최후 형태"는 아니라 해도 "앞으로 전진 하는 중요한 발걸음"으로 보았다. 하지만 마르크스가 인식하고 있는 것처럼 그 같은 자유는 "사물의 지배 질서 '내'에 있는 최종 형태,"[19] 다시 말해서 공산주의 이전의 제약적 세계 내에서의 최종 형태였다. 마르크스는 자본주의하에서 노동자는 "명목상의 자유"[20]를 누리고 있는 데 불과하다고 생각했다. 또한 노동자는 착취하는 자본가들을 위해 일하도록 "사회 조건들에 의해 강요"된다.[21] 진정한 자유는 미래의 무제약적 세계에서 실현될 수 있는 무제약적 비전의 자유다. 이러한 자유는 제약적 비전의 '과정'으로서가 아닌 무제약적 비전의 '결과'로 정의된다.

마르크스는 일관되게 과거를 분석할 때는 제약적 비전의 개념을, 자신이 구상한 미래와 비교해 현재를 비판하기 위해선 무제약적 비전의 개념을 사용하고 있다. 그의 전체적인 역사 이론은 바로 과학과 기술의 진보와 함께 시간이 지나면서 제약들이 완화되고 그 여파로 사회가 변화하는 것이었다.[22] 동시대 정치 주장에 대한 하나의 체계로서 마르크스의 역사관은 무제약적 비전——우리 시대의 부도덕성은 일련의 잘못된 정치 제도 때문이며 특별히 분명하게 표현된 합리성을 가진 집단적 선택을 하는 대리적 의사 결정자들이 미래를 위한 적절한 재량의 근거이자 재량의 방식이라는 이론——이다.

공리주의

공리주의는 마르크스주의와는 매우 다른 의미에서 복합적 비전이며 공리주의에 대한 두 명의 대표적 사상가인 제레미 벤담과 존 스튜어트 밀은 정도의 차이를 보이고 있다. 벤담이 공리주의의 기본 개념들을 만들어낸 것은 아니지만[23] 공리주의의 기본 개념들을 체계화하여 하나의 정치 학설에 통합하고 19세기 초 영국의 지적 그리고 정치적으로 활기 있는 학파의 기초를 세웠다. 존 스튜어트 밀은 이 학파의 차세대 지도자이기도 했지만 또한 매우 의식적으로 다른 사상을 가진 학파들의 견해를 자신의 철학적 통찰력에 통합하려 했다. 밀은 사실상 복합적 비전을 추구하고 있었다.

제레미 벤담은 인간이 잔인하며 교정할 수 없을 정도로 철저하게 이기적이라고 생각했다.[24] 하지만 도덕적 제약이 아무리 가혹하다 해도 인간의 지적 영역은 광대하다. 특히 인간은 "최대 다수의 최대 행복"이라는 결과를 낳기 위해 합리적으로 사회를 조직할 수 있다. 공리주의 비전의 제약적 측면은 인간의 고유한 도덕적 한계와 결과적으로 개인의 욕망을 사회적 요구와 조화시키기 위해선 더 낳은 '기질'보다는 더 낳은 '인센티브'에 의존할 필요로 이루어져 있다. 벤담은 "처벌과 보상을 통해 사회의 행복을 촉진"하는 역할을 하는 정부가 집행하는 인센티브 계획을 만들어내는 쪽으로 노력한다.[25]

하지만 대리적 의사 결정에 대한 의존은 벤담의 공리주의를 조작상으로 무제약적 비전의 카테고리에 위치하게 하는 것처럼 보인다. 왜냐하면 특히 재량의 방식이 극히 합리적이기 때문이다.[26] 하지만 벤담이 정부가 조직한 인센티브들을 주장했다고 해서 경제에 대한 정부의 전적인 통제에까지 이르지는 않는다. 사실상 벤담은 되풀이해 자신은 아담 스미스의 '자유방임주의'의 신봉자라고 주장했다. 벤담은 심지어 고리대금법을 논의할 정도로 '자유방임주의'를 철저히 관철시키지 않았다고 아담 스미스를 비난할 정도였다.[27] 벤담은 시장에서의 대리적 의사 결정을 부정했다.

그는 경제에선 사기가 없는 한 자유롭고 합리적인 성인이 자신이 선택한 어떤 재정 거래를 할 때도 방해받아서는 안 된다고 주장한다.[28]

벤담이 시종일관 제약적 비전이나 무제약적 비전의 전통에 속해 있는 것은 아니다. 하지만 법과 정치에서 그의 가장 잘 알려진 저작은 고드윈이나 콩도르세의 정도에는 미치지 못하지만 작용상으로 무제약적 비전을 반영하고 있다. 하지만 덜 알려져 있고 덜 독창적인 경제학에서의 벤담의 저작은 아담 스미스의 제약적 비전을 따르고 있다──언제나 아담 스미스의 논거와 일치하는 것은 아니지만. 예를 들어 입법자들이 부를 재분배하게 해서는 안 되는 이유는 부를 재분배하는 일이 당연히 인간의 지적·도덕적 능력을 넘어서고 있기 때문이 아니라 오히려 입법자가 부를 재분배하지 못하게 하는 것에 대해 특별히 반대할 분명한 이유가 없기 때문이다──소위 재산권에 대한 불안은 결과적으로 생산을 감소시키게 되기 때문에.[29]

존 스튜어트 밀은 벤담을 존경하고 벤담의 공리주의 철학(그가 대중화시킨 명칭)[30]을 이어받았지만──수정된 형태로──그는 벤담 비전의 영역과 내용을 비판하고[31] 의도적으로 사무엘 테일러 콜리지를 탐구해 정반대되는 보충적이고 정확한 사회 비전을 추구했다.[32] 밀은 자신이 알고 있었던 것처럼 "벤담처럼 모든 다른 학파의 사상가들을 경멸"하지는 않았다.[33] 밀은 일반적으로 사회 사상가들 가운데서 다른 사회 이론가들의 영역을 연구한 것뿐만 아니라 그것들을 자신의 결론에 이용한 것으로 유명하다. 밀은 분명히 잘못되었다고 생각하는 이론들을 대할 때조차 "흩어져 있는 어떤 중요한 진리의 조각들이 논파된 이론의 폐허 속에 묻혀져 잃어버리게 되지나 않을까" 걱정했다.[34] 이러한 지적 관용 때문에 밀의 견해는 1) 쟁점에 대해 정교하게 균형 잡힌 시각 혹은 2) 모순된 절충주의로 특징지어지게 되었을 것이다. 두 가지 중 어떤 경우든 밀을 분명하게 제약적 비전 혹은 무제약적 비전의 진영으로 분류하는 것을 어렵게 하지만 무제약적 비전이 밀의 철학의 일반적인 믿음을 규정하고 있다. 사실상 그는 도덕적 측면에서 가장 분명한 무제약적 비전에 대한 견해들 중 하나를 다음과 같이 표현하고 있다.

지금까지 어떤 통상적인 동기보다도 그리고 적지 않은 경우에 어떤 개인 이익이라는 유혹보다도 우선해 애국심과 박애를 지속적으로 변함없는 행동의 원칙으로 삼는 많은 사람이 있어 왔으며 현재에도 그런 사람이 많이 있다. 지금까지 양심이나 도덕적 의무에서 비롯된 동기를 가장 우선시하는 많은 사람들이 존재해 왔으며 지금도 그런 원칙을 지키는 많은 사람들이 존재한다. 인간 본성의 구조 중 전 인류 속에서 애국심이나 박애, 양심이나 도덕적 의무라는 동기를 우선시하지 못하게 하는 것은 없다.[35]

수많은 쟁점들에 대해 밀은 용감하게도 무제약적 비전에서 도출된 결론(예를 들어 법은 발전하는 것이 아니라 만들어진다)을 주장하고 있다——간접적으로 제약적 비전에서 도출된 단서(법에서의 이러한 변화들이 특정 국민의 전통과 관습에 일치하지 않는다면 그것은 절망적으로 쓸모가 없을 것이다)가 붙는. 마찬가지로 소득 분배에 대해서도 밀은 두 가지 비전을 결합하고 있다. 그는 수확 체감의 법칙에 의해 제약되고 있는 생산의 법칙과 달리 소득 분배의 법칙은 제약되어 있지 않다고 주장한다. "여론"과 "희망"은 생산에 영향을 주지 않지만 분배와 관련해선 가장 중요시된다. 산출의 배분은 "유일하게 인간 제도의 문제다." 밀은 다음과 같이 주장하고 있다.

> 일단 존재하는 것이 개인적이든 집단적이든 인간은 자기 마음대로 그것들을 처분한다. 그것들을 자기가 좋아하는 사람의 처분에 맡기든지 어떤 계약에 따라 …… 따라서 부의 분배는 법과 사회의 관습에 따라 좌우된다. 결정된 규칙은 그 공동체의 여론과 지배 계급의 감정이 만든 것이고 세대와 나라에 따라 많은 차이가 나며 인간이 선택하기에 따라서는 훨씬 더 많은 차이가 날 수도 있을 것이다.[36)]

이러한 주장은 무제약적 비전에 기초해 있는 무제약적 선택에 대한 명백한 진술처럼 보인다――하지만 그것은 무제약적 비전처럼 '보이는 것'에 불과하다. 이 경우에 밀의 단서는 특정 분배 법칙들의 "결과"는 인간이 통제할 수 없다는 것이다――"그 결과는 예기할 수 없으며 생산 법칙 못지않게 물리 법칙의 특성을 갖고 있다."[37)] 제약은 암묵적으로 받아들여질 때만 명백하게 부인된다. 더 협소한 기술적인 경제 분석에서도 밀은 유사한 방식으로 과감한 주장을 하면서 강력한 단서를 내걸고 있다. 기술적 경제 분석을 통해 그는 불황의 원인과 불황기에 돈의 역할――비판자들의 본질적 내용을 되풀이하는 단서로 이어지는――에 대해 고

전주의 경제학을 전반적으로 옹호하고 있다.[38]

밀의 수사(修辭)의 상당 부분은 무제약적 비전의 수사다. 하지만 제약적 비전에서 도출된 그의 단서들 때문에 그의 전체적 입장을 분명하게 분류하기는 애매하다.

요약과 의미들

제약적 비전과 무제약적 비전엔 분명하게 정의할 수 없지만 분명한 많은 특징들이 있다. 명료성의 역할, 인간의 행동을 결정할 때의 외적 인센티브의 상대적 중요성 대 내적 기질, 지식과 이성의 의미, 충실성의 역할 대 성실성——이 모든 것은 제약적 비전을 가진 사람들과 무제약적 비전을 가진 사람들 간의 특징적 차이를 보여주고 있다. 하지만 이러한 분명한 특징들로 두 가지 비전을 정의할 수는 없다. 분명하게 바람직한 사회적 결과를 창출할 수 있도록 하기 위해 인간의 능력이나 잠재력이 대리인의 분명하게 표현된 합리성을 통해 사회의 결정이 집단적으로 이루어질 수 있느냐 여부에 대한 문제가 두 가지 비전을 분명하게 구분짓는 핵심적인 것이다. 추상적으로는 도덕적으로 우선시된다는 것을 인정하지만, 현실적 관점에서 할 수 없다고 생각되는 목표는 거부된다 해도 중요한 쟁점은 궁극적으로 특히 바람직한 것(가치 전제의 문제)이 아니라 사실상 무엇을 할 수 있는가 하는 것(사실과 인과율의 문제)이다. 이어지는 장에선 추정된 사실과 추정된 인과율에 대한 본질적 문제들로서 평등, 권력, 정의처럼 분명하게 가치

지향적인 관심사들을 분석하게 될 것이다.

궁극적으로 무제약적 사회에 도달할 때까지 무제약적 비전에서 재량의 근거는 경제학과 법률에서든 아니면 정치에서든 그리고 결정의 제한된 범위를 위해서건 아니면 전체 사회의 구조를 위해서건 집단적 최적 조건을 선택하는 대리적 의사결정자이다(개인적으로 혹은 제도적으로). 반면 제약적 비전에서 재량의 근거는 현실적으로 인구만큼이나 많이 존재한다. 권위들이 존재하기는 하지만 권위를 가진 사람의 역할은 본질적으로 다른 사람들이 그 안에서 재량을 행사할 수 있는 사회적인 기본 틀을 보존하는 것이다.

지난 두 세기의 얼마나 많은 유력한 비전들이 제약적인 것과 무제약적인 것에 적합한지는 주목할 만하지만 사회 비전의 전체적인 스펙트럼을 분명하게 제약적인 것과 무제약적인 것으로 양분할 수는 없다. 게다가 이 같은 이분법은 도덕, 경제, 법 그리고 다른 분야들 전체로 확대되고 있다. 이 점은 예를 들어 자신의 분야에서 제약적 비전을 가지고 있는 경제학자들이 또한 법과 정치에 대해서 제약적 비전을 갖는 반면 법에 대해 무제약적 비전을 갖고 있는 사람들은 또한 무제약적 비전에 일치하는 경제와 정치 정책들을 선호하는 경향이 있다는 사실로 강조된다. 이 같은 사실들은 다음 장에서 더 분명해질 것이다. 분야를 넘나들며 일관성을 갖는 동시대적인 예는 그 수가 더 이상 많지는 않다. 그것은 단지 학문의 영역을 넘나들며 활동하는 사회 사상가들이 많지 않기 때문이다. 현대에 들어 점차 더 전문화되면서 오늘날 18세기와 같은 전체적 비전을 가지는 경우는 더 적어지고 있다. 광범위한 분야의 쟁점들에 대한 저술들이 하나의 지적 분과를 뛰어넘고 있는 구나르 뮈르달이나 프리드리히 하이에크와 같은 점차 줄고 있는 소수의 20세기 사상가들을 제외하면 현대의 비전들은 특정 분야에 더 한정되고 있는 것——예를 들어 법률에서의 "사법 행동주의"나 경제학에서의 '자유방임주의'——처럼 보인다. 하지만 하나의 비전을 비전으로 만드는 것은 비전의 범위가 아니라 비전의 일관성——그 결론들이 좁은 분야를 포괄하고 있느냐 아니면 넓은 분야를 포괄하고 있느냐에 관계없이 그 중요한 가정들과 분명한 결론들 간의 일관성——이다.

어쨌든 제약적 비전과 무제약적 비전 양자의 범위 그리고 일관성과는 관계없이 두 가지 범주에 완전히 적합하지 않은 몇 가지 매우 중요한 다른 사회 비전들——예를 들어 마르크스주의와 공리주의——이 존재한다. 게다가 20세기에 주목할 만한 성쇠를 연출한 복합적 비전들 중 하나는 파시즘이다. 여기에선 제약적 비전의 몇 가지 중요한 요소——권위에 대한 복종, 민족에 대한 충성심, 투쟁의지——들이 강하게 인용되기는 하지만 늘 법, 전통, 제도 혹은 일반적인 체면조차 존중할 의무를 갖고 있지 않은 무제약적 지도자를 따라야 하는 가장 중요한 절대명령 하에 있다. 전체주의는 종교에서 정치나 경제적 자유에 이르는 모든 독립된 사회 과정들을 무시하며 제약적 비전이 중시하는 시스템 과정을 거부한다. 파시즘은 제약적 비전이 중시하는 시스템 과정 없이 제약적 비전의 상징적 측면들 중 일부를 도용한다. 파시즘은 자신이 인용하고 있는 상징들을 특징으로 하는 제약적 비전과 전혀 양립할 수 없는 일반 선(善)에 대한 지식과 헌신의 영역을 그 지도자에게 귀속시킨다.

제약적 비전과 무제약적 비전을 주장하는 사람들은 각각 파시즘을 '상대방' 비전이 논리적으로 확대된 것으로 보고 있다. 정치적으로 좌파인 사람들에게 파시즘은 "극우"다. 반대로 하이에크에게 히틀러의 "국가사회주의"(나치즘)는 사실상 사회주의 개념으로 실행된 것이다.

일관되지 않은 복합적 비전은 제약적 비전과 무제약적 비전을 단순하게 정치적 좌파와 우파로 동일시할 수 없게 만든다. 마르크스주의는 정치적 좌파로 요약되지만, 마르크스주의자들이 아닌 좌파들 가운데서 지배적인 무제약적 비전은 아니다. 자유의지론자들과 같은 집단들도 좌파와 우파의 연속체나 제약적 비전과 무제약적 비전의 관점에 쉽게 분류되는 것을 거부한다. 현대의 자유의지론자들은 F.A. 하이에크가 예시한 전통과 동일시되거나 아담스미스로까지 거슬러 올라가지만 어떤 의미에서 그들은 스미스와 하이에크에서 찾아볼 수 있는 더 유기적인 사회 개념보다는 합리적 개인의 양심에 의해 지배되는 사회와 의사 결정에 대한 윌리엄 고드윈의 원자론적 비전에 더 가깝다. 전쟁에 대한 고드윈의 견해(7장을 보라)는 그를 스미스나 하이에크보다는 자유의지론자의 평화주의 성향에 훨씬 더 가깝게 위치하게 한다. 자유의지론에서의 이 같은 갈등 요소들은 가정을 약간만 이동시킴으로써 드러나는 차이에 따라 아주 분명하게 나타난다.

고드윈은 인간이 동료 인간을 보살펴야 한다는 도덕적 의무를 매우 중시하기[39]는 했지만 '정부'가 이러한 의무를 수행하기 위한 도구라는 결론에 이르지는 않는다. 따라서 그는 사유 재산을 부정[40]하거나, 정부가 경제를 관리하게 하거나, 소득을 재분배하게 하고자 하지는 않았다. 사유 재산과 자유 시장을 지지하는 고드윈은 한편으로 스미스, 하이에크 그리고 현대의 자유의지론에 일치하고 있다. 하지만 인간은 동료 인간에 대해 포괄적인 도덕적 책임감이 있다고 생각한 그는 예를 들어 분명 에인 랜드를 따르는 자유의지론자들과는 정 반대되는 태도를 취하고 있다. 고드윈이 보기에 이성의 힘은 정부가 재분배의 임무를 떠맡을 필요가 없게 만든다. 왜냐하면 개인들은 실제로 기꺼이 자신들의 소유를 나눌 수 있는 능력이 있기 때문이다. 하지만 이성이 약간만 덜 유력하고 이기(利己)가 약간만 더 제어하기 어렵다고 가정한다면 고드윈의 비전은 사회주의나 다른 급진적인 재분배주의자의 정치철학들에 이용될 수 있을 것이다. 역사적으로 고드윈에게서 찾아볼 수 있는 일반적 유형의 비전은 자유 시장에 대해 회의적이고 정부의 더 많은 개입을 주장하는 사람들 가운데 있는 정치적 좌파에 공통적이다.

논리적으로 어떤 사람은 정부의 통제를 거부한다는 의미에선 분명한 자유의지론자이자 사적인 의사결정이 도덕성의 문제로서 이타적 목적을 향해 나아가야 한다고 믿을 수 있다. 마찬가지로 원자론적 개인주의를 순전히 개인의 복지를 추구하는 수단으로 보는 것은 일관된 견해다. 이런 의미에서 윌리엄 고드윈과 에인 랜드를 자유의지론에 기여한 사람들 속에 포함할 수 있을 것이다.

예를 들어 G.B. 쇼와 다른 페이비언주의자들 혹은 에드워드 벨러미의 『과거를 돌아보다』 또는 경제학의 존 케네스 갤브레이스의 비교적 최근의 저작이나, 법에 대한 로널드 드워킨과 로렌스 트라이브의 저작에서처럼 무제약적 비전은 분명 정치적 좌파에 어울린다. 하지만 이 같은 철학들에 대치되고 있다 해도 제약적 비전 역시 철저한 자유의지론자들의 원자론과는 양립할 수 없다. 제약적 비전은 정확히 '사회' 목적——사회 목적이 개인적인 목적의 일부가 아니라 해도——에 도움이 될 수 있도록 개인에게 더 큰 자유를 허용할 수 있다고 본다. 예를 들어 제약적 비전에서 재산권은 사회에 대해 개인이 어떤 도덕적으로 더 우선하는 주장 때문이 아니라, 정확히 중앙집권 계획보다는 시장 과정의 시스템 인센티브를 통해 사회 결정을 하는 것이 더 효율적이고 편리하다는 주장에 의해 정당화된다. 스미스는 화재에 대한 규제에서처럼 공공선을 위해 개인의 행동을 규제하는 사회의 권리에 대해 곤란을 겪지 않는다.[41] 또한 올리버 웬델 홈즈는 "공공복지를 위해 가장 훌륭한 시민들의 희생을 요구할 수도 있다"라고 주장하고 있다.[42]

좌파와 우파라는 이분법이나 제약적 비전과 무제약적 비전이라는 이분법은 개인의 이익과 공공선에 대한 상대적 중요성에 따라 결정된다. 공공선을 달성하는 방법에 대해선 완전히 다르지만 모두가 공공선을 가장 중요시한다. 요컨대 그들을 구분하는 것은 도덕적 "가치 가정"이 아니라 인간의 본질과 사회의 원인과 결과에 대한 서로 다른 경험적 가정이다.

사회철학을 이런 식으로 둘로 나눌 때의 또다른 어려움은 20세기의 많은 제도와 판례들이 "자유주의적"(미국의 관점에서) 혹은 사회민주주의적(유럽의 관점에서)인 사고를 드러내고 있다는 사실이다. 따라서 이러한 제도와 판례에 반대하는 보수주의자들은 흔히 그 같은 제도나 판례들에 대해 "머물 곳은 이곳"——본질적으로 보수적인 원리——이라는 주장에 직면한다. 따라서 정치적으로 우파인 사람들은 정치적 좌파라는 이유로 어떤 정책은 "비합리적"이라는 주장을 내세울 수 있다. 반면 좌파는 자유주의적 혹은 사회민주주의적인 정책들을 우파의 전통적 견해인 수용된 사회 조직의 일부로 옹호한다. 이러한 태도들은 몇 가지 경우엔 단순히 논쟁을 하는 전략적 태도에 불과할 수도 있지만 아주 현실적인 철학적 어려움도 존재하고 있다. 극단적인 경우에 장기간 유지되었던 소련의 제도들은 소련 사회 조직의 일부였으며, 제도 개혁에 반대한 공산주의자들은 때로 "보수주의자"로 생각되었다. 자유 시장 원리에 대한 열렬한 미국의 지지자들 가운데 자유의지론자들은 때로 지금은 미국 사회 조직의 일부인 노동조합을 포함해 복지 국가 제도들——일부 보수주의자들은 노동조합이 중요하다고 생각하지만 자유의지론자들이 생각하기에 의미가 거의 없거나 중요성이 없는 주장——에 대해 보수주의자들과 싸우고 있다.

사회철학을 둘로 나누는 것이 복잡하다는 사실을 깨닫는 것이 유용하기는 하지만 또한 두 비전 간에 아주 근본적인 충돌이 수 세기에 걸쳐 지배적인 이데올로기적 현상으로 지속되어 왔으며 사라질 징후를 보이지 않는 사실을 이해할 필요가 있다. 일상적인 현실 정치에서 불가피한 타협은 평화 조약의 속성을 갖고 있다기보다는 휴전 협정의 속성을 갖고 있다. 다른 휴전 협정들처럼 타협이라는 휴전 협정은 때로 세계 각지에서 격렬한 비난이나 심지어 유혈사태를 불러일으키며 깨어진다.

1부의 장들에서 대략적으로 살펴본 사회 비전들의 일반적 형태는 2부에 이어지는 장들에서 논의되는 평등, 권력 그리고 권력을 포함하고 있는 매우 논란이 되고 있는 쟁점들에 대한 제약적 비전과 무제약적 비전의 적용을 더 심도 있게 살펴볼 수 있는 기본틀을 제공하고 있다. 마지막으로 비전의 역할을 "가치 가정들"과 패러다임들처럼 관련이 있기는 하지만 매우 다른 개념들과 대비해 평가하게 될 것이다.

제2부
비전은 갈등한다

제6장

평등 : 기회의 평등인가, 평등한 결과인가?

　제약적 비전을 가진 사람들과 무제약적 비전을 가진 사람들은 자유와 정의처럼 평등을 전혀 다른 관점에서 인식하고 있다. 자유와 정의처럼 평등은 '제약적 비전을 가진 사람들에겐 과정적' 특성이며, 무제약적 비전을 가진 사람들에겐 '결과적' 특성이다.

　18세기 에드먼드 버크에서 20세기 프리드리히 하이에크에 이르기까지 제약적 비전은 평등을 과정적 관점에서 보고 있다. 버크의 말에 따르면 "사람들은 모두 평등한 권리를 갖고 있지만 평등한 것은 아니다."[1] 알렉산더 해밀턴은 경제적 불평등이 "자유가 존재하는 한 존재하게 될 것"[2]이라고 예상하긴 했지만 마찬가지로 "사람들은 모두 동등한 권리를 갖고 있다"[3]고 생각했다. 따라서 제약적 비전의 생각처럼, 평등한 대우를 보장하는 사회 과정은 실제 결과가 평등한가 여부와 관계없이 평등의 일례이다. 하이에크에 따르면 "평등한 대우는 특정 상황에서 평등한 대우라는 일반적 규칙의 적용이 다른 집단보다 어떤 한 집단에 더 유리할 수 있는 '결과'를 가져오게 될지 여부의 문제와는 관련이 없다."[4] 하이에크가 보기에 "누구에게나 어쩔 수 없는 무지가 존재하는 것"[5]처럼 "어쩔 수 없는 불평등"[6]이 존재한다.

가정하고 있는 것보다 훨씬 더 광범위한 지적·도덕적 능력을 필요로 하는 평등에 대한 결과적 정의에 비해 인간에 대한 제약적 비전은 인간 능력 범위 내에 있는 과정으로서의 평등에 대한 제약적 개념으로 귀결된다. 그렇다고 문자 그대로 특정한 불평등 사례들을 줄이거나 없앨 수 없다는 것은 아니다. 단지 불평등을 줄이거나 없앨 수 있도록 만들어진 바로 그 과정들이 정부의 역할을 확대함으로써 일어날 수 있는 권력에 대한 위험한 불평등을 포함해 다른 불평등들을 초래한다는 것이다. 밀턴 프리드만은 제약적 비전의 이 같은 측면에 대해 설명하면서 다음과 같이 말하고 있다.

자유보다 평등——결과의 평등이라는 의미에서——을 우선시하는 사회는 평등하지도 자유롭지도 않은 사회가 될 것이다. 평등한 사회를 만들기 위한 힘의 사용은 자유를 파괴하게 될 것이고 선한 목적으로 도입된 힘은 자신들의 이익을 증진시키기 위해 그것을 사용하는 사람들이 장악하게 될 것이다.[7]

하지만 무제약적 비전을 가진 사람들에게 환상이 아니라면 그 같은 위험은 피할 수 있으며, 따라서 단지 형식적인 과정 평등에 만족하는 것은 말할 필요도 없이 변명의 여지가 없는 것이다. 고드윈은 모두가 기여한 사회적 결과를 "그들 모두가 어느 정도 평등하게 공유하는 것"보다 어떤 것이 "더 바람직하고 정의로울 수 있겠는가?"라고 묻고 있다.[8] 두 가지 비전은 평등의 정도를 인정하고 있다. 따라서 두 가지 비전 사이의 불일치는 절대적인 완전한 평등 대 어느 정도의 평등화에 대한 것이 아니라 오히려 바로 평등하게 되는 것은 무엇인가에 대한 것이다. 무제약적 비전에선 결과가 평등화되는 것——어느 정도——이다. 반면 제약적 비전에서의 평등은 과정을 평등하게 하는 것이다. 무제약적 비전을 믿고 있는 사람들 사이에 정도의 차이가 있기는 하지만 고드윈은 기꺼이 재능과 부에 따른 어느 정도의 이익을 인정한다.[9] 무제약적 비전을 갖고 있는 사람들 사이에 공통된 것은 결과의 평등이라는 평등에 대한 개념——정도의 차이와 관계없이——이다. 고드윈이 "어떤 지방의 부가 지위가 높은 사람의 식탁에 펼쳐져 있는" 반면 "그의 이웃들은 허기를 달랠 빵도 없는" 것을 보고 한탄했을 때,[10] 그는 무제약적 비전의 오랜 역사를 통해 수 없이 되풀이되어 온 한탄을 표현하고 있다.

평등이 "기회의 평등"이나 "법 앞의 평등"이라는 말로 표현될 때도 이것은 두 가지 비전에서 여전히 전혀 다른 의미를 갖고 있다. 이러한 개념들은 회고적이라기보다는 앞으로의 관점에서 표현되고는 있지만 1) 특정 결과를 가져 오기 위한 전망들이거나 2) 특정 방법이 과정 규칙들에 의해 다루어지는 전망들일 수 있다.

제약적 비전에 따르면 과정 그 자체가 모든 사람을 똑같이 대우하고 있는 한——고용이든 법정에서든 똑같은 기준으로 그들을 판단한다——기회의 평등이나 법 앞의 평등이 존재하는 것이다. 하지만 무제약적 비전을 가진 사람들에게 부, 교육 혹은 과거의 기회나 문화적 태도가 근본적으로 서로 다른 사람들에게 똑같은 기준을 적용하는 것은 평등의 의미——그들이 인식하고 있는 것과 같은——를 부정하는 것이다. 무제약적 비전을 가진 사람들에게 기회의 평등은 교육, 고용 혹은 법정에서 '특정 결과를 가져올 수 있는 평등화된 가능성'을 의미한다.

그러기 위해선 특정 교육 프로그램, 고용 우선 정책의 형태든 혹은 공임 변호사의 형태든 일부에게 보상적 이점을 제공할 수 있는 사회 과정을 필요로 하게 된다. "적극적 행위" 혹은 "필적하는 가치"와 같은 특정 쟁점들이 제기된 것은 역사상 아주 최근의 일이지만 그 같은 쟁점들에 깔려 있는 사고와 비전은 적어도 18세기까지 거슬러 올라간다. 콩도르세에 따르면 "진정한 평등"은 사회 정책에 의해 "인간들 사이의 천성적인 차이들조차 완화될 것"을 요구하고 있다.[11] 무제약적 비전에 따르면 특정 결과들을 도출하기 위한 평등화된 가능성이 없다면 형식적 평등은 불충분——위선은 아니라 해도——하다. 예를 들어 조지 버나드 쇼는 형식적인 기회의 평등에 대해 다음과 같이 냉소를 보내고 있다.

당신의 아들에게 펜과 종이뭉치를 주고 아이에게 이제 나와 평등하게 희곡을 쓸 수 있는 기회를 갖게 되었다고 말한 후 아이가 당신에게 무슨 말을 하는지 들어 보라.[12]

무제약적 비전을 가진 사람들은 특정 결과를 가져 오려고 기회를 평등하게 하려는 노력들을 간과할 필요는 없다고 생각한다. 하지만 제약적 비전을 가진 사람들은 특정 개인이나 집단에게 이익을 주려는 시도는 그 파급 효과가 이러한 과정을 시작한 사람들의 의도나 통제 범위를 넘어서는 위험한 원칙으로의 수문을 여는 것이다. 또한 그것은 문자 그대로 분명한 불평등들을 계속해서 줄여 나가는 것이 불가능하다는 것이 아니라 이러한 과정에 의한 새로운 불평등의 발생이 전체적인 목적을 좌절시키고 부수적인 어려움과 위험을 파생시킨다는 것이다. 우대에 대한 미국 대법원의 획기적인 판결은 인종 집단이 고통받았던 역사적 부정의(不正義) 수준과 그들이 받을 자격이 있는 보상적 우대에 따라 분류될 수 있다는 생각을 거부하고 있다.

이러한 우대 정책이 바람직한 효과를 갖기 시작하고 과거의 차별에 따른 결과들이 해결된다면 새로운 사법적 분류는 필요할 수도 있을 것이다. 단지 이런 분류를 하는 데 필요한 유형의 변화를 할 수 있는 사회학적 정치적 분석은 사법권의 재량에 속하지 않는다……[13]

이러한 주장과 무관하게 똑같은 사건에서 상반된 견해를 가진 법원은 무제약적 비전을 표현하고 있다. 무제약적 비전을 표현한 법원은 역사적 부정의와 그 때문에 불리한 위치에서 고통을 감수해야 했던 사람들에 대한 상세한 설명을 보상적 평등이 앞으로의 평등화를 이루게 될 것이라는 주장으로 인용하고 있다.[14] 두 가지 비전은 서로 간의 범위를 넘어서 주장하고 있다.

인과율

평등이 두 가지 비전 사이에서 하나의 쟁점이 되기 위해선 우선 불평등이 존재해야 한다. 제약적 비전과 무제약적 비전은 불평등이 계속해 존재하는 이유와 원인에 대해 아주 다르게 설명하고 있다. 제약적 비전에 대한 많은 유력한 주장자들은 불평등을 '전혀' 결과로 설명하지 않는 반면, 무제약적 비전에 대한 많은 유력한 주장자들은 결과의 불평등을 지적·도덕적으로 중요한 것으로 생각한다.

무제약적 비전을 가진 사람들은 불평등한 결과들이 계속해서 존재하고 있다는 사실뿐만 아니라 이러한 불평등한 결과의 크기에도 오래 전부터 관심을 보여 왔다. 고드윈에게 소유권에 대한 불평등은 "걱정할 만한 수준"에 있었다.[15] 쇼에게 어떤 사람이 다른 사람의 급료에 비해 3천 배를 받는 것은 "도덕적으로 정당화될 수 없다."[16] 게다가 불평등한 결과의 크기만이 아니라 그 원천도 도덕적으로 정당화될 수 없다. 쇼에 따르면 "지주들은 엄청나게 부유해지고 있으며 그들 중 일부는 어떤 일도 하지 않으면서 매일 60년 동안 허드렛일을 한 많은 여자들보다 더 많은 돈을 벌고 있다."[17] 마찬가지로 자본가들은 아주 똑 같은 방식, 즉 "지나치다"고 생각되는 이윤으로 번영하는 것으로 인식되고 있다.[18]

단지 어떤 사람은 가진 것이 거의 없고 또다른 사람들은 많이 가지고 있다는 문제는 아니다. 원인과 결과가 관련되어 있다. 즉 수 세기 동안 계속되고 있는 무제약적 비전을 가진 사람들의 논리에 따르면 어떤 사람들은 다른 사람들이 많이 가졌기 때문에 가진 것이 거의 없다. 어떤 식으로든 부자는 가난한 사람들로부터 '빼앗아 왔다.' 고드윈에 따르면 일부의 엄청난 부는 행복하고 존중받을 수 있는 존재 수단들을 "다른 사람들에게서 빼앗은 것"에서 파생된다.[19] 이 같은 논리는 국내는 물론 국제적으로도 적용된다. 쇼에 따르면 제국주의 영국은 "외국 노동자에 대한 기생자"였다.[20] 이 같은 착취를 바로잡는 것이 무제약적 비전을 가진 사람들의 주된 관심사다.

정당화될 수 없는 빼앗는 것에 대한 주제는 직접적인 고용주와 고용인의 관계, 기업가와 소비자의 관계나 제국주의 국가와 식민지의 관계에 국한된 것은 아니다. 에드워드 벨러미에 따르면 일할 능력이 없는 사람들——"육체적 강인함과 정신적 힘을 덜 부여받은 사람들"——이 사회의 결실을 충분히 공유할 수 없을 때, 그들은 동정만 부정된 것이 아니라 과거 세대들의 노력으로부터 현재의 번영을 가능하게 한 것 대부분에 대한 권리를 도둑맞은 것이다.

당신은 어떻게 당신이 생산한 가치 10개 중 당신이 기여한 1개를 제외한 나머지 9개를 생산하는 데 기여한 지식과 기계를 소유하게 되었는가? 당신은 그것들을 물려받았다. 그렇지 않은가? 당신이 저버린 다른 사람들, 불운하고 무능한 형제들은 공동 상속자인 공동 후계자들이 아닌가? 상속자들과 함께 식탁에 앉을 권리가 있는 사람들을 빵 한 조각 때문에 회피할 때, 당신은 그들에게서 도둑질하고 있는 것이 아닌가? 당신이 빵 한 조각을 자선이라고 부를 때, 당신은 도둑질은 물론 모욕까지 가하고 있는 것은 아닌가?[21]

물질적 박탈이 심리적 고통을 가함으로써 가중된다는 명제는 오랫동안 무제약적 비전에서 반복되고 있는 주제다. 18세기에 고드윈은 다음과 같이 선언하고 있다.

인간은 사회의 다른 사람들과 공평하게 어려움을 나눌 때 즐겁게 상당한 어려움을 감수할 수 있으며, 자신보다 더 나을 것도 없는 사람들이 나태하게 지내면서도 안락을 누리는 모습을 보고도 모욕감을 느끼지는 않는다. 하지만 자신과 자신의 가족들을 위해 시종 젠체하며 가장 가난한 사람들의 편의를 손에 넣으려 애쓰고 있는 다른 사람들의 특권을 지켜보도록 강요하는 것, 다른 사람들이 자기 노동의 결실을 한껏 즐기고 있다는 사실을 알게 되는 것은 그들의 불행을 매우 악화시키는 것이다.[22]

무제약적 비전을 가진 사람들만 가난한 사람들에 대한 불평등과 혐오감을 의식하고 있는 것은 아니다. 18세기의 아담 스미스와 20세기의 밀턴 프리드만도 공통적으로 유사한 반응을 보이고 있다.[23] 프리드만의 말에 따르면

세계 어디에서나 소득과 부에서 커다란 불평등이 존재하고 있다. 우리 대부분은 이 같은 불평등에 대해 불쾌해 하고 있다. 일부가 향유하고 있는 사치와 또다른 사람들이 고통받고 있는 괴로운 가난 사이의 비교에 흥분하지 않는 사람은 거의 없다.[24]

스미스와 프리드만 모두 (제약적 비전을 가진 다른 사람과 마찬가

지로) 가난한 사람들을 돕기 위한 다양한 개선책을 제안하긴 했지만,[25] 누구도 더 평등하게 되기를 바라면서 사회 과정을 근본적으로 변화시키고자 하지는 않았다. 선택의 여지가 제약되어 있고 대안적 과정에는 더 큰 위험이 존재한다고 보기 때문에 구제책은 제한된다. 게다가 불평등은 프리드만이 불평등을 악화시키고 있다기보다는 완화시키고 있다고 보는 기존 사회 시스템의 산물이 아니다. 다른 시스템에서 불평등은 훨씬 더 나쁜 일반적 불행으로 받아들여지고 있다. 프리드만에 따르면 "시장의 자유가 작동될 수 있는 어느 곳에서든, 기회의 평등에 다가갈 수 있는 것이 존재하는 어느 곳에서든, 보통 사람들은 이전에는 결코 꿈도 꾸어 본 적이 없는 생활 수준을 향유할 수 있다."[26] 프리드만에 따르면 현대 자본주의 국가들의 물질적 풍요가 도처에서 부를 창출하고 있지만, 그 주된 수혜자들은 부자들이 아니라 보통 사람들이다. 현대의 경이적인 기술은 부자가 이미 누리고 있던 것에 대해선 거의 어떤 향상도 가져 오지 않은 반면 대중의 삶에는 엄청난 변혁을 일으켰다.

고대 그리스의 부자들은 현대의 배관 공사로부터 거의 어떤 이익도 얻을 수 없을 것이다. 달리는 하인들이 수도관을 대신했기 때문이다. 텔레비전과 라디오——로마의 귀족들은 자기 집에서 일류 음악가와 배우들의 공연을 감상할 수 있었다——는 가정에서 일류 예술가들의 공연을 볼 수 있게 해 주었다. 기성복, 슈퍼마켓 등, 이 모든 것과 다른 많은 현대의 발전들은 귀족들의 생활 향상에 거의 어떤 영향도 미치지 못할 것이다. 그들은 운송과 의약의 발전을 환영하겠지만 그

밖의 것에 대해서 서구 자본주의의 가장 위대한 업적은 주로 보통 사람들에게 이익이 돌아가고 있다.[27]

프리드만과 그 밖의 다른 사람들의 제약적 비전에서 "착취" 상황은 정치 지도자들이 자신들도 이해할 수 없는 복잡한 경제 과정에 의도적으로 개입하기보다는 경쟁 경제의 시스템 특성을 통해 더 효과적으로 제거될 수 있는 것으로 받아들여진다. 정치 지도자들이 경제에 개입하는 것은 반대되는 결과를 가져 올 위험이 있을 뿐만 아니라 집중된 정치 권력의 극단적인 결과가 훨씬 더 위험하다. 요컨대 '경제적' 결과를 평등하게 하기 위한 시도는 결국 '정치' 권력에서 더 큰——그리고 더 위험한——불평등을 초래하게 된다. 이것이 하이에크의 『예속에의 길』의 중요한 주제다. 이 책에서 하이에크는 민주 사회에서 자유와 결과의 평등을 동시에 결합하고자 하는 목표는 결과적으로 "이룰 수 없으며,"[28] 전제정치에 이르게 하는 과정 변화로서 위험하다고 단언하고 있다.

하이에크는 민주사회주의자들을 전제주의의 음모를 꾸미는 것으로 비난하지는 않았다. 그는 사실상 민주사회주의자들이 자신들이 추구하는 사회적 목적을 달성하기 위해 필요한 "무자비함"을 결여하고 있지만,[29] 그들이 다른 사람들——파시스트들과 공산주의자들을 포함하고 있는——에게 길을 열어주고 있다고 생각했다. 민주사회주의자들이 "사회 정의라는 신기루"[30]를 추구하며 법 앞에 평등의 원칙과 정치 권력에 대한 제한을 치명적으로 손상시키면, 그 후에 파시스트와 공산주의자 같은 사람들이 자유를 완전히 파괴한다는 것이다.

다른 쟁점에서처럼 무제약적 비전을 믿는 사람들은 추구되는 '목표'의 관점에서 말하는 반면 제약적 비전을 믿는 사람들은 변화되고 있는 과정들을 통해 만들어진 '인센티브'라는 관점에서 말한다.

하이에크에 따르면 피할 수 없는 무지와 개선될 수 없는 불평등은 동전의 양면이다. 우리의 "피할 수 없는 무지"[31] 때문에 일반적 규칙을 필요로 하게 되며, 사회 과정의 일반적 규칙들은 특정한 개별적 혹은 집단적 결과에 대한 분명한 결정과 조화되지 않는다. "어떤 인격화된 사회를 가정하는"[32] 사람들은 의지, 목적 그리고 사실상 발전된 제도——그리고 "자연발생적인 제도의 세부항목들은 정의로울 수도 부정의할 수도 없다"[33]——가 존재하는 곳에서의 상응하는 도덕적 책임을 가정하고 있다. 의도적으로 만들어진 존재인 '정부'는 의지에 따라 행동하고 그 행동에 근거해 도덕적으로 판단되지만 '사회'는 그렇지 않다.[34] 정부는 제한된 의사 결정자들의 집단으로서 사회 내의 모든 지식이나 거의 완벽에 가까운 정도의 지식을 소유할 수 없으며, 따라서 사실상 정의나 평등한 결과를 처방할 수 있을 정도로 완전한 지식을 갖고 있지 못하다.

"모든 것을 알고 있는 사람들의 사회"는 정의나 평등에 대한 과정 개념이 필요 없을 것이다. 무제약적 비전을 가진 사람들이 생각하는 "사회 정의"는 이러한 사회에서 강요되거나 동의를 얻을 수 있다. 모든 것을 알고 있는 사람들의 사회는 하이에크가 인정하고 있듯이 "모든 행동은 알려진 효과를 주는 수단으로 판단될 것이다."[35] 하지만 인간의 지식에 대해 제약적 비전을 가진 사람들은 개인이나 정부가 모든 지식을 가진 사회가 존재할 수 있다는 가정을 배제하고 있다. 따라서 개인이나 정부가 모든 지식을 가진 사회에 적절한 도덕 기준은 비현실적인 것이 된다. 따라서 무제약적 비전을 가진 사람들이 주장하는 도덕적 원칙은 '잘못된 것'이기 때문이 아니라 실제적으로 이용할 수 있는 사회적 선택과 '무관한 것'으로서 그리고 그 같은 이상을 추구함으로써 수반되는 정부 권력의 집중이 위험하기 때문에 거부된다.

하이에크에 따르면 통제할 수 없는 과정으로부터 사회 정의를 요구하는 것은 "불합리"하기 때문에[36] 이 같은 요구는 아주 다른 유형의 과정으로 대체하는 것을 의미한다. 따라서 도덕적 쟁점은 대안적 과정들에 대한 상대적 이점들 중 하나가 되고 있다. 하이에크는 "개인들에게서 파생된 이익이 정의 혹은 부정의로 의미 있게 나타날 수 있도록 행사될 필요가 있는 지시 권력에 의해 사람들이 지배받는 것이 도덕적인지 여부"에 대해 의문을 제기한다.[37]

요컨대 제약적 비전은 현재 존재하고 있는 불평등이나 어떤 특정 사회·경제적 결과를 정의로운 것으로 옹호하지는 않는다. 하이에크에 따르면 "시장 메커니즘에 따라 이익과 부담이 배분되는 방식은 많은 경우에 그것이 특정 사람들에 대한 의도적인 할당이라면 매우 부정의한 것으로 간주될 것이다."[38] 시장 과정의 도덕적 정당화는 시장 과정이 만들어내는 일반적 번영과 자유에 달려 있다.

두 가지 비전 사이의 쟁점은 단지 불평등의 존재, 크기, 지속성 중 하나에 대한 것이 아니라 그러한 불평등이 어느 정도 유익한

가에 대한 것이다. 이러한 쟁점은 다른 것들처럼 수 세기에 걸쳐 되풀이 되어 왔다. 18세기에 고드윈은 "부유하기는 하지만 뛰어난 재능도 고상한 미덕도 갖고 있지 못한 무수한 사람들의 계급"에 대해 기록하고 있다.[39] 특권과 권력을 가진 자들은 쉽사리 "인간에 대해 무관심하고 그들의 고통에 대해 무감각"해진다.[40] 어떤 왕은 "모든 필수적인 힘, 능력, 미덕에서 많은 사람들에 미치지 못하고 더 많은 사람들과 비슷한 정도인, 죽을 수밖에 없는 평범한 인간에 불과"하다.[41] 고드윈에 따르면 "화관과 귀족들이 쓰는 보관은 무가치한 사람에게 수여되어 음모를 꾸미는 사람들에게 악용될 수도 있다."[42] 그가 비판하는 것은 단순히 그 같은 불평등이 아니라 특히 "부당한 이익"이다.[43] 이러한 주제에 대한 변주들은 무제약적 비전의 분명한 특징으로 남아 있다. 20세기에 쇼는 "뛰어난 점이라고는 하나도 없으면서 엄청난 재산을 모으는 사람들이 있다"고 주장하고[44] 가난한 사람들만이 아니라 교양 있는 많은 사람들이 "지식, 재능, 인격과 공공 정신에서 자신들보다 열등한 성공한 사업가들이 훨씬 더 많은 수입을 얻고 있다는 사실을 알고 있다"고 기록하고 있다.[45]

무제약적 비전을 가진 사람들은 많은 보상의 '과분한' 특성을 강조하고 있기 때문에 제약적 비전을 가진 사람들이 개인적으로 자격이 있는 보상을 가정하고 있다는 사실을 이해하지 못하고 있다. 우수성으로 정당화하는 것은 일반적이라기보다는 극히 예외적인 경우이며 대체로 사무엘 스마일, 호라티오 알제르, 윌리엄 그래험 섬너처럼 사회적 다원주의자들——예를 들어 하이에크는 그들의 모든 주장을 분명하게 부인하고 있다——같은 2차적 인물들에 국한되어 있다.[46] 하이에크만 그들의 주장을 부인하고 있는 것은 아니다. 수 세기에 걸쳐 제약적 비전에서 유력한 인물들은 많은 보상들이 개인적으로 과분한 것이라는 사실을 지적하고 있다. 제약적 비전의 도덕적 정당화는 사회 과정 내에 있는 개인들이나 계급이 아니라 어떤 사회 과정의 정당화다. 그들은 기꺼이 "불가피하게 일부 쓸모 없는 사람들이 성공하고 일부 가치 있는 사람들이 실패한다"는 사실, 보상은 "부분적으로는 성과에, 또 부분적으로는 단순한 우연에 근거하고 있다"는 사실을 인정한다.[47] 이것이 해결이 가능하지 않다는 확신에서 그들이 받아들이고 있는 균형이다. 하지만 무제약적 비전을 가진 사람들은 그 같은 확신을 공유하고 있지 않으며, 따라서 알려진 불평등을 수용하는 것은 참을 수 없는 일이라고 생각한다.

두 가지 비전이 매우 다른 도덕적 결론에 이르고 있는 것은 토대에서 차이가 나는 도덕적 원칙을 근거로 한 것이 '아니라' 오히려 원인과 결과에 대한 분석에서 차이가 나기 때문이다. 최초 환경에서의 불평등에 대한 인과율의 논거와 그것들을 다루기 위해 이용할 수 있는 선택들은 두 가지 비전에서 근본적으로 차이가 있다. 아담 스미스와 고드윈 모두 18세기의 부유하고 권력 있는 자들의 특권과 오만을 불쾌하게 생각했으며 마찬가지로 로널드 드워킨과 밀턴 프리드만 둘 다 20세기의 경제적 불평등을 싫어했다.[48] 하지만 제약적 비전과 무제약적 비전은 그 점에 대해 무엇을 할 수 있을지에 대한 '인과율'이라는 측면——비용이 얼마나들고 어떤 위험이 따를 것인가——에선 차이를 보이고 있다.

두 가지 비전은 과정의 평등이 커다란 결과적 불평등을 의미할 수 있다는 사실과 평등한 결과는 서로 다른 개인이나 집단에 대해 과정들을 매우 불평등하게 작용하게 함으로써만이 얻어질 수 있을 것이라는 사실에 동의하고 있다. 두 가지 비전 사이의 차이는 그들이 각각의 목표에 애착을 갖는——그리고 다음으로 그들이 인간이 사회를 위해 적절한 목표를 도덕적으로 그리고 인과율적으로 결정할 수 있는지 인식하고 있는 정도를 반영하고 있는—— 우선권에 있다. 현재 전세계의 다양한 국가들 속에서 두 가지 비전이 격렬하게 충돌하고 있는 것들 중 하나는 특정 사회 집단이 각각의 사회들 속에서 더 행복한 집단의 결과에 더 가까워질 수 있게 하는 보상적 우대에 대한 것이다. 이러한 분명한 쟁점은 매우 최근에 제기된 것이기는 하지만 역사를 유심히 살펴본다면 그것은 수 세기 동안 지속되어 온 비전의 충돌을 반영하고 있다.

두 가지 비전은 또한 자유와 평등의 관계를 상반된 관점에서 보고 있다. 무제약적 비전에서 자유와 평등은 충돌하는 것이 아니라 사실상 비슷한 원리들을 두 가지 방식으로 적용하여 나타나는 것이다. 그것들은 때로 "정치 민주주의"와 "경제 민주주의"로 요약된다. 결과를 중시하는 관점에서 볼 때, 그것은 자명하다. 왜냐하면 평등화는 두 가지 개념에 중요하기 때문이다. 하지만 과정을 중시하는 관점에서 볼 때, 비슷한 원칙들을 두 가지 방식으로 적용하는 것은 결코 그렇게 자명한 것은 아니다. 과정에 초점을 맞추고 있는 제약적 비전은 개인적 행동의 자유를 허용하는 것과 사회적 결과의 평등을 처방하는 것 사이에 중요한 충돌이 일어난다고 보기 때문이다. 게다가 제약적 비전은 경제적 결과에 대한 처방이 비경제적 분야에서 자유를 유지하면서 성취할 수 있다고

기대하는 것은 환상이라고 생각한다.[49]

평등과 불평등의 유형들

개인들이 모두 자신들의 발전된 능력에서 평등하고 똑같은 가치와 목표를 공유하고 있다면, 평등한 과정은 두 가지 비전을 만족시키는 평등한 결과를 산출할 수 있다. 하지만 어떤 비전도 평등한 과정이 평등한 결과를 낳을 수 있다고 믿지는 않는다. 두 진영의 일부 사람들은 타고난 잠재력은 개인이나 집단들 사이에 큰 차이가 없다고 믿고 있다. 하지만 그렇다고 해서 두 비전이 조화되어 비전이 충돌하지 않는 것은 아니다. 결과를 결정하는 것은 잠재력이 아니라 개발된 능력이 현실에 적용된 것이기 때문이다.

인간의 타고난 잠재력을 아담 스미스보다 신뢰했던 사람은 없었다. 스미스는 인간은 개들보다는 차이가 적으며,[50] 철학자와 짐꾼의 차이는 단지 교육의 결과[51]라고 생각했다. 또한 그는 미국의 백인이 그들이 노예로 삼고 있는 흑인들보다 우수하다는 학설을 경멸했다.[52] 하지만 무제약적 비전에서 가장 중요한 쟁점인 부와 지위의 사회적 불평등은 사회 속 인간에 대한 스미스의 제약적 비전에선 거의 관심의 대상이 되지 못했다. 스미스는 도덕적 그리고 경제적 근거에서 사회 '과정'으로서의 노예제를 반대했다.[53] 하지만 그는 소득과 특권에서의 차이와 같은 일반적인 사회적 '결과'가 국민의 자유와 경제 행위의 자유라는 과정 목표에 우선할 정도로 중요하다고 생각하지는 않았다.

이것은 또한 부자와 권력을 가진 자들을 위한 당파성의 문제도
아니다. 스미스가 기업가들을 낮게 평가하고 있다는 사실은 이미
2장에서 보았다. 그는 또한 대중들이 어리석게도 귀족, 왕족 그리
고 일반적인 특권층이나 권력자들을 얼마나 경배하고 있는지에
대해 되풀이해서 지적하고 있다.[54] 그는 또한 대중들은 심지어 그
들의 악을 모방할 정도로 귀족, 왕족 그리고 일반적인 특권층이나
권력자들을 경배하고,[55] 이러한 예기치 않은 엄청난 횡재를 얻은
사람들이 그것을 얼마나 당연하게 여기는지 그리고 그들이 보통
사람들을 자신들의 동료 인간으로조차 보지 않는다는 사실을 지
적하고 있다.[56] 어떤 유명한 학자는 어디선가 몇 가지 사회주의
화법들은 아담 스미스의 주장을 인용해 끼워 맞춰질 수 있을 것
이라고 지적하고 있다.[57] 하지만 인간과 사회에 대한 스미스의 제
약적 비전은 정반대되는 결론—— '자유방임적' 자본주의로——
에 이르게 하고 있다.

제약적 비전을 가진 사람들 중에서 아담 스미스만이 특이하게
철저한 평등주의를 주장했던 것은 아니다. 예를 들어 알렉산더 해
밀턴은 서로 다른 집단의 도덕적 수준에 대해 비슷한 시각을 갖
고 있었다.

우리는 경험을 통해 어떤 한 계급의 사람들이 또다른 계급의 사람들
보다 더 많은 미덕을 갖고 있다는 가정이 정당화될 수 없다는 사실
을 알고 있다. 공동체의 부자와 가난한 사람들, 배운 자와 못 배운 자
모두를 자세히 관찰해 보라. 미덕이 지배하고 있는 곳은 어느 곳인
가? 사실상 차이가 나는 것은 악의 양이 아니라 악의 종류이며 이런

현상은 다양한 계급들에서 쉽게 찾아 볼 수 있다……:58)

무제약적 비전을 가진 사람들에게 사람은 태어날 때부터 평등하지만 사회·경제적 결과에서 커다란 차이가 존재한다고 말하는 것, 특권은 당연하며 오만으로만 보답된다고 말하는 것은 현재 존재하는 사회는 참을 수 없을 정도로 부정의하며 엄청나게 변화해야 한다고 말하는 것이다. 어떤 사람들은 그 같은 시스템은 "어떤 대가를 치르더라도" 혹은 "무슨 수를 쓰든" 변화해야 한다고 말할 것이다. 적어도 사회적 유동성은 증가되어야 한다. 스미스는 이러한 결론들 중 어떤 것에도 이르지 않고 있다. 윌리엄 고드윈은 한 번 이상 무제약적 비전에 대해 완벽하게 반대되는 예를 보여주고 있다. 왜냐하면 그는 인간의 천성적 평등,59) 부와 지위의 불평등,60) 그리고 특권의 오만함61)에 대해 스미스에게 전적으로 동의하지만 철저한 변화의 필요에 대해선 상반된 결론을 내리고 있다(고드윈의 경우에 전적으로 평등한 수단을 통해서이긴 하지만62)). 스미스와 고드윈이 견해차를 보이는 것은 인간과 사회의 인과율에 대한 그들 각각의 비전에서 차이가 나기 때문이다.

무제약적 비전을 갖고 있으면서 결과의 불평등에 대해 격렬하게 반대하고 있는 많은 사람들은 자신들과 대립하는 사람들은 철학적 근거나 편협한 자기 이익의 문제로서 결과의 불평등에 우호적이라고 가정하고 있다. 현실적으로 제약적 비전을 가진 사람들은 어떤 과정들(선택의 자유, "법의 지배" 등)에 열정적으로 헌신하면서 어떤 특정 결과가 평등한가 아니면 불평등한가 여부에 대해선 부차적 관심만을 갖고 있을 수도 있다. 또한 제약적 비전을 가진 사람들은 인도에서 불가촉천민이나 미국 내 흑인들 혹은 다른 나라에 있는 비슷한 집단의 지위 향상에 전혀 반대하지는 않지만——그리고 그들의 지위 향상을 위해 직접 노력하기까지 하지만——그래도 그 같은 지위 향상을 돕기 위한 과정 변화에 대해선 강력하게 투쟁할 수도 있다.

두 가지 비전을 주장하는 사람들 속에선 인간의 능력은 평등하다는 믿음뿐만 아니라 인간의 능력은 사회 집단들 사이에서 엄청나게 서로 다르다고 믿는 사람들도 찾아볼 수 있다. 인종, 계급 혹은 성에 따라 타고날 때부터 엄청난 능력의 차이가 있다는 견해는 제약적 비전이 필요로 하는 결론이지만 충분한 것은 아니며, 집단을 구별하지 않고 모든 인간에게 지적 혹은 도덕적 제약을 적용하는 많은 사람들은 사실상 이 같은 견해를 거부하고 있다. 개발된 능력에 대한 것처럼 선천적 능력에 차이가 있다는 견해는 흔히 제약적 비전을 갖고 있는 사람들보다는 무제약적 비전을 갖고 있는 사람들이 훨씬 더 불평등한 것으로 인식하고 있다.

3장에서 본 것처럼 무제약적 비전은 지식과 이성의 배분을 훨씬 더 불평등하다고 본다. 왜냐하면 분명하게 표현될 수 있는 정보와 삼단 논법의 합리성 같은 지식과 이성에 대한 무제약적 비전의 정의는 그들을 훨씬 더 지적 엘리트 분야에 속하게 하기 때문이다. 하지만 제약적 비전은 지식을 문화적 개념으로 보기 때문에 지식은 훨씬 더 확산되어 있다고 생각하며 경쟁을 통한 문화의 발전과 존속의 시스템 논리는 지적 엘리트의 전문화된 논리적 재능을 사소한 것으로 축소시킨다. 따라서 홉스는 보통 사람을 자신이 속한 더 고귀하고 교양 있으며 사회적으로 뛰어난 사람들보다 어떤 점에서 더 능력이 있다[63]고 보았다. 또한 스미스, 프리드만, 하이에크는 사회적으로 뛰어난 사람들의 사회적 주장을 적어도 회의적으로 보았다. 반면 무제약적 비전의 전통에서는 보통 사람들과 지적 엘리트들 사이에 현재 존재하고 있는 지적 그리고 도덕적 능력 사이의 엄청난 격차가 지속적인 특성이 되고 있다.

대부분의 사람들이 농민이었던 18세기에 고드윈은 "농민들은 굴의 경멸할 만한 무감각을 가지고 평생을 살아간다"고 주장하고 있다.[64] 루소는 대중을 "어리석고 무력한 병자"에 비유하고 있다.[65] 콩도르세에 따르면 "인류는 아직도 인류의 역사를 관찰하는 철학자들에게 혐오감을 주고 있다."[66] 20세기 조지 버나드 쇼는 "살아갈 권리가 없는 혐오스러운" 사람들 가운데 노동 계급을 포함시키고 있다. 그는 "나는 그들 모두가 곧 죽게 될 것이며, 도대체 그들이 그들 자신과 같은 사람들로 대체되어야 할 필요가 없다는 사실을 알지 못했다면 절망했을 것이다"라고 덧붙이고 있다.[67]

무제약적 비전은 평등주의를 사람들이 물질과 다른 사회적 이익을 더 평등하게 공유해야 한다는 확신으로 특징짓고 있지만, 현재 존재하고 있는 사람들의 능력을 제약적 비전보다 훨씬 더 불평등하게 보는 경향이 있다. 제3세계가 빈곤에서 벗어나 발전하게 할 수 있는 방법들을 제시하고 있는 현대의 경제학자들 중에서 제약적 비전을 대표하고 있는 사람들(예를 들어 P.T. 바우어와 T.W. 슐츠)은 엘리트들이 제3세계 농민 대중을 시장에서 자유롭게 경쟁할 수 있도록 내버려 두기만 한다면 현실에 적응해 경제 조건들을 변화시킬 수 있을 정도로 가치 있는 재능을 가진 사람들로 묘사하고 있다.[68] 반면 구나르 뮈르달처럼 정치적으로 더 좌파를 지향하고 있는 사람들은 농민 대중을 절망스러울 정도로 후진적이며 교육받은 엘리트들의 헌신적인 노력을 통해서만 구제할 수 있는 것으로 묘사하고 있다.[69]

인간의 잠재적 지성을 평가할 때에만 무제약적 비전은 제약적 비전을 가진 사람들보다 인간의 능력을 더 높게 평가하고 있다. 현재 인간의 지성을 평가할 때 무제약적 비전을 가진 사람들은 평균은 더 낮고, 차이는 훨씬 더 큰 것으로 평가하는 경향이 있다. 무제약적 비전은 제약적 비전을 가진 사람들보다 인간의 능력 차이가 훨씬 더 크다고 보기 때문에 논리적으로 경제에서 정부의 계획, 법률에서의 사법적 행동주의, 인구 통제나 바다 밑 천연 자원의 통제에 대한 국제기구의 노력 같은 더 많은 형태의 대리적 의사 결정을 지지하게 된다. 물론 현대에 들어 대중을 찬양한 프랑스 대혁명의 지도자들이나 V.I. 레닌의 예에서 볼 수 있는 것처럼 반대되는 예들을 두 가지 비전에서 찾아 볼 수 있다. 하지만 권력을 갖고 있거나 권력을 열망하는 공식적 언급은 거의 결정적인 증거가 될 수 없다. 또 다른 비전에서 프랑스 대혁명을 지지하는 "돼지 같은 군중"에 대한 버크의 유명한 폭언은 예외적인 경우[70]이며, 그가 속한 비전의 전통에서 예외적이라는 것은 말할 필요도 없을 것이다.

더 중요한 것은 예외적인 경우보다는 각각의 비전이 가고자 하는 방향을 보여주고 있는 각 비전의 논리다. 분명한 인종주의자나 사회적 다윈주의자와 같은 일부를 제외하면 제약적 비전을 갖고 있는 사람들은 소수만이 지식과 이성을 점유할 수 있다는 생각에서 비롯된 논리적 결과인 능력에서의 큰 차이 같은 것을 주장할 이유가 없다. 무제약적 비전을 가진 사람들이 대중의 복지를 자신들의 중요한 관심사로 삼고 있을 때 그들의 성실성을 문제삼을 필요도 없다. 왜냐하면 대중의 복지가 엘리트의 지도력과 헌신을 통해서만 이루어질 수 있다는 것은 선택이 아니라 무제약적 비전이 하고 있는 가정들의 논리에 따른 것이기 때문이다.

어떤 비전이 평등에 대해 더 많은 비전을 갖고 있느냐 여부는 현저한 것으로 생각되는 평등의 특정 측면에 따라 좌우된다. 대체로 제약적 비전은 능력과 도덕성에서 엘리트와 대중이 더 근접해 있다고 생각하는 반면 무제약적 비전은 엘리트와 대중이 이익에 대해 동등한 몫을 받을 더 평등한 자격이 있다고 생각한다.

요약과 의미

인간에 대한 제약적 비전과 무제약적 비전 간의 중요한 차이는 현실 속 인간에 대한 그들의 인식이 다르기 때문은 아니다. 두 가지 비전을 근본적으로 구분짓게 하는 것은 인간의 잠재력에 대한 그들 각각의 인식이다. 무제약적 비전을 가진 사람들은 오늘날 존재하고 있는 평균적인 사람을 낙관적인 관점에서 보지 않는다. 오히려 18세기 고드윈에서 20세기 조지 버나드 쇼에 이르기까지 무제약적 비전을 가진 사람들 중 일부——그들이 전면적인 경제의 평등화를 주장하고는 있지만——는 현재의 보통 사람들의 능력에 대해 가장 철저하게 회의적으로 보고 있다. 사실상 물질적 조건의 철저한 평등화에 대한 주장들 중 하나는 물질적 조건의 평등화를 통해 대중이 삶을 더 충만하게 향유할 수 있을 뿐 아니라 대중이 스스로를 개선할 수 있게 된다는 것이다. 요컨대 현실적인 것과 잠재적인 것 사이의 격차는 제약적 비전에서보다는 무제약적 비전에서 더 크다. 현재 존재하고 있는 대중과 인간의 지적 그리고 도덕적 잠재력이 대중보다 더 개발된 사람들 사이의 격차 역시 제약적 비전에서보다는 무제약적 비전에서 더 크게 보고 있다.

따라서 "평등"이라는 개념은 두 가지 비전에서 정반대되는 의미를 갖는다. 물질적 조건의 더 큰 평등화를 달성하는 수단들이 법률에서 사법적 행동주의를 통하든, 다른 사회·정치적 장치들에 의해서든 무제약적 비전을 가진 사람들에게 물질적 조건의 더 큰 평등화는 절대적이다. 하지만 더 큰 물질적 조건의 평등화를 이루기 위한 수단들은 시장에서 다른 사람들의 재량을 제한할 수 있을 정도로 도덕적, 지적으로 더 진보적일 필요가 있다. 동정심, 지도력, 헌신 그리고 합리성이라는 개념들은 무제약적 비전에서 분명하게 특징지어지고 있다.

하지만 제약적 비전을 가진 사람들에게 현실적인 것과 잠재적인 것의 격차는 훨씬 더 적으며, 따라서 지적 그리고 도덕적 엘리트와 보통 사람들 사이엔 더 작은 차이가 존재한다. 전문화된 특정 영역에서 엄청난 차이가 있을 수는 있지만——따라서 버크는 각자의 개별적인 전문 영역 내에서의 권위들을 존중하고 있다[71]——제약적 비전을 믿는 사람들은 오랫동안 보통 사람들이 지식인들보다 훨씬 뛰어날 수 있는 분야들을 지적해 왔다. 따라서 한 집단이 또다른 집단의 재량을 제약하고 그들을 위한 대리자로서 행동하는 것을 정당화할 수 있을 정도로 전반적인 분야에서의 우수성은 존재하지 않는다. 제약적 비전을 가진 사람들에게 재량의 평등은 조건의 평등보다 더 중요하다.

현재 존재하고 있는 인간의 능력(지적 그리고 도덕적)에 대한 두 가지 비전 각각의 평가는 수단에 대한 평가라기보다는 다양한 정도에 대한 평가에서 차이가 나고 있다. 어떤 사람들의 재량이 다른 사람들의 재량을 대신해야 하는 정도——영향력을 통해서든 아니면 권력을 통해서든——는 일반적인 인간의 평균적 합리성이 아니라 서로 다른 인간 집단의 합리성의 차이에 따라 좌우된다. 서로 다른 집단 간의 합리성 차이가 커질수록 대리적 의사 결정자들이 다른 사람들을 위한 재량권을 행사하는 것이 더 효과적이 된다.

서로 다른 집단들 간의 합리성 차이가 전문화된 특정 영역 내에서만 존재한다고 생각되는 곳에서, 특정 전문 지식을 결여하고 있는 개인들은 자신들이 적절하다고 생각하는 전문 지식을 구입——의사, 법률가, 사진사 등으로부터——할 수 있는 "선택의 자유"를 가질 수 있다. 하지만 서로 다른 집단 간의 합리성 차이가 일반적이고 보편화되어 있다고 생각되는 분야에선 보통 사람들은 대리적 의사 결정의 근본적인 원칙들에 대한 거부는 말할 것도 없고 필요한 대리적 의사 결정의 종류와 양을 선택할 수 있는 선행 조건도 결여하고 있다. 따라서 "대부분의 사람들이 불평등을 더 좋아한다 해도, 더 평등한 세계가 더 좋은 세계다."[72]

두 가지 비전이 충돌하는 것은 평등의 정도에 대해서가 아니라 평등화되어야 하는 것이 무엇인지에 대한 것이다. 제약적 비전에서 가능하면 최대한 개인적이고 평등하게 행사되어야 하는 것은 재량권이다. 이 같은 견해는 소수의 분명한 명료성보다는 다수가 일반적으로 공유한 경험에서 파생된 가치와 전통에 영향을 받고 있다. 무제약적 비전에서 다른 사람들의 복지가 지적 그리고 도덕적으로 자신들의 특별한 관심사라고 주장하는 사람들이 영향력이나 권력을 행사해 평등화하려는 것은 삶의 물질적 조건이다.

제7장

권력 : 시스템의 적용인가, 의지의 실현인가?

사회 의사 결정에서 권력의 역할은 제약적 비전을 가진 사람들보다는 무제약적 비전의 전통에서 훨씬 더 큰 경향이 있다. 즉 무제약적 비전의 관점에서 세계를 인식할 때, 사회에서 일어나는 훨씬 많은 일들이 의도적인 권력——정치, 군사 혹은 경제적——의 행사로 설명된다. 결과로서의 불행한 사회 환경은 더 쉽게 도덕적으로 비난받으며——어떤 사람이 권력을 행사한 결과이기 때문에——더 쉽게 서로 다른 목표에 대한 권력의 행사를 통해 근본적으로 변화될 수 있는 것으로 생각된다. 시스템 과정들이 어떤 사람이 계획하거나 통제하지 않는 많은 결과들을 초래할 수 있는 제약적 비전은 권력에 대해 훨씬 더 적은 설명적 역할을 부여한다. 따라서 제약적 비전에선 도덕적 판단을 할 수 있는 기회가 더 적고, 자신들의 목적을 이룰 수 있는 전체적 개혁에 대한 전망이 더 적다.

권력의 역할에 대한 비전의 충돌은 넓은 스펙트럼의 쟁점들과 관련이 있다. 직접적인 힘과 폭력이란 의미에서의 권력은 전쟁과 평화라는 쟁점만이 아니라 범죄와 처벌이라는 쟁점에도 관련이 있다. 또한 정치권력과 그 효율성은 두 가지 비전이 가장 격렬하게 충돌하고 있는 대상들이다. 두 가지 비전은 또한 다양한 사회·경제 권력의 존재, 그 중요성과 효율성에 대해 다르게 보고 있다. 권력의 존재, 그 중요성 혹은 권력의 효율성에 대한 차이와 함께 두 가지 비전은 또한 권력이 다양한 사회 조건들에 의해 배분되거나 집중되고, 감소되거나 증대되는 불평등의 정도에 대해 서로 다른 견해를 갖고 있다. 따라서 제약적 비전을 가진 사람들과 무제약적 비전을 가진 사람들은 권력에 대한 보루로서 법적 권리의 역할을 철저하게 다른 관점에서 보고 있다. 게다가 두 가지 비전은 권력을 전혀 다른 의미로 정의하고 있다.

힘과 폭력

힘과 폭력은 범죄에서 전쟁에 이르기까지 다양한 형태를 띠고 있으며 정부의 배후에 있는 힘과 폭력의 암묵적 위협도 포함된다. 제약적 비전과 무제약적 비전은 힘에 대한 인과율적 논거와 도덕적 정당화를 전혀 다르게 해석하고 있다. 두 가지 비전은 힘에 대한 대안으로서의 이성 역시 아이를 기르는 일에서 국제 관계에 이르기까지 모든 것에서 서로 다른 역할을 하는 것으로 생각한다. 하지만 "가치 전제들"에 어떤 차이가 있는 것은 아니다. 주어진 효율성의 수준에서, 두 가지 비전은 힘보다는 분명하게 표현될 수 있는 이성을 더 좋아한다. 하지만 제약적 비전과 무제약적 비전은 분명하게 표현될 수 있는 이성의 효율성에 대한 평가에서 많은 차이를 보이고 있다. 무제약적 비전을 가진 사람들은 자신들이 분명하게 표현될 수 있는 이성에 속해 있는 것으로 생각하는 효율성을 고려하기 때문에 힘의 사용을 특히 싫어한다.

인간의 삶의 다른 영역들에서처럼 무제약적 비전은 힘과 폭력에 관계된 악들——예를 들어 전쟁과 범죄——에 대해 분명한 이유들을 발견하고자 한다. 반면 제약적 비전은 이러한 악들이 인간의 본성에 고유한 것으로 받아들이고 대신 그것들을 억제할 수 있는 장치들을 발견하고자 한다——다시 말해서 평화나 법 그리고 질서를 가져 올 수 있는 원인들을 발견하고자 한다.

전쟁

전쟁의 공포와 흔히 진정한 승자가 존재하지 않는 결과를 고려할 때, 무제약적 비전을 가진 사람들은 인간이 만든 재난의 존재와 재발을 지적인 의미에서 오해나 합리성을 압도할 정도로 고조되는 적대적 감정 혹은 편집증적 감정의 관점에서 설명하는 경향이 있다. 요컨대 전쟁은 사전 고려, 의사소통의 결여가 원인이 되었든 아니면 판단력을 압도하는 감정이 원인이 되었든 이해를 하지 못한 데서 비롯된 것이다. 따라서 평화를 추구하는 국가가 전쟁 가능성을 줄이기 위해 취해야 할 조치는 1) 주민들 중 지적으로나 도덕적으로 더 발전된 구성원들에게 더 많은 영향력을 부여하는 것, 2) 잠재적 적대국 간의 더 나은 의사소통, 3) 호전적 언급을 삼가는 것, 4) 강화된 대응책을 야기할 수 있는 무기 생산이나 군사 동맹의 제한, 5) 민족주의나 애국심을 덜 강조하는 것 그리고 6) 전쟁을 일으킬 수 있는 원인들을 줄이는 수단으로서 잠재적 적들과 현저한 차이점들에 대해 협상을 벌이는 것 따위를 포함하고 있다.

제약적 비전을 가진 사람들은 전쟁을 전혀 다른 관점에서 보고 있다. 제약적 비전에 따르면 흔히 모든 인간의 계산이 그렇듯 예상이 틀렸든 맞았든 자기들, 자기 계급, 혹은 자기 나라에 이익이 될 것이라고 예상하는 사람들의 관점에서 전쟁은 완벽하게 합리적인 행동이다. 인간의 본성에 대해 제약적 비전을 가지고 있는 사람들은 자기 이익을 기대하는 사람들이 다른 사람들의 고통을 계산에 넣지 않는다는 사실에 놀라지 않는다. 따라서 제약적 비전의 관점에서 평화를 추구하는 국가가 전쟁 가능성을 줄이기 위해 취해야 할 조치들은 무제약적 비전을 가진 사람들이 제안하는 것과는 정반대되는 것들이다. 즉 제약적 비전이 평화를 위해 취해야 한다고 생각하는 조치는 1) 군사적 대비와 군사 동맹으로 잠재적 침략자들의 전쟁 비용을 증가시키는 것, 2) 위협의 시기에 일반인들에게 위험에 대한 자각을 환기하는 것, 3) 공격을 억제하는 대가로서 애국심과 투쟁 의지를 고취하는 것, 4) 말로 하는 의사소통 이상으로 더 자주 자신의 군사력을 적들이 깨닫게 하는 것에 의존하는 것, 5) 억제력이라는 맥락에서만 협상하고 더 큰 공갈을 고무할 수 있는 공갈에 대한 양보를 피하는 것, 그리고 6) 말과 유행에 더 쉽게 영향을 받는 도덕주의자들과 지식인들보다는 대체로 일반인들의 상식과 용기(문화적으로 유효한 경험을 반영하고 있기 때문에)에 의존하는 것 따위다.

제약적 비전을 가진 사람들은 전쟁을 다른 악들처럼 인간의 본성에서 유래하는 것으로 제도에 의해 억제할 수 있는 것으로 보았다. 무제약적 비전을 가진 사람들은 전쟁을 인간 본성과 모순되는 것으로 보며 제도가 그 원인이라고 생각한다. 고드윈은 전쟁을 일반적인 정치 제도의 결과로 보았으며[1] 특히 '비민주적인' 제도의 결과라고 생각했다. 고드윈에 따르면 "많은 사람들이 소수의 도구인 곳을 제외하면 전쟁과 정복은 결코 일어나지 않을 것이다."

'악의 국부화(局部化)'는 무제약적 비전의 특징들 중 하나다. 악들엔 분명 어떤 원인들이 존재하지만 이러한 원인들이 일반적으로 인간 본성의 일부라 할 만큼 그렇게 널리 퍼져 있는 것은 아니기 때문에 하나의 해결책으로서 악이 집중되어 있는 사람들을 제거하거나, 반대하고 혹은 제압할 수 있다. 국부화의 특징들——고드윈에게서처럼 비민주적 제도에 있는 것이든 아니면 몇몇 현대의 저자들에게서처럼 자본주의 경제에 있는 것이든——은 해결을 가능하게 하는 국부화 그 자체보다 덜 중요하다. 인류 전체에 확산되어 있는 악들은 그 자체가 다른 불행한 부작용을 낳는 인위적 장치를 통해 균형에 의해서만 처리될 수 있다.

『연방주의자의 보고서』의 제약적 비전에서 볼 수 있듯이 전쟁은 사실상 설명을 필요로 하지 않는 것처럼 보인다. 연방주의자들은 분명 최근 독립한 13개의 아메리카 식민지들이 하나의 국가를 만들지 않는다면 그들은 불가피하게 끊임없이 서로 전쟁을 하게 될 것이라고 생각하고 있다. 연방주의자들에게 "일반적으로 국가들은 전쟁을 통해 얻을 수 있는 것이 있다고 생각할 때마다 전쟁을 하게 된다"는 사실은 명백한 일이었다.[2] 그들은 전쟁을 독재자들에게 고유하게 한정할 수 있는 악으로 보기보다 "거의 왕들의 전쟁만큼이나 많은 민중들의 전쟁"이 존재했다고 주장한다.[3] 전쟁의 특별한 원인들에 대한 생각은 능력에서 벗어난 것으로 배제되었다.

분열되어 있다 해도 국가들이 어떤 동기로 서로 전쟁을 일으키겠는가라는 의문을 때로 의기양양한 태도로 제기한다. 이 의문에 대해 충분한 답변을 할 수 있을 것이다——바로 매 시대마다 세계의 모든 국가들을 피로 적시게 했던 것과 같은 동기들이다.[4]

이러한 제약적 비전 내에서 전쟁은 특별한 설명을 요구하지 않는다. 평화는 설명을 필요로 한다——그리고 평화를 누릴 수 있는 특별한 준비들도 필요로 한다. 이러한 준비들 중 하나가 군사력이다. "나약함 때문에 경멸당한 국가는 중립이라는 특권마저도 잃는다."[5] 이것은 고드윈의 무제약적 비전과 정반대되는 것이다. 고드윈의 무제약적 비전에 따르면 "악의가 없고 중립적"인 국가는 다른 국가들에게 "오해"를 불러일으키거나 "공격을 자극할 수 있는" 어떤 군사적 위협도 되지 않을 것이다.[6] 고드윈에게 군사력 증강이나 군사 동맹의 날조, 혹은 세력 균형 정책은 전쟁을 일으킬 수 있다.[7] 고드윈은 군사력 유지 비용에 대해 한탄하고 있다. 군사력 유지 비용엔 경제 비용뿐만 아니라 군 규율에 대한 복종

같은 사회적 비용[8] 그리고 그가 "엄청나게 터무니없는 생각"[9]이자 "연애 이야기의 무의미한 호언장담"[10]으로 특징짓고 있는 애국심의 확산이 포함된다. 무제약적 비전에서 군인은 그의 직업 때문에 가치가 떨어지는 사람이다.[11]

하지만 아담 스미스의 제약적 비전 내에서 군인에 대한 요구와 국민을 지키기 위해 부여된 책임의 중요성은 군인이라는 직업을 다른 것들보다 더 고귀한 수준으로 끌어 올리고 있다.[12] 하지만 스미스는 어떤 사람이 되풀이해서 죽이거나 살해되어야 하는 상황에 놓이게 될 때, "인간애는 감소하게 된다"는 사실을 인정하고 있다.[13] 이것은 분명 받아들일 수 있는 대가——혹은 어떤 해결이 불가능한 균형——다. 스미스는 애국심의 잘못된 부작용을 인식하고 있었지만, 애국심을 자연스럽고 유익하며 도덕적으로 유효하다고 보았다.[14] 그것은 스미스가 어떤 해결책을 추구하고 있다는 징후 없이 또다시 받아들이고 있는 하나의 균형이다.

범죄

범죄는 제약적 비전과 무제약적 비전을 믿는 사람들이 전혀 다른 관점에서 보고 있는 또다른 현상이다. 인간의 본성에 대해 무제약적 비전을 갖고 있는 사람들에게 범죄의 근원적인 원인들은 중요한 관심사다. 하지만 제약적 비전을 가진 사람들은 일반적으로 전쟁의 특별한 원인들을 찾는 이상으로 범죄에 대한 어떤 특별한 원인을 찾지는 않는다. 제약적 비전을 가진 사람들에게 인간은 사람이기 때문에——그들이 다른 사람들의 이해관계, 감정 혹은 삶보다는 자신의 이해관계나 자아를 우선시하기 때문에 ——
범죄를 저지른다. 제약적 비전을 가진 사람들은 범죄를 예방하기
위한 장치나 범죄를 억제하기 위해 처벌을 강조한다. 하지만 무제
약적 비전을 믿는 사람들은 단지 맹목적일 뿐 어떤 특별한 원인
도 없이 어떻게 끔찍한 범죄를 저지를 수 있는지 이해하기가 힘
들다. 콩도르세는 다음과 같이 말하고 있다.

> 그 유래와 최초의 원인이 국가의 법률 제정, 제도, 편견에서 기원하
> 지 않는 사악한 습관, 훌륭한 믿음과 정반대되는 관습, 범죄가 어디
> 있겠는가? 국가 속에선 이러한 사악한 습관, 훌륭한 믿음과 반대되
> 는 관습, 범죄 등을 쉽게 찾아볼 수 있다.[15]

마찬가지로 고드윈은 "인간이 어떤 범죄가 극악한 것이라는 사
실을 알았을 때, 그가 그 범죄를 저지를 수는 없을 것이다"[16]라고
말하고 있다. 20세기에 아주 호평을 받았던 책에서도 "건전하고
합리적인 사람은 다른 사람들을 해칠 수 없을 것이다"라고 기록
하고 있다.[17] 무제약적 비전에서 인간은 사회적이든 아니면 정신
병 때문이든 특별한 이유로 범죄를 저지르도록 강요받는다. 따라
서 이러한 특별한 이유들(가난, 차별, 실업, 정신병 등)을 줄이는 것
이 범죄를 줄이는 방법이다.

> 대부분의 범죄에 대한 기본적인 해결책은 경제적인 것 —— 가정, 건
> 강, 교육, 고용, 아름다움 —— 이다. 법을 강제하려면 —— 그리고 권리
> 들이 가난한 사람들에게도 적용되려면 —— 우리는 가난을 해결해야

한다. 우리가 가난을 해결할 때까지 법의 평등한 보호는 존재하지 않게 될 것이다. 계속해서 반사회적 행동을 양산하는 조건들을 내버려두는 것이 우리의 가장 큰 범죄다.[18]

두 가지 비전에서 결론은 논리적으로 최초의 가정에 따른 당연한 결과다. 또한 두 가지 비전은 대부분의 사람들이 어떤 범죄들에 대해 혐오감을 느끼고 있기 때문에 도덕적으로 그런 범죄들을 저지를 수 없게 될 것이라고 인정하고 있다. 두 가지 비전은 이것이 왜 그렇게 되는지에 대해 견해를 달리하고 있다. 인간의 본성에 대해 제약적 비전을 갖고 있는 사람들은 어떤 범죄를 저지른다는 생각에 대한 혐오감이 사회적 조정의 산물이라고 생각한다——일반적인 도덕적 감정, 개인의 명예 그리고 인도적인 감정 등, 이 모든 것은 많은 전통과 사회 제도들에 의해 장려된다. 무제약적 비전은 인간 본성 그 자체는 범죄를 싫어하지만 사회가 사회의 고유한 부정의, 무감각, 잔인성이 범죄에 대한 인간의 본성적 혐오감을 훼손시킨다고 본다.

무제약적 비전에 대한 현대적 해석에 따르면 사회는 "인간 정신으로부터 동정심을 고갈시켜 범죄를 낳는다."[19] 무제약적 비전의 인간 본성에 대한 견해를 고려할 때 도둑질, 강간 그리고 폭력과 같은 범죄들은 "본질적으로 비합리적"이기 때문에 사회의 잘못된 부분이 강요한 비합리적 조건에 의해서만 설명된다.[20] 가난, 실업, 대혼란 같은 사회악들은 "범죄의 원천"이다.[21] 이러한 관점에서 범죄자들은 범죄에 대해 책임이 있는 사람이라기보다는 더 깊은 사회적 질병의 증상이자 전달자이다.

범죄는 범죄를 저지른 불쌍한 사람들의 성격 이상의 것을 반영하고 있다. 그것은 전체 사회의 성격을 반영한다.[22]

이런 맥락에서 1960년대 미국의 존 F. 케네디, 로버트 케네디 그리고 마틴 루터 킹 암살은 단지 특정 암살자가 아니라 일반적인 미국 사회를 반영하고 있는 것으로 보아야 한다. 이런 식의 주장을 하는 사람들은 흔히 광범위한 사회, 경제 그리고 정치적 쟁점에서 무제약적 비전을 반영하고 있다.

하지만 인간 본성에 대해 제약적 비전을 가진 사람들은 범죄를 저지르게 하는 본질적 인센티브가 너무 사소한 것들이기 때문에 인위적인 역 인센티브들——특히 도덕 훈련과 처벌——을 만들어 유지해야 한다고 주장한다. 아담 스미스는 처벌 그 자체는 인도적인 개인들에게 부정적인 경험이지만 또한 범죄자가 기꺼이 지불해야 할 대가——해결책이 없는 상황에서 필요로 하는 균형——라는 사실을 인정하고 있다.

그 때 범죄자는 인류의 자연스러운 분노가 인도주의적인 개인들에게 명령하고 있는 단순한 보복을 자기의 범죄 탓으로 돌린다는 사실을 경험하게 되고 자신의 부정의에 대한 오만은 깨어지고 다가오는 처벌의 공포로 겸손해진다. 그 때 범죄자는 더 이상 공포의 대상이 아니라 관대하고 인도주의적인 견지에서 동정의 대상이 되기 시작한다. 범죄자가 곧 받게 될 것들에 대한 생각은 다른 사람들에게 그가 가한 고통에 대한 인도주의적인 개인들의 원한을 소멸시킨다. 그들은 범죄자를 관대하게 용서하고 범죄에 대해 응당 치러야 할 징벌로 생각하고 있던 그들의 냉정한 업무인 처벌에서 그를 구해줄 마음을 갖게 된다. 따라서 여기서 인도주의적 개인들은 자신들을 돕는 사람들에게 사회의 일반적 이익을 고려해달라고 요청할 기회를 갖는다. 그들은 더 관대하고 포용력 있는 인간애의 명령으로 나약하고 불완전한 인정의 충동에 균형을 맞춘다. 그들은 죄인에 대한 자비는 순진한 사람에게는 잔인한 짓이라는 사실에 생각이 미쳐 자신들이 어떤 특정한 사람에 대해서 느끼는 동정심에 이의를 제기한다. 즉 그들이 인류에 대해 느끼고 있는 더 확장된 연민인 것이다.[23]

하지만 스미스가 처벌을 가하는 것을 고통스러운 의무로 본 반면 무제약적 비전을 믿는 사람들은 처벌을 가하는 것을 "고대 인간의 비인도주의적인 완전한 공포로의 잔인한 후퇴"인, 보복에 대한 불필요한 탐닉으로 보고 있다.[24] 무제약적 비전은 범죄자를 일종의 희생자——고드윈의 표현에 따르면 "불쌍한 희생자"[25]——라고 생각한다. 무엇보다 범죄를 불러일으키는 특별한 환경의 희생자이며 다음으로 처벌에 대한 욕망을 갖고 있는 사람들의 희생자라는 것이다. 고드윈에 따르면 범죄자의 "불행은 그가" 자신이 받게 될 "거만하고 냉혹한 무시"보다 더 나은 어떤 것을 받을 자격이 있게 한다.[26] 특히 "공동체에서 쓸쓸하게 버려진 이 구성원들"에 대해 가해지는 사형은 "문명 제도의 불평등"을 두드러지게 한다.[27] 범죄자가 실제로 다른 사람들에게 해를 입혔다고 해도 그것은 "환경"——이러한 환경이 그와 사회의 가장 고귀한 사람들 사이의 유일한 차이다——때문이다.[28] 무제약적 비전의

틀 속에서 처형은 단지 "형사상의 정의라는 이름으로 저질러지는 냉혹한 학살"에 불과하다.[29]

무제약적 비전의 틀 속에서 균형으로서의 처벌은 야만적이다. 왜냐하면 가까운 곳에 사회 복귀라는 해결책이 있기 때문이다. 이는 외부적 인센티브보다는 내적 기질에 대한 무제약적 비전의 일반적 강조와 일치하고 있다. 고드윈은 "처벌이 인간의 행위를 변화시킬 수도 있다"고 인정하지만 "인간의 감정을 개선할 수는 없다." 처벌은 "인간을 배타적인 자기 이익에 몰두하고 이기적 정열 중 가장 비열한 것인 공포에 의해서만 자극을 받는 하나의 노예가 되게 한다." 제대로만 대한다면 "범죄자를 교정할 수 있다는 것은 거의 확실하다."[30] 즉 일단 범죄자가 자신이 저지른 짓을 실제로 이해하게 된다면 그는 누구에게도 해를 줄 수 없는 자연 상태로 되돌아가게 될 것이다. 고드윈의 견해는 마찬가지로 현대에도 영향을 주어 사회에 복귀한 범죄자는 "또 다른 사람에게 해를 입히거나, 혹은 재산을 훔치거나 파괴할 수 없을 것이다"라는 식으로 이어지고 있다.[31] 인간 본성에 대한 어떤 사람의 비전이 해결책을 배제할 정도로 제약되어 있지 않다면 이렇게 변화된 기질은 하나의 해결책을 의미하고 있으며 반면 처벌은 하나의 균형에 불과하다.

두 가지 비전은 사회 복귀와 성공적인 사회 복귀 전망을 전혀 다르게 보고 있다. 인간 본성에 대한 무제약적 비전에서 사회 복귀는 어떤 개인을 그의 다소 품위 있는 '자연스러운' 조건으로 되돌려보내는 과정이다——원칙적으로 부러진 다리를 고정시키는 것과 매우 유사한 것으로 찰과상 때문에 새로운 다리를 만들려

하는 것이 아니라 다리를 치료하고 회복시키기 위한 조건을 만드는 것이다. 하지만 제약적 비전에선 품위는 자연적이라기보다는 인위적이며 만약 그것이 유연한 어린 시절에 형성되지 못한다면 이후에 형성될 수 있을 것으로 보지는 않는다.

제약적 비전에서 태어난 각각의 새로운 세대는 사실상 작은 야만인들이 문명을 침입하는 것이다. 이 작은 야만인들은 너무 늦기 전에 문명화되어야 한다. 그들이 품위 있고 생산적인 사람들로 성장할 수 있는 전망은 도덕적 가치, 자기 훈련 그리고 다른 사람들에 대한 배려가 생겨나게 할 수 있는 대체로 분명하지 않은 관습의 전체적인 정교한 추세에 좌우된다. 이러한 과정을 "밟지"——그 과정의 적용이 양이나 질에서 불충분하기 때문이든 아니면 개인이 특히 저항적이든——않은 개인들은 반사회적 행동의 원천이며, 범죄는 반사회적 행동 중 한 가지 형태에 불과하다.

재량의 근거들

권력은 영향력, 개인의 재량, 누구도 그 결과를 계획하거나 통제할 수 없는 시스템 상호작용을 포함하고 있는 하나의 인과율 요소 스펙트럼의 끝부분에 자리하고 있다. 세계에서 일어나고 있는 일들 중 얼마나 많은 것이 권력의 행사가 원인이 되어 일어나고 있는지에 대한 문제는 재량의 근거——수백만의 개인들에게 있는가, 가족과 같은 집단에 있는가, 구조화된 정치 제도에 있는가 아니면 최종적으로 총구를 들이대고 다른 사람들이 결정하게 하거나 결정하지 못하게 만드는 군사력에 있는가 여부——에 대한 문제이다. 현재의 재량이 어디에 있는가에 대한 원인과 결과의 문제는 권력의 역할에 대한 한 가지 측면에 불과하다. 비전에 대한 더 근본적인 충돌은 재량의 근거가 어디에 있어야 하는가에 대한 것이다.

일반 선을 권장하는 중요한 요소들이 성실성, 분명하게 표현될 수 있는 지식과 이성인 무제약적 비전에선 가장 뛰어난 사람들이 사회에서 지배적인 영향력을 갖는다. 특정한 재량이 개인 수준에서 행사되는가 아니면 국가나 국제 단위로 행사되는가 여부는 대체로 성실성, 지식 그리고 이성이라는 관점에서 가장 뛰어난 사람들이 얼마나 효과적으로 재량적 의사 결정 행사에 영향을 미치는가에 대한 문제이다. 장기적으로 이성의 힘을 사실상 말할 필요도 없이 당연한 것으로 생각하는——무제약적 비전의 명료한 삼단 논법의 의미에서——고드윈은 많은 사람들이 결정한 내용이 결국은 소수의 지혜와 미덕을 반영하게 될 것이라고 확신하면서 개인 단위로 재량을 행사할 수 있게 하고자 한다. 하지만 일반적으로 인간에 대한 무제약적 비전을 공유하고는 있지만 소수의 지혜와 미덕이 얼마나 효과적으로 자연스럽게 많은 사람들의 결정에 영향을 미칠 수 있을지에 대해 고드윈만큼 확신을 갖고 있지 못한 사람들은 조직의 의사 결정권을 더 직접적으로 필수적인 지혜와 미덕을 가진 사람들의 통제나 영향 하에 두고 싶어 한다. 따라서 무제약적 비전은 고드윈의 무정부주의적 개인주의에서 전체주의에 이르는 정치 영역을 포괄하고 있다. 무제약적 비전의 일반적 특징은 모든 사람 혹은 대부분의 사람이 자신의 의지로 행사할 수 있을 정도로 타고난 능력을 개발하든 하지 않든, 그 같은 사람들이 공공선을 위해 의도적으로 사회 결정들을 계획하고 실행할 수 있다는 확신이다.

제약적 비전은 엘리트나 대중에게 그 같은 인간의 능력은 없다고 보며 따라서 이 쟁점에 대해 전혀 다르게 접근한다. 중요한 것은 개인의 성실성, 지식 혹은 이성이 아니라 소수의 명료성보다는 다수의 경험을 이용하고 신중한 균형을 강요하는 시스템 과정을 통해 그들에게 전달되는 '인센티브들'이다. 제약적 비전을 가진 사람들이 인간의 생활을 지키고 발전시킬 것으로 기대하는 것은 발전된 시스템 과정——예를 들어 전통, 가치, 가족, 시장——이다. 또한 제약적 비전을 주장하는 사람들 가운데서 재량의 근거는 개인에서 정치 집단에 이르기까지 포괄하여 있지만, 재량의 본질은 무제약적 비전을 가진 사람들이 생각하고 있는 것과는 전혀 다르다.

제약적 비전을 주장하는 사람들은 개인이 스스로 선택할 수 있는 자유——예를 들어 밀턴 프리드만의 『선택의 자유』의 주제——를 강조하지만, 그것은 다른 사람들의 경험과 가치로부터 도출되며 개인에게 전달되는 인센티브들(가격과 같은)로 규정된 한계 내에서의 선택이어야 한다. 반면 무제약적 비전을 주장하는 사람들이 강조하는 개인의 자유는 1) 필요로 하는 지혜와 미덕을 소유하고 있는 개인들의 자유——존 스튜어트 밀의 『자유론』에서처럼——나 2) 그들이 도덕적·지적 본보기의 영향을 받고 있는 것으로 생각되는 한에서 대중의 자유다.

어떤 비전도 모든 개인이 다른 사람들을 고려하지 않고 행동할 수 있을 정도로 절대적으로 자유롭다고 주장하지는 않는다. 차이가 나는 것은 다른 사람들——그리고 다른 것들——에 의해 그들에게 전달된 것의 본질이다. 무제약적 비전에서 특별한 지혜와 미덕을 가진 사람들은 이러한 지혜와 미덕을 다른 사람들에게 전달한다——효과적이라고 생각되는 경우엔 명료성을 통해 그리고 효과적이 아니라고 생각되는 경우엔 강제력을 통해. 제약적 비전을 가진 사람들에게 도덕적·지적 본보기가 되는 사람들의 특별한 지혜나 미덕은 수 세대에 걸친 대중의 경험(전통적 가치에 구현되어 있는)과 현재의 많은 사람들의 경험과 경제적 선호(가격에 구현되어 있는)에 비하면 아주 사소한 것들이다. 무제약적 비전은 보통의 개인이 도덕적·지적 선구자들의 메시지에 감응하기 쉽다고 본다. 제약적 비전에서 보통의 개인들은 다른 보통의 개인들에 대해 감응하기 쉽다. 보통의 개인들은 가격을 올리거나 내리고 혹은 사회적 반대의견을 고조시키거나 가라앉게 함으로써 자신들의 경험을 말보다 더 효과적으로 전달한다.

두 가지 비전에서 개인주의는 전혀 다른 의미를 지니고 있다. 제약적 비전에서 개인주의는 개인이 시스템상으로 발생한 기회, 보상 그리고 다른 유사한 자유로운 개인들에게서 비롯된 처벌들 가운데서 자유롭게 선택할 수 있는 것이다. 또한 개인들은 정부, 노동조합 혹은 카르텔 같은 조직화된 실체의 권력이 강요하는 특정 결과들에 지배되지 않는다. 하지만 무제약적 비전에서 개인주의는 1) 평범한 개인들이 집단적 단체들의 분명한 결정에 '참여'할 수 있는 권리와 2) 필요한 지혜와 미덕을 가진 사람들이 시스템이나 조직화된 사회 제약들로부터 어떤 '면제'를 받을 수 있는 권리와 관련이 있다.

밀의 『자유론』은 도덕적·지적 선구자들이 대중의 평가라는 사회 압력으로부터 면제받을 수 있는 두 번째 권리에 대한 고전적 진술일 것이다. 반면 밀은 대중이 도덕적·지적 엘리트의 영향력에서 벗어나야 한다고 생각하지는 않았다. 오히려 밀의 많은 저작들은 지식인들의 지도적 역할을 강조하고 있다. 밀은 다수 측에서의 "사회적 불관용"에 대해 이의를 제기[32]한 반면 "주권자인 많은 사람들이 자발적으로 더 고귀한 재능과 교육을 받은 사람이나 소수의 영향과 의도를 따를 때(가장 좋았던 시대에 그들은 늘 그렇게 해 왔다)"[33] 민주주의를 가장 유익한 것으로 생각했다.

무제약적 비전의 현대적 추종자들 중에서 개인주의는 마찬가지로 도덕적 그리고 지적인 선구자들에 대한 사회적 압력이나 심지어 어떤 경우엔 법의 면제에 집중되어 있다. 예를 들어 양심적 병역 거부나 사회 부정의로 인식한 것에 대한 호전적인 폭력을 옹호하는 것은 로널드 드워킨이 정당화하고 있는 면제에 속한다. 반면 로널드 드워킨은 인종차별주의자들이 인권법 위반에 상응하는 어떤 권리를 갖고 있다는 사실을 부정하고 있다.[34]

양측의 이 모든 견해들은 그들의 최초 전제와 일치하고 있다. 인간이 대중 속에서 현재 나타나고 있는 것보다 훨씬 앞선 도덕적·지적 능력을 가지고 있다면 인간의 잠재력을 향해 이미 훨씬 더 나아가고 있는 사람들의 특별한 지혜와 미덕은 다른 사람들의 결정을 위한 기초가 될 뿐만 아니라, 그 자체가 퇴보하는 대중에 대한 사회적 통제 그리고 심지어 퇴보적 견해들을 반영하고 있는 어떤 법으로부터도 어느 정도 면제되어야 한다. 하지만 상반된 제약적 비전에서 주장되고 있는 것처럼 가장 중요한 지식, 미덕 그리고 지혜가 전통, 제도로 표현되든 아니면 가격으로 표현되든 대중의 경험으로부터 파생된 것이라면, 각각의 개인이 기대할 수 있는 것은 기껏해야 시스템 과정으로부터 나타나는 다양한 보상과 불이익 가운데서 선택할 수 있는 자유뿐이며 시스템 과정 중 어느 것으로부터도 면제되지 않는다.

경제

제약적 비전은 시장 경제를 특정 개인이나 조직화된 의사 결정자들에게 적합한 최종 결과를 형성하는 의도된 권력보다는 시스템 힘——수많은 개인적 선택과 성과의 상호작용——에 상응한 것이라고 본다. 따라서 인식된 것처럼 경쟁 시장은 가격이라는 형태로 "정확한 정보를 전달"하는 데 아주 효율적인 시스템이다.[35] 밀턴 프리드만에 따르면 가격은 정보를 전달해 희소성을 변화시키고, 기술의 발전을 가져오며, 소비자의 선호도를 바꾸게 할 뿐만 아니라 "정보에 대해 반응을 나타내는 인센티브"도 제공한다.[36] 무제약적 비전은 경제는 그런 식으로 작동하지 '않으며', 특정 이해관계의 힘에 복종하고 있고 따라서 앞으로는 공익의 힘에 복종해야만 한다고 주장한다. 이러한 견해에 따르면 계획적 가격 책정은 "가장 기초적인 미국 산업들에서 존재하고 있다." 해결책은 "성난 공중"이 "정부에 호소하는 것"이다.[37] 따라서 "시장의 신들은 점차 인도주의적으로 행사되는 권력의 통제를 받게 된다."[38]

여기서의 목적은 이러한 모순을 해결하는 것이 아니라 권력의 역할을 다르게 보고 있는 사람들이 구상하고 있는 세계가 얼마나 완벽하게 서로 다른지를 지적하는 것이다. 존 케네스 갤브레이스에 따르면 재량의 근거는 한 쪽에선 수많은 사람들 속에 산재되어 있으며, 또 다른 쪽에선 "난공불락의 지위"에서 기업 경영권을 행사하는 소수 거대 기업의 손에 집중되어 있다.[39] 각각의 비전은 상대 비전을 꾸며낸 이야기에 불과한 것으로 치부해 버리고 있다.[40]

또한 두 가지 비전은 정부가 경제에서 권력을 행사하는 이유를 서로 다르게 보고 있다. 무제약적 비전은 그것을 의지의 문제로 보고 있는 반면 제약적 비전에선 그것을 인센티브의 문제로 보고 있다. 무제약적 비전에 따르면 공익을 지키기 위한 정부의 의지는 개별 경제 권력이 가한 해악을 원상태로 되돌리기 위해 정부가 경제에 개입하도록 '강요' 한다. 하지만 제약적 비전에선 자신의 권력을 강화하기 위한 정부의 고유한 인센티브는 그것을 흔히 불필요하고 유해한 개입으로 이끌게 된다. 제약적 비전은 인센티브를 중요하게 생각한다——"정치가들에게 중요한 문제는 공익에 봉사하는 것이 아니라 공직에 선출되거나 권력을 유지하는 것이다."[41]

서로 다른 결론들은 그런 논쟁이 오랫동안 두드러졌던 선진국에 대해서 뿐만이 아니라 더 가난한 나라나 산업화가 덜 이루어진 "제3세계"에 대한 분석에도 적용된다. 제3세계 빈곤의 원인과 치유에 대해 극단적으로 상반된 견해는 다른 많은 분야에서 비전의 충돌을 특징짓고 있는 엘리트와 대중의 능력, 지식의 역할, 인간의 본성에 대해서처럼 중요한 견해 차이를 반영하고 있다. 물론 그들은 권력의 역할에 대해서도 견해 차이를 보이고 있다.

편의상 노벨상 수상자인 경제학자 구나르 뮈르달은 정치 권력과 재량을 더 가난한 나라들의 발전에 핵심적인 것으로 보는 사상가들을 대표하는 것으로 생각할 수 있다. 반대되는 견해——제약적 비전——는 저명한 경제학자인 런던 경제 학교의 피터 바우어 경이 예시하고 있다. 그들은 결론만이 아니라 중요한 가정들의 폭넓은 다양성에서 차이를 보이고 있다.

그들은 바로 무엇을 설명해야 할 것인가의 문제에 대해 아주 근본적인 수준에서 차이를 보이고 있다. 뮈르달은 "저개발의 원인"이 되는 제3세계 국가들에서의 "조건들"을 밝히고자 한다.[42] 하지만 바우어는 산업화된 서구와 대조되는 세계 상당 부분의 저개발을 설명하려하기 보다는 차라리 "인류 대다수의 처지를 비정상적인 것"으로 명명하기를 거부하면서 번영과 발전의 원인을 설명하려고 한다.[43] 설명이 필요한 것은 뮈르달에겐 가난인 반면 바우어에게는 번영이다.

뮈르달에게 분명히 표현될 수 있는 합리성은 발전에 중요하다. 발전은 "어떤 전체적인 계획 속에서 더 분명"해질수 있는 방식으로 "합리적으로 조정"되어야 한다.[44] 이러한 계획은 "끊임없이 경합하는 이익을 조정하고, 경합하고 있는 이익들 사이에서 우선해야 할 것의 순서를 결정해야 한다."[45] 요컨대 대리인의 재량은 균형을 결정해야 한다. 하지만 바우어에게 경제적 성과와 정치적 명료성은 전혀 서로 다른 특성이다.

시장 시스템은 사람들이 원하는 상품을 인도하지만, 시장 시스템이 작동하도록 하는 사람들은 왜 시장 시스템이 그렇게 작동하는지 쉽게 설명할 수 없다. 사회주의나 공산주의 시스템은 상품을 인도하진 않지만, 그것을 작동하는 사람들은 시스템이 작동하지 않는 이유를 쉽게 설명할 수 있다.[46)

제3세계의 특정 경제 문제들은 비교적 최근의 쟁점이긴 하지만 제3세계의 지적·도덕적 지도자들과 대중 사이의 관계는 수 세기 동안 제약적 비전과 무제약적 비전을 명확히 구분하고 있는 고전적인 상이한 관점에서 조명되고 있다. 뮈르달이 관심을 가졌던 것은 1) 제3세계 내에서 그리고 제3세계와 산업화된 국가들 사이에 더 큰 물질적 평등을 진척시키고[47) 2) 서구화된 계급의 힘과 영향을 향상시켜 제3세계 대중들이 물질적 진보를 강화할 수 있도록 그들의 모든 생활과 가치 방식을 변화시키는 것이었다.[48) 요컨대 그의 당면 관심사는 더 큰 경제적 평등과 동시에 재량의 근거를 서구화된 지식인인 지적·도덕적 지도자들에게로 이동시키는 것이다.

뮈르달에게 더 많은 "사회·경제적 평등" 없는 단순한 "정치적 민주주의는 공허한 위업"에 불과하게 된다.[49) 그의 목적은 단순한 과정의 평등화가 아닌 결과의 평등화였다. 게다가 "강요의 지원을 받는 규칙들"[50)이 대중 동원에 이용되어야 한다. 왜냐하면 "민주주의에 대한 유력한 해석이 허용하는 것보다 훨씬 더 많은 사회 규율 없이는 경제발전은 이룰 수 없기 때문이다."[51) 대중의 "변화에 대한 저항"은 극복되어야 한다.[52) 제3세계 사회들 전체에서 변화에 대한 "강화된 저항" 때문에 "'자연스러운' 발전 과정에 의해서가 아니라 국가가 개입해 급진적인 국가 정책을 통해 발전 시킬 수 있을 때 현대화는 가능하게 될 것이다."[53] 경제 발전을 이끌어야 할 사람은 대중이 아니라 "대중을 위해 생각하고 행동하는 사람들"이다.[54]

요컨대 제3세계 발전에 대한 이러한 매우 현대적인 논쟁은 지적·도덕적인 대리적 의사 결정자들에게 권력을 부여하면서 경제적 평등과 정치적 불평등을 결합하고 있는 수 세기 간 지속된 비전을 뮈르달에게서 이끌어내고 있다——요컨대 무제약적 비전. 동시에 이 같은 논쟁은 바우어에게서 수 세 기간 지속된 또다른 관점인 제약적 비전의 모든 핵심적 특징들을 이끌어내고 있다.

바우어에게 제3세계 대중들은 되풀이해서 시스템 경제 인센티브들에 대한 반응을 입증해 왔다.[55] 그는 제3세계의 "보통 사람들에 대해 생색을 내는 듯한 태도,"[56] 그들을 "무력한 자들의 집단으로 분류하는 것"과[57] 제3세계의 보통 사람들은 "자신들에게 무엇이 좋은지도 모르고 심지어 자신들이 원하는 것도 모른다"[58]는 견해——그들에 대해 "정체성, 특성, 개성 그리고 책임성을 부정하는" 견해——를 거부하고 있다.[59] 바우어에게 "아프리카와 아시아의 개개인들은 장기적 관점을 가질 수 없거나 갖고 있지 못하다는 암시는 증거를 통해 잘못이 입증되고 있다."[60] 그는 "아주 열렬하게 자신들의 부담을 주장하는 사람들이 제안된 희생들을 감수하려 하지 않는다"는 사실에 주목했다.[61] 바우어는 "뮈르달 교수가 아주 높게 평가하는 지식인들"을 진보의 특별한 근원이라기보다는 특별히 위험한 것으로 보았다. 왜냐하면 "문화, 언어, 지위, 부와 소득의 차이를 해소하고 사회를 결합하는 동인들을 해체 시키고자 하는 지식인들의 시도들"은 결과적으로 "극단적인 권력 집중"에 이르게 할 뿐이기 때문이다.[62] 시장에 대한 그들의 적 대감과 "보통 사람들에 대한 경멸"은 그에게 "동전의 양면"일 뿐 이었다.[63] 바우어는 일반적으로 "인간과 사회에 대한 뮈르달의 개념"을 거부했으며 특히 "더 가난한 사람들을 사회의 무력한 희 생자로 보는 뮈르달의 관례"를 거부했다.[64]

뮈르달이나 바우어 중 누가 더 평등에 우호적인지 여부는 전적 으로 평등이 경제 결과의 평등으로 인식되느냐 아니면 정치 과정 의 평등으로 인식되느냐 여부에 따라 좌우된다. 뮈르달은 분명 경 제 결과의 평등을 더 믿고 있다——그리고 바우어는 마찬가지 분 명 사회 과정의 평등을 더 선호하고 있다. 그들은 현대의 쟁점들 에 대해 논쟁하고 있지만 이 점에서 그들은 바로 역사를 통해 지 속적으로 대립해왔던 비전들을 대표하고 있다.

권력에 대한 그들 각각의 개념은 또한 충돌하고 있는 각 비전 의 전통에 속한다. 뮈르달에 따르면 권력은 제3세계의 경제결과 에 결정적인 영향을 미친다. 왜냐하면 서구 국가들은 "세계의 엄 청난 후진 지역들에서 자원과 민중을 착취하고 있으며, 그들을 정 치·경제적으로 의존하게 만들고 있을 뿐만 아니라"[65] 국내적으 로 또한 "오늘날 많은 고리대금업자와 브로커들이 남아시아 농민 들 중 아주 많은 사람들을 지배하고 있기"[66] 때문이다. 예를 들어 말레이시아에선 소수의 중국인들이 "경제 권력"을 장악하고 있 다.[67] 경제 계획이 "경제 권력의 집중을 완화시키지" 못한다면 실 패한 것으로 치부된다.[68] 반면 바우어는 경쟁 시장에서의 경제 권력에 대한 전체적인 개념을 거부한다.

시장 질서는 강제로 다른 사람들의 선택을 제한하는 개인이나 집단의 권력을 최소화한다. 다른 사람들의 선택에 대한 강제적 제한은 압제 정치가 의미하는 것이다. 부를 소유했다고 해서 부자들이 저절로 그 같은 권력을 가질 수 있는 것은 아니다. 사실상 현대 시장 경제에서 부자들, 특히 거부들은 일반적으로 자신들의 성공에 대해 가난한 사람들을 포함한 자기 동포들의 선택을 확대하고 있는 활동들에 빚을 지고 있는 셈이다. 분명한 예는 대량 생산과 대량 소매로 모은 재산이다.[69]

뮈르달과 바우어는 단지 권력의 크기와 재량에 대한 경험적 쟁점에서 의견의 차이를 보이고 있을 뿐만 아니라 더 근본적으로 권력이 무엇으로 이루어져 있느냐에 대해 서로 다른 '개념'을 갖고 있다. 평등, 자유 그리고 정의, 권력에 대해 무제약적 비전(뮈르달)은 결과 특성으로 정의하고 있으며 제약적 비전(바우어)에선 과정 특성으로 정의하고 있다. 강제나 권력을 "다른 사람들의 선택에 대한 제한"——하나의 '과정' 정의——으로 규정하고 있는 바우어의 정의는 뮈르달의 예에선 고려 대상에 포함되지도 않는다. "경제적 의존"으로서의 '결과'는 뮈르달의 논점에 대해 경제 권력을 필요로 하는 증거로서 충분하다. 암묵적으로 이것은 오래 전 막스 베버가 개진했고 더 최근엔 존 케네스 갤브레이스가 인정한 권력에 대한 정의로 일반적으로 무제약적 비전의 특징——"어떤 사람의 의지를 또다른 사람의 행동에 대해 강요할 수 있는 가능성"[70] —— 이다. 두 가지 정의는 얼핏 보기에는 비슷해 보일 수도 있지만 이 두 가지 정의는 사실상 전혀 다른 것이다.

무제약적 비전의 결과 지향적 정의에 따르면 A가 언제든 자신이 원하는 것을 B에게 하게 할 수 있다면 A는 B에 대해 "권력"을 갖고 있는 것이다. 예를 들어 두 명의 현대 이론가들은 "A의 행동이 B에게 분명한 방식으로 반응하게 한다면 A는 B의 반응을 통제하고 있다"고 말한다. 어떤 하급자가 자신의 상급자가 자신을 승진시켜주도록 또 다른 고용주와 협상할 때조차 그것은 이 저자들의 용어로 영어의 대문자 C로 표현되는 통제(Control) 혹은 권력이다.[71] 권력을 정의하는 것은 결과다. 하지만 B가 적어도 A가 동의하기 전에 자신이 가졌던 만큼의 선택권을 갖고 있는 어떤 과정에 있다면 A는 B의 선택을 "제한"하지 못하며 따라서 바우어가 사용한 과정 정의와 제약적 비전의 특성에 의해 그에 대한 "권력"을 갖고 있지 못하다. A의 B에 대한 "어떤 특정한 상응한 보상의 제시"는 갤브레이스에 따르면 권력의 행사가 되겠지만[72] 바우어에 따르면 권력의 행사가 될 수 없다. 왜냐하면 A는 B의 선택들을 제한하기보다는 B의 선택들을 확대하고 있을 뿐이기 때문이다. A가 제시한 새로운 선택이 B가 결국 이전의 결론을 선택하게 한 현재 B에게 가능한 선택보다 너무 유리한 것일 때도 응분의 보상은 이러한 정의에 따르면 여전히 권력이 아니다. 제3세계의 상황이든 아니든 경제 권력의 중요성과 근거에 대한 주장들은 단지 경험적 사실에 대한 논쟁이 아니라 비전과 서로 다른 비전으로부터 파생된 정의들의 기본적 충돌로 거슬러 올라가고 있는 것이다.

어떤 식으로든 특정 결과에 영향을 미치는 능력은 전 사회 과
정을 형성하는 능력보다 훨씬 더 널리 퍼져 있기 때문에 권력은
제약적 비전보다는 무제약적 비전에서 더 일반적인 특징이다. 현
대에 "경제 권력"이라는 개념은 다른 근거에서도 무제약적 비전
의 전통에 속한 사람들과 관련이 있지만 무제약적 비전을 가진
사람들은 경제 권력이라는 개념을 거부하지는 않지만 회의적이
다. 여기서 두드러진 점은 어떤 맥락에서든 얼마나 많은 권력이
존재하는가 하는 문제는 권력이 어떻게 정의되는가에 따라 좌우
된다는 사실이다. 더욱 중요한 것은 권력에 대한 적절한 정책 대
응은 실질적으로 그것을 기술하는 데 사용되는 말이 아니라 실질
적으로 반응하는 것이 무엇인가에 달려 있다.[73]

제약적 비전을 가진 사람들에게 매우 현실적인 강화되고 집중
되는 정치 권력을 통해 권력이 기껏해야 약화되어 있는 경제 과
정의 문제들을 다루는 것은 인간의 자유를 증가시키기보다는 감
소시키는 것이다. 하지만 권력에 대해 상이한 개념을 가지고 있는
무제약적 비전을 가진 사람들에게 정치 권력의 행사는 "집중되고
조직화된 자산 이익에 의해 행사되고 있는 권력과 비교할 때 사
소한 것"에 불과하다.[74] 그들은 같은 단어를 사용하고는 있지만
서로 혼동될 정도로 중첩되어 있는 두 가지의 서로 다른 것에 대
해 말하고 있는 것이다.

법

많은 판례에서 가장 근본적인 결정은 "누가 판단해야 하는

가"——재량의 근거——이다. 헌법에 대해 사법부가 내리는 협의의 해석 대 확대 해석은 결국 법원이 될 수 있는 대로 다른 사람들이 상대적으로 제약받지 않은 선택을 행사할 수 있는 한도 내에서의 분명한 경계로 스스로를 제한해야 하는가, 아니면 오히려 법원이 자신의 자의성과 합리성, 편견이나 성의, 속박이나 자유, 혹은 관련 당사자들 간의 협상력의 평등이나 불평등에 관해 그 선택들을 재검토할 광범위한 권력을 가져야 하는가에 대한 문제다. 법률 하에서의 재량의 근거는 제약적 비전을 가진 사람들과 무제약적 비전을 가진 사람들이 근본적으로 다른 관점에서 보고 있는 많은 문제들 중 하나다.

제약적 비전을 가진 사람들은 개인의 손익이라는 관점에서 그 결과에 대해 시스템상으로 책임이 있거나 관련 당사자인 개인들과 조직들이 될 수 있는 대로 많은 재량의 근거를 가져야 한다고 생각한다. 일단 법에 따라 재량의 경계가 설정되면 법원은 자신의 선택들에 대해 미루어 짐작하는 행동을 극히 자제해야 한다. 예를 들어 결정이 명백히 세금을 피하기 위한 것이었다 할지라도 현실적인 문제——올리버 웬델 홈즈에 따르면——는 그 결정들이 개인 재량권의 합법적 경계 내에 있느냐 여부이다. 왜냐하면 "법에서 바로 어떤 선(線)의 의미는 당신이 그 선을 넘지 않는다면 의도적으로 될 수 있는 한 그것에 가까이 갈 수도 있다는 것"이기 때문이다.[75]

이러한 원칙은 많은 형태의 사례들에 적용된다. 홈즈에 따르면 한계 내에서 유서를 작성한 사람은 자신의 재산에 대해 "한 명의 전제 군주"일 수 있다.[76] 홈즈는 재량의 한도 내에서 입법부는

"황금 알을 낳는 거위를 죽일 정도로 어리석은" 법률을 통과시킬 수도 있을 것이라고 말하고 있다. 다만 그는 "지적인 사리(私利) 추구가 헌법상의 의무는 아니다"라는 주석을 달고 있다.[77] 그는 "법관이 어떤 법이 지나치다고 판단할 수 있다고 해서 모든 법률이 그가 생각하는 것처럼 공허한 것은 아니다"라고 말하고 있다.[78] 홈즈는 또한 그의 행동이 후에 "냉정하게 생각했을 때 불필요한 것처럼 보일지라도" 자신을 공격한 사람을 죽인 사람에 대해 법에 따라 기꺼이 유죄판결을 내리려 하지도 않는다. 그는 "칼을 빼어든 사람 앞에서 합리적인 판단이 요구될 수는 없다"라고 말하고 있다.[79]

이처럼 전혀 다른 사건들에서 중요한 전제는 일단 법이 재량의 경계를 정하고 나면 법원은 그러한 재량의 실제 행사를 미루어 짐작하는 태도를 피해야 한다는 것이다. 제약적 비전의 가정들을 고려할 때, 그 원칙이 다른 식으로 해석되기는 어렵다. 그것은 인간과 사회에 대해 본질적으로 똑같은 비전에 기초하고 있는 경제에서의 '자유방임주의'에 대한 법률적 등가물이다.

하지만 무제약적 비전을 가진 사람들에게 법원의 자제는 불필요하게 부정의가 난무하게 할 뿐이다. 로널드 드워킨에 따르면 법원은 "법률, 국가 그리고 대통령"을 판단할 때 "새로운 도덕적 통찰력"을 제공해야 한다.[80] 어떤 사람이 "평등한 교육에 대한 도덕적 권리"를 갖고 있다면 "국가가 평등한 교육을 제공하지 않는 것은 잘못"이고 따라서 법원이 판결해야 한다.[81] 이러한 견해는 "재산권 이용에 대한 추정된 자연권"[82]에 대해 회의적이고 "자기가 원하는 조건으로 노동자를 고용하는 고용주의 자유"를 성문법으로 헌법상의 보장에 위임되지 않은 것으로 결론짓고 있다.[83] 무제약적 비전을 가진 사람들에게 이것은 단지 재량의 근거에 대한 문제가 아니라 도덕성, 합리성 그리고 재량이 행사되는 평등과 불평등의 문제다. 무제약적 비전이 가정하고 있는 것처럼 제3자가 그같은 판단을 할 수 있다면 이러한 결정을 변화시킬 수 있는 힘을 가진 사람들은 그렇게 하지 못한 데 대해 거의 정당화될 수 없다.

무제약적 비전을 가진 사람들에게 법원의 자제는 불필요하게 부정의가 난무하게 할 뿐이다. 로렌스 트라이브와 로널드 드워킨은 이러한 견해를 대변하고 있는 가장 대표적인 사람들이다. 트라이브는 수용할 수 있는 절차가 분명한 경계 내에서 야기하는 것에 대한 실체를 판단하지 않고, 법원이 그 같은 절차를 규정하는 경계선을 그리는 것에 대해 스스로를 제한해야 한다는 "실체 부정"의 생각을 거부한다.[84] 입법 그리고 행정의 재량 범위 내에서 "적법 절차"가 준수되고 있다면 법관은 만족하기보다는 정부의 "정치 기구에 의해 도달된 균형에 의문을 제기"해야 한다.[85] 명백한 헌법 규율에 따르는 것만으로는 충분치 않으며 법관들에 의해 암묵적인 헌법적 "가치들"이 발견되어 다른 사람들이 내린 판결의 내용에 적용되어야 한다. 로널드 드워킨 역시 법원이 다른 정부 기구들이 자신의 재량을 행사하는 범위 내에서 경계 구분을 넘어 설 필요가 있다고 보고 있다. 드워킨에 따르면 또한 문서화된 분명한 절차 규칙보다는 헌법에서 발견된 가치에 기초해 "헌법과 도덕 이론이 융합"[86]되어야 한다.

암묵적 가치들을 발견하는 것은 본질적으로 주관적이기는 하지만 트라이브에 따르면 법률 절차는 "실체나 주관성이 배제"될 수 없다.[87] 트라이브에겐 특정 판결이 특정 결과를 갖고 있다는 사실은 실체에 대한 암묵적 선택이 이루어지고 있다는 것을 의미한다. 예를 들어 재산권의 보호는 사실상 "부와 경제 권력에 대한 현재의 분배를 다수결에 따라 재조정하는 것이 배제되어 있다"는 것을 의미한다.[88] 따라서 미국 대법원은 재산권을 침해하는 주(州)법을 무효라고 선언함으로써 "현재의 자본 배분 형태의 보호를 강화했다."[89] 분명한 범위 내에서 사적 재산권이 박탈되었을 때 정부의 "정당한 보상"에 대한 헌법상의 요구엔 "경제적 재분배에 반대하는 심각한 편견"이 존재하고 있다.[90] "부의 재분배에 반대하는 법률의 강화된 편견"은 "확립된 재산"에 이익이 되는 것으로 볼 수 있다.[91] 다시 말해서 경제적 의사 결정의 소유권 시스템에 의해 촉진되는 사회 과정의 관점에서보다는 개인적 결과의 관점에서 볼 수 있다는 것이다.

반대로 재산권을 지지하는 법률 이론가들은 재산권이 "경제 시스템이 작동하는 효율성에 효과가 있다"는 전혀 다른 근거에서 재산권을 옹호하고 있다.[92] 그들이 옹호하는 것은 특정 개인이나 계급을 위해 소급적으로 준수되는 결과가 아니라 차라리 사회 전체에서 형성되어 있는 장래의 인센티브들——반대되는 비전에서 중요한 "보상-불이익 시스템"에 대한 재산권의 효과[93]——이다. 요컨대 트라이브는 단순히 다른 결론에 이르고 있는 것만이 아니라 제약적 비전을 가진 사람들과는 전혀 다른 근거에서 주장하고 있는 것이다.

트라이브에 따르면 "법"의 "외관상으로 중립적인 원칙들"은 "결정적으로 현재의 부와 영향력이 집중된 쪽으로 편향"되어 있다는 사실을 드러내고 있다.[94] 필요한 것은 "더 실질적인 개념의 평등"이다. 왜냐하면 "평등은 언론·집회의 자유에 대한 헌법상의 보호에 본질적"이기 때문이다.[95] 무제약적 비전의 다른 분야들에서의 다른 해석들에서처럼 법에서도 평등을 정의하고 있는 것은 '과정'이 아니라 '결과'다. 트라이브에 따르면 "언론의 자유는 가능하지 않다."[96] 왜냐하면 "전단지, 피켓, 가두연설과 같은 값싼 의사소통 방법들은 방송, 신문 광고, 직접 우편과 같은 비싼 매체들에 미치지 못하기" 때문에[97] 과정으로서의 언론의 자유는 결과로서의 언론의 자유를 의미하지는 않는다. "투표권이 평등"하다고 해서 "발언권도 평등"한 것은 아니다.[98]

경제 '권력'과 제도적 '참여'는 이러한 논거에 중요하다. 기업의 "권력"을 일종의 "망상"으로, 집단적 의사 결정에의 "참여"를 흔히 비효율적으로 보고 있는 제약적 비전을 가진 사람들은 경제 권력과 제도적 참여를 부정한다.[99] 제약적 비전에선 "권력"이 어떤 다른 사람의 선택을 줄이는 능력을 의미하고 있기 때문에 또다시 의견이 불일치하는 것은 순전히 경험적인 것은 아니다. 다음과 같은 의미에서 제약적 비전이 부정하고 있는 것은 권력의 존재다.

그렇다면 노동자를 다양한 직무에 할당하고 관리하는 추정된 권력의 내용은 무엇인가? 바로 어떤 보잘것없는 소비자가 자신의 식료품 잡화상에게 다양한 일을 할당하여 관리하는 힘과 같은 것이다. 한 명의 소비자는 식료품 잡화상에게 양측이 수용할 수 있는 가격에 공급하도록 만들 수 있는 것은 무엇이든 획득하는 일을 식료품 잡화상에

게 맡길 수 있다. 그것이 바로 고용주가 고용인에게 할 수 있는 일의
전부다.[100]

고용주는 고용인이 이전에 갖고 있었던 선택들을 줄일 수 없기
때문에 고용인에 대해 "권력"을 갖고 있지 못하다. 하지만 무제약
적 비전을 가진 사람들에게 권력이나 힘은 과정 관점에서 정의되
지 않는다. 무제약적 비전에선 과정보다는 결과가 중요하다. 만약
A가 선택한 행동이 B의 행동을 바꿀 수 있다면 A는 B에게 특정
한 방식으로 행동하도록 강요할 수 있다. 예를 들어 트라이브에
따르면 정부가 가난한 여자의 낙태에 대해 병원비 지급을 거절한
다면 그것은 사실상 "강요된 출산"을 하게 하여 여자들(적어도 가
난한 여자들)을 결국 "자발적이 아닌 인큐베이터들"로서 징집하
여 "자신의 몸과 미래에 대한 여성의 힘을 부정"하는 것이다.[101]
이것은 권력을 이미 존재하고 있는 선택들을 줄이는 것으로 정의
하고 있는 견해와는 일치하지 않지만 권력을 어떤 다른 사람의
행동을 변화시킬 수 있는 능력이라는 관점에서 정의하고 있는 일
반적 논리와 일치하고 있다. 첫 번째 의미에서 정부가 낙태를 금
지했다면 임신한 여성에 대해 권력을 행사하고 있는 것이 되지만
정부가 단지 낙태 비용 지불을 거부한 데 불과했을 때는 임신한
여성들에 대해 권력을 행사하고 있는 것이 아니다.

권력에 대한 두 가지 개념의 충돌은 정부 권력이 계약이나 재
산권 집행을 사적인 부분의 재량에 맡기고 있는 법률 쟁점들에서
특히 첨예하다. 계약의 조건이 사적이고 자발적으로 동의된 곳에
서 재량의 근거는 사적인 영역에 있다——애초에 그리고 계약 위

반이 권리를 침해당한 측에 국가의 집행 권력에 의존하는 선택을 제시할 때 모두. 마찬가지로 재산권이 침해되었을 때 재량의 근거는 개인적 재산 소유권자에게 있으며 그 사람은 재산권의 침해를 무시하기로 선택하거나 국가 권력이 재산권 침해자를 추방하거나 기소하도록 호소할 수 있을 것이다.

권리를 침해당한 사적 당사자의 간절한 부탁으로 "국가 행위"가 수반된 획기적인 사건에서 그것을 금하고 있는 개발 규칙을 무시하고 개인 소유의 주택 개발지에서 전단지를 배포하던 한 여성이 권리 침해로 체포되었다. 제약적 비전과 제약적 비전에 기초한 법에 대한 사법상의 제약적 견해에서 법정이 판단해야 할 중요한 문제는 요구된 "국가 행위"가 소유권자의 재산권 범위 내에 있는가 여부다. 하지만 반대되는 비전의 사법적으로 더 행동주의적인 견해에 따르면 법원은 단순히 요구된 "국가 행위"가 명백히 조문화된 규칙에 일치하는지 여부가 아니라 헌법에서 나온 "가치들"과 일치하는지 여부를 조사해야 한다. 첫 번째 수정헌법 하에서 언론의 자유는 "헌법적 가치"에 속한다. 첫 번째 수정헌법은 정부——하지만 사적인 개인은 아니다——가 의사소통을 제한하는 것을 명백하게 금지하고 있다.

특정 사건——마쉬 대 앨라배마 사건*(1946)——에서 미국 대

---

* 여호와의 증인 신도들이 회사 구내에서 유인물을 배포할 권리가 있음을 인정한 것으로 의사 표현의 자유 및 종교의 자유와 사유 재산권처럼 기본권의 충돌이 발생했을 때의 사건이다. 앨라배마 주법원은 주법에 따라 마쉬의 사유재산권 침해를 인정, 유죄로 판결했다. 하지만 미국 대법원은 실질적으로 통치 기능이나 행정적 기능을 행사하는 사인(私人)에 의한 인권 침해 행위를 국가적 행위로 보고 국가 행위는 헌법의 규제를 받아야 한다고 판단, 공공장소에서 힘 있는 관계자들이 표현을 제한하는 것을 막기 위해 만들어진 첫 번째 수정헌법에 따라 마샤에 대한 유죄 판결을 무효라고 선언했다.

법원은 언론의 자유를 근거로 권리 침해에 대한 유죄 판결을 무효라고 선언했다. 쇼핑센터들에서의 유사한 권리 침해를 수반한 이어지는 사건들에서 대법원의 판결은 엇갈리고 있다.[102] 여기에서 의미 있는 것은 각각의 태도에 대한 합리성이며, 이 같은 합리성이 그것을 적용하는 재량의 근거와 권력에 대한 중요한 개념들과 얼마나 관련이 있는가 하는 것이다. 국가의 권리 침해법 집행이 분명한 재산권 적용으로서 '절차적으로' 옳은 곳에서 무제약적 비전을 가진 사람들은 그래도 최종적인 '결과'가 소유권자가 그런 인종의 사람을 좋아하지 않기 때문에 타인에게 소유권이 있는 곳에서 어떤 사람이 언론의 자유를 행사하는 것을 부정하거나, 혹은 타인이 소유권이 있는 곳에서 어떤 사람을 몰아내는 것이 된다면 "국가 행위"를 지지하는 것을 법원이 거부해야 한다고 주장한다. 제약적 비전을 가진 사람들과 무제약적 비전을 가진 사람들 사이의 많은 쟁점들처럼 "국가 행위" 사건들은 가장 중요한 것이 과정이냐 아니면 결과냐에 따라 결정되었다.

"헌법은 그 자체로 사적인 행위자들과 직접적으로 관계되지 않는다"는 사실을 인정하기는 하지만 로렌스 트라이브는 그래도 권리 침해법 하에 국가 권력에 호소함으로써 "'사적' 행위자들을 권리를 침해할 수 있는 자리에 놓는 것"은 국가가 실체적인 결과를 낳는 죄를 저지르게 하는 것이라고 주장하고 있다.[103] 따라서 "국가 행위"는 "실체적 선택을 위한 구실"일 수 있다.[104] 하지만 인간이 동의된 원칙에 따라 '과정'이 작동하도록 하려는 것을 제한하는 제약적 비전을 가진 사람들에게 유일한 문제는 재산권의 법적 범위가 정확하게 그어져 있는가 여부이지 소유자에게 허용된 재량권의 범위 내에서 발생한 실체적 결과가 무엇인가 하는 것이 아니다. 이는 "자신이 적합하다고 생각하는 대로 자신의 재산을 이용하고 처분하는 것"은 그 경계 내에서 소유권자가 "비합리적이고, 자의적이고, 변덕스럽고, 부정의하기까지 한" 법적 권리를 갖는다는 사실을 의미한다는 이후의 올리버 웬델 홈즈의 대법원 반대 의견에서 되풀이되고 있다.[105)]

요약과 의미

제약적 비전을 가진 사람들과 무제약적 비전을 가진 사람들은 다양한 형태의 권력의 역할을 아주 다르게 보고 있다. 평화로운 국가의 군사력 증강은 무제약적 비전에 따르면 위험스러울 정도로 비생산적이며 제약적 비전에 따르면 평화를 유지하기 위해선 절대적으로 필요한 일이다. 이러한 상반된 견해는 18세기만큼——그리고 소득과 부의 차이 혹은 범죄와 처벌을 망라하고 있는 무관한 국내의 사회 쟁점들에 대한 각각의 비전을 옹호하는 사람들 각각의 태도와 대단한 상관관계가 있는 만큼——이나 오늘날에도 일반적이다. 낙태나 제3세계 발전과 같은 더 최근의 쟁점들조차 수 세기를 거슬러 올라가는 서로 다른 중요한 가정들을 반영하고 있는 경계선을 따라 논쟁자들을 둘로 나누고 있다.

인간의 지적 그리고 도덕적 능력에 대한 제약적 비전은 납득하게 할 수 있도록 분명하게 표현될 수 있는 합리성보다는 행동에 영향을 줄 수 있는 인센티브들에 더 의존하고 있다. 제약적 비전은 도발되지 않는 공격성——범죄자에 의하든 아니면 국가에 의한 것이든——을, 이해가 부족한 사람들을 더 잘 이해하게 함으로써 혹은 판단력을 그르치게 할 수 있는 감정을 완화시킴으로써 뿌리뽑을 수 있다기보다는 시스템을 통해 억제될 수 있는 것으로 보고 있다. 범죄자, 전쟁 도발자 혹은 제3세계 민중도 사회의 지적 혹은 도덕적으로 발전된 부분의 분명하게 표현될 수 있는 합리성을 요구한다거나 그것으로부터 많은 이익을 얻으려 하는 것처럼 보이지는 않는다. 또한 법도 시스템상으로 발전된 절차들에 대한 암묵적 지혜를 대신한 그들의 새로운 통찰력으로부터 도움을 받은 것으로 보지도 않는다.

반면 무제약적 비전은 필연적으로 현재 인간의 능력과 인류의 궁극적인 지적 그리고 도덕적 잠재력 간에 더 큰 차이가 있다고 보고 있다. 보통 사람들과 인간의 잠재력을 더 많이 발휘하고 있는 사람들 사이에서 현재 존재하고 있는 지적 그리고 도덕적 차이는 제약적 비전에서보다 무제약적 비전에서 더 클 것이라는 사실은, 무제약적 비전의 필연적 결과는 아니라 해도 무제약적 비전과 일치하고 있다. 이는 법, 국제 관계에서든 아니면 제3세계 발전에서든 사건들의 진행 과정에서 엘리트들에게 더 많은 영향력을 추구할 의무를 부과하고 있다. 이 같은 맥락에서 덜 진보한 대중적 믿음이나 오래된 제도들 그리고 전통에 대한 존경은 책임에 대한 거의 물신 숭배적 포기가 될 것이다. 이는 힘에 대한 의존 혹은 힘의 위협이 관련된 곳에서 특히 그렇다. 대중적 믿음이나 오래된 제도들 그리고 전통에 대한 존경을 유지한 제안들은 흔히 경악, 멸시, 혹은 그 같은 제안——그것은 무제약적 비전의 '가정을 고려할 때' 사실상 비합리적이다——을 한 사람들의 정직성에 대한 의심조차 불러일으킨다. 하지만 그 같은 제안을 한 사람들은 흔히 전혀 다른 가정 하에서 움직이고 있다.

바로 권력에 대한 개념의 차이를 둘러싼 현대의 논쟁들은 흔히 수 세기 간 지속되어 온 인간과 사회적 인과율에 대한 비전의 차이로 거슬러 올라간다. J.K. 갤브레이스, 구나르 뮈르달, 로렌스 트라이브, 혹은 무제약적 비전의 전통을 이어받고 있는 다른 현대의 사상가들이 권력을 인식하고 있듯이, 어떤 개인이나 집단이 또다른 개인이나 집단의 행동을 변화시킬 때마다 전자는 후자에 대해 권력을 갖고 있다. 제약적 비전을 가진 사람들은 권력에 대한 이 같은 개념을 거부한다. 제약적 비전을 가진 사람들은 상응한 보상에 반응해 행동이 변화하게 되며 권력을 어떤 사람의 이전에 존재했던 선택들을 줄이는 능력으로 인식하고 있다. 위협이든 보상에 의한 것이든 그 결과는 두 가지 경우에 동일할 수 있지만 제약적 비전은 결과에 대한 비전이 아니라 과정에 대한 비전이다.

무제약적 비전을 가지고 있는 사람들처럼 어떤 사람이 권력의 행사를 통제하고 사회적으로 바람직한 결과를 제한할 수 있다고 인식하고 있다면 이전에 존재했던 선택들을 줄이는 능력으로 정의된 권력으로만 그렇게 하는 것은 독단적이다. 하지만 제약적 비전이 가정하고 있듯이 무수한 개별적 결과들이 바람직한지를 감시하는 것이 일반적으로 어떤 개인이나 심의회의 능력을 넘어서고 있다면 사회적 이익을 창출하기 위한 노력은 일반적 과정과 권력 제한에 초점을 맞추어야 한다——어떤 사람들의 능력을 다른 사람들의 선택을 줄이는 것으로 제한한다는 것을 의미한다.

두 가지 비전은 직접적 힘이든 아니면 다른 사회적 형태든 권력이 남용되고 있다는 사실을 알고 있다. 두 가지 비전은 권력을 통제하는 수단에 대해 전반적이고 근본적으로 견해 차이를 보이고 있다.

제8장
정의 : 사회정의는 슬로건에 불과한가, 실현 가능한 목표인가?

아담 스미스와 존 롤스는 각각 정의를 사회에서 가장 중요한 덕목으로 보았지만 그들은 거의 정반대되는 것을 의미할 정도로 전혀 다른 의미로 정의에 대해 말하고 있다. 게다가 그들의 차이는 단순히 정의를 구성하고 있는 것에 대한 전혀 서로 다른 개념 때문이 아니라 보다 더 근본적으로 그들이 정의의 원칙을 적용하는 방법 때문이다. 롤스에 따르면

진리가 사고 체계에서 첫 번째 덕목인 것처럼 정의는 사회 제도에서 가장 우선시되는 미덕이다. 어떤 이론이 아무리 정교하고 실속이 있다고 해도 진실이 아니라면 거부하거나 수정해야 한다. 마찬가지로 법과 제도는 아무리 효율적이고 잘 정돈되어 있다 하더라도 정의롭지 않다면 개혁하거나 폐지해야 한다. 사회 전체의 복지를 위한 것이라 해도 각 개인은 무시되어서는 안 되는 정의에 기초한 신성함을

갖고 있다. 이러한 이유로 정의는 …… 다수가 향유하는 총체적 이익이 더 크다는 이유로 소수에게 희생을 강요하는 것을 허용하지 않으며 …… 단지 우리가 잘못된 이론을 따르는 것은 더 나은 이론이 없기 때문이다. 마찬가지로 어떤 부정의는 훨씬 더 큰 부정의를 피할 필요가 있을 때만 용납될 수 있을 뿐이다. 인간의 행동에서 가장 우선시되는 덕목인 진리와 정의는 상황 때문에 타협되지는 않는다.[1]

다른 방법으로 잘 운영되고 있는 사회가 존재한다 하더라도 롤스의 정의는 균형에 그쳐서는 안 된다. 비슷한 비전을 가진 다른 사람들은 정의에 기초한 권리를 변함없이 다른 사회적 가치보다 중요한 "우선시 되는 가치들"이라고 말하고 있다.[2] 서로 다른 우선적 가치들이 존재하며 따라서 우선적 가치들 사이에도 우열이 있긴 하지만 모든 우선적 가치들은 모든 비우선적 가치들보다 우선한다. "정의가 상위의 가치라는 주장"은 윌리엄 고드윈만큼이나 오래 전부터 있어 온 무제약적 비전의 일부이다.[3] 무제약적 비전을 가지고 있는 사람들은 정의의 세부적인 사항들에 대해 그들 사이에서도 차이가 있다. 또한 제약적 비전의 전통 내에서도 차이가 있으며, 특히 정부가 이러한 도덕적 원칙을 어느 정도나 강제할 수 있는가 하는 점에 대해 차이를 보이고 있다.[4] 하지만 무제약적 비전과 일치하고 있는 것은 1) 정의는 절대적으로 중요하며, 2) 정의에 따른 권리들은 개인들에게 내재되고 개인들을 위한 것이라는 사실이다.

아담 스미스는 정의에 대해 전혀 다른 견해를 보이고 있다. 그는 "정의의 법이 참을 수 있을 정도로 지켜지지 않는다면 사회는 유지될 수 없다"라고 말했다.[5] 스미스는 또한 다음과 같이 덧붙이고 있다.

가장 편안한 상태라고는 할 수 없어도, 자선이 없어도 사회가 유지될 수는 있을 것이다. 하지만 부정의가 만연해 있다면 사회는 반드시 파멸한다.[6]

따라서 정의는 사회를 보존하기 위해 중요한 것이지 정의를 구현하기 위해 사회의 '존재 이유'가 있는 것은 아니다. 게다가 인간은 한계가 있기 때문에 사회 질서를 위해선 정의가 절대적으로 필요하며 따라서 정의는 질서를 유지하는 사회적 기능에 유용할 수 있도록 단지 "참을 수 있을 만큼" 준수될 필요가 있다. 아담 스미스에 따르면

인간은 천성적으로 동정심을 갖고 있지만 자기 자신에 대해 느끼는 것에 비해, 특별한 관계가 없는 또다른 사람들에겐 동정심을 거의 느끼지 않는다. 단지 같은 사람이란 이유만으로는 어떤 사람의 불행은 자신의 사소한 편의와 관련된 만큼의 관심도 끌지 못한다. 인간은 타인을 해칠 수 있는 아주 많은 능력을 갖고 있으며 타인을 해치고자 하는 충동도 갖고 있을 것이다. 따라서 만약 이 같은 원칙[정의]이 인간들 속에서 설득력을 갖고 그들이 자신의 무고한 희생자를 존중하게 할 수 없다면, 인간은 야생 동물들처럼 언제든 자신의 무고한 희생자들을 공격하게 될 것이다. 그렇게 되면 인간은 호랑이 굴로 들어가듯이 인간 사회에 들어가게 될 것이다.[7]

여기에서 스미스의 제약적 비전의 요소들이 무제약적 비전의 요소들과 분명한 대조를 보이며 드러나고 있다. 스미스가 인식하고 있는 것처럼 인간은 천성적으로 동정심——『도덕적 감정에 대한 이론』에서 상세히 설명하고 있는 도덕률의 토대——을 갖고 있지만, 이러한 동정심과 인간의 이성은 개인의 행동에 대한 직접적인 제한보다는 인류에게 사회에 대한 일반적인 원칙을 제공하는 데 유용하다. 정의에서 파생되어 다듬어진 원칙이 개인적 구속으로 작용한다면 그것은 동정심과 이성 때문이 아니라 정의에 대한 사회적 가르침이 개인을 "위압"하도록 작용하고 있기 때문이다. "언제든 기꺼이 서로를 해치고 서로에게 상처를 줄 수 있는 사람들 사이에서 사회는 지속될 수 없기"[8] 때문에 정의는 사회에서 가장 중요한 덕목——수단으로서——이다.

정의의 도구적 성질과 때로 결과적으로 정의가 다른 사회 규범들에 예속된다는 사실은 제약적 비전에서 되풀되고 있는 주제——그리고 무제약적 비전을 가진 사람들이 싫어하는——다. 제약적 비전에서 정의를 질서에 예속시키는 것이 암묵적으로 인정하고 있는 것은 인간은 어떤 부정의보다는 질서——부정의한 질서라 해도——의 붕괴로부터 더 많은 고통을 받게 된다는 결론이다. 제약적 비전을 가진 사람들은 자신들이 인식하고 있는 것처럼 인간의 고유한 한계로 인해 해결책을 기대할 수 없기 때문에 균형을 받아들인다. 점진적 균형을 선호하는 제약적 비전에서 "우선시 되는 가치"라는 범주의 개념은 전혀 어울리지 않는다.

법률상의 정의

제약적 비전

올리버 웬델 홈즈는 제약적 비전에서 볼 수 있듯이 인간의 고유한 한계가 법률상의 정의라는 개념에 중요한 이유를 설명하고 있다.

법은 특정 행위의 내적 특성을 사람들마다 아주 다르게 만드는 무한히 다양한 기질, 지성, 교육을 고려할 수는 없다. 법은 신이 인간을 보듯이 인간을 보려 하지는 않는다. …… 예를 들어 어떤 사람이 성급하고 못되게 태어나 늘 사건을 일으키고 자신이나 이웃을 해친다면 분명 그의 타고난 결함이 하늘의 법정에선 인정받을 수 있겠지만 그의 나쁜 행실은 파렴치함에서 야기된 것에 못지않게 그의 이웃에겐 곤혹스러운 것이다. 따라서 그의 이웃들이 그의 고유한 위험에 대해 그에게 자신들의 기준에 부응하도록 요구한다면 그들이 설립한 법정은 그의 개인적 차이를 고려해서는 안 된다.[9]

따라서 홈즈는 정의에 대한 두 가지 기준을 확립했다──그리고 인간의 고유한 한계를 고려해 인간이 강제할 수 있는 적당한 것으로서 의도적으로 더 낮은 기준을 선택했다. 그것은 정의에 대해 사회 전체의 이익을 위한 의식적 균형이었다. 홈즈는 "저울의 반대쪽에 있는 더 큰 이익이 당연히 개인에 대한 정의보다 더 중요하다"고 말하고 있다.[10] 그는 "도덕성을 법과 뒤섞는 것"을 반대했다.[11] 법은 사회를 보존하기 위해 존재한다. 예를 들어 형사상의 정의는 개인에 따라 정교하게 맞춘 처벌이 아니라 주로 범죄를 저지하는 것과 관련이 있다.

공공 정책은 일반 선을 위해 개인을 희생시키고 있다. 모두가 평등하게 부담하는 것이 바람직하지만 도둑질이나 살인을 종식시키는 것이 훨씬 더 바람직하다.[12]

홈즈는 정의에 대한 더 낮은 기준을 주장하면서 다시 한 번 정의에 대한 더 높은 기준——개인에 따라 재단된 처벌이 "바람직할 수 있다"——을 거부하고 있다. 균형을 위해 해결책을 제쳐 놓는 것은 해결책이 인간의 능력을 넘어서고 있다는 가정——그가 시민의 의무를 논의할 때 이미 분명히 했던 사항으로 그는 인간의 법정이 하늘의 법정과 다르게 기능해야 한다고 말했다——을 내포하고 있다. 민법이 정신장애인들이 더 무능한 아이를 낳지 못하도록 그들에 대해 강제적인 불임을 규정했을 때에도 대법원에서 홈즈는 "3세대에 걸친 저능아로 충분하다"고 선언하면서 "공공 복지"의 이름으로 이 법을 지지했다.[13]

홈즈의 인식처럼 법은 위대한 사람들이 의도적으로 논리에 적합하게 창조한 것이 아니라 오히려 수많은 사람들에게서 발전되고 요약된 경험을 나타내고 있는 것이다.

법의 생명은 논리가 아니라 경험이다. …… 법은 수 세기에 걸쳐 국가 발전사를 구체화하고 있으며 법을 마치 수학 책의 공리와 추론만

을 포함하고 있는 것처럼 다루어서는 안 된다.[14)]

홈즈는 법에는 논리가 있으며 또한 위대한 사람들이 사실상 법의 발전에 기여했다는 사실을 부정하지는 않는다. 또한 그가 존재하는 법은 무엇이든 숙명으로 받아들이는 것도 아니다. 실제로 홈즈는 대법원에서 "위대한 반대자"로 유명해졌다. 그는 "나는 법을 존중한다," 하지만 "사람은 자신이 숭배하는 것까지도 비판할 수 있어야 한다"고 말하고 있다.[15)] 홈즈는 체계적으로 나타난 법의 명제들 속에는 일반적인 논리가 존재한다 하더라도 역사적으로 논리의 적용을 통해 법이 발전했다는 견해를 부정한다. 그는 "무수히 많은 위대한 지식인들이 법을 보충하고 개선하는데 기여했다"고 인정하고 있다——그는 "그들이 기여한 것들 중 가장 위대한 것도 압도적인 전체 내용에 비교할 때 하찮은 것에 불과하다"고 말하고 있다.[16)] 제약적 비전의 다른 분야들에서처럼 여기에서도 신뢰할 수 있는 것은 소수의 총명함이 아니라 다수의 경험이며 가장 중요한 것은 숙고된 합리성이라기보다는 역사적 발전이다.

18세기의 유명한 법률 이론가인 윌리엄 블랙스톤은 비슷한 방식으로 많은 사람들이 자신들의 의사결정을 할 수 있는 틀로 알려져 있는 법의 사회적 이익을 강조한다. 개인적 정의와 확실성이라는 사회적 이익 사이의 균형은 특히 "평등의 법정"이 제도적으로 "법률의 법정"과 분명하게 구분되고 있는 영국의 법률 전통에서 특히 두드러진다——평등의 법정은 개인적 정의를 위해서 예외적으로 조정을 한다. 블랙스톤은 다음과 같이 말하고 있다.

따라서 평등은 본질적으로 각각의 개별 사건의 특별한 상황에 좌우되기 때문에 평등의 핵심적인 내용을 분명하게 법조문화 하지 않고는 변치 않는 정해진 가르침이나 규칙은 존재할 수 없다. 그리고 다른 한편으로 모든 사건을 공정한 관점에서 고려할 자유는 그것으로 우리가 모든 법을 파괴하지 않도록 너무 과도하게 허용되어서는 안 되며 모든 의문에 대한 판단을 전적으로 법관에 맡겨서도 안 된다. 또한 참기 어려울 정도로 불쾌하다 해도 평등이 없는 법이 법 없는 평등보다는 공익을 위해 훨씬 더 바람직할 수 있다. 법이 없는 평등은 법관을 입법자가 되게 해 끊임없는 혼란을 야기하게 될 것이다. 그렇게 되면 거의 인간의 능력과 감정의 차이만큼이나 많은 행동에 대한 규칙들이 우리의 법정에서 정해지게 될 것이다.[17]

이 같은 논거가 제약적 비전의 전통에 있는 다른 결론들과 유사하다는 것은 단순한 우연이 아니다. 인간에 대한 블랙스톤의 비전은 "인간의 이성은 부패했으며 인간의 이해력은 무지와 오류로 점철되어 있다"는 것이다. 블랙스톤에게 "인간 이성의 약점, 불완전성과 맹목성"[18] 때문에 이성은 법을 직접적으로 만들기에는 불완전한 도구다. 이성이 필요하긴 하지만 이성만으로 충분하지는 않다. 블랙스톤이 "이성적이 아닌 것은 법이 아니다"라고 말했을 때 그는 곧바로 다음과 같이 덧붙이고 있다.

법의 모든 규칙에 대해 시일이 지난 지금에 와서도 늘 이유를 정확하게 설명할 수 있는 것은 아니다. 하지만 규칙에 있는 어떤 것도 이성적으로 명백하게 모순되지 않다는 사실로 충분하며, 그 때 법은 그 규칙이 충분한 근거가 있다고 추정하게 될 것이다. 그리고 그것이 영국 법의 오랜 견해다. 그 이유를 발견하거나 기억할 수 없는 관습 법규가 법령이나 새로운 결의로 제멋대로 중단될 때마다 그 규칙에 담긴 지혜는 결국 혁신에 따른 불편함으로 나타난다.[19]

요컨대 홈즈와 일반적으로 제약적 비전을 가진 사람들처럼 블랙스톤은 분명하게 숙고된 개인적 합리성보다 발전된 시스템 합리성이 뛰어나다고 생각한다. 따라서 블랙스톤은 영국 관습법——"성문법이나 조례로 기록되어 있는 것이 아니라 오랜 관습에 따른 신조"——에 대한 위대한 해설자이자 옹호자가 되었다.[20] 게다가 블랙스톤은 기록된 법을 해석할 때 법을 작성한 사람들의 원래 의도를 따를 것을 주장했다. 즉 "법이 제정되었을 당시 입법자의 의도를 탐구함으로써 입법자의 의지를 해석"하려 하고, 입법자의 말을 "일반적이고 가장 잘 알려진 의미"로 받아들이고, 필요하다면 "문맥으로부터" 의미를 확립하고, "단어들이 모호할 때" 최후의 수단으로만 법의 의도나 정신을 실행하고자 해야 한다는 것이다.[21]

이후 세대인 법에서의 홈즈나 그의 동시대인이었던 정치학에서의 버크처럼 블랙스톤은 변화하지 않는 법이나 사회를 옹호하지는 않았다. 그의 태도를 특징짓고 있는 것은 변화의 형태와 변화에 대한 신중함이다.

법의 신조는 다음과 같다. 즉 명백히 불합리하거나 부정의하지 않다면 판례나 규칙을 따라야 한다. 왜냐하면 얼핏 보기엔 그 이유가 분명하지 않을 수도 있지만 우리는 이전 시대에 대해 그들이 전혀 이유 없이 행동했다고 생각하지 않을 정도의 경의는 표시해야 한다.[22]

블랙스톤과 홈즈는 각자 자기 나라 법에서 제약적 비전에 대한 가장 유명한 옹호자들이지만 그들의 견해는 독특한 것도 법률 이론가에게 국한된 것도 아니다. 다른 영역에서 제약적 비전에 대한 다른 옹호자들도 법을 언급할 때 유사한 견해를 표현하고 있다. 예를 들어 버크에게 "법학은 그 모든 결점과 불필요한 부분, 오류에도 불구하고 시대 이성을 그러모은 것"이다.[23] 하이에크에게 법은 "그 구조가 법관이나 입법자의 계획에 따른 것은 아니다."[24] 아담 스미스는 살인자에 대한 "보복이라는 신성하고 필수적인 법"을 "처벌의 효용성에 대한 어떤 고려보다 앞선 것"[25]으로 보았으며 일반적인 자연스러운 분노를 "정의에 대한 안전장치이자 순진한 사람을 위한 보호 수단"으로 보았다.[26] 이들 모두에게 법은 지적 혹은 도덕적 지도자의 분명하게 표현될 수 있는 합리성이 아니라 일반적인 인간의 자연스러운 감정과 경험의 표현으로 발전한 것이다. 그들은 또한 인간의 본성은 시대와 관계없이 근본적으로 변화하지 않는 것으로 보고 있다. 홈즈는 "원시 시대의 야만인들은 …… 우리와 같은 감정과 정열을 꽤 많이 가지고 있었을 것이다"라고 가정하고 있다.[27] 여기서도 그의 가정들은 제약적 비전이 인식하고 있는 평등의 전형적인 유형들이다.

무제약적 비전

무제약적 비전 역시 수 세기에 걸쳐 지속적으로 정의와 법에 대해 상반된 결론에 이르고 있다. 무제약적 비전의 논리는 오늘날 법정이 현대의 사회·심리적 견해에 힘입어 범죄보다는 범죄자에 따라 처벌을 개별적으로 다룰 수 있게 되었다고 주장하고 있다. 하지만 범죄자에 따라 법을 개별적으로 적용해야 한다는 주장의 기원은 적어도 18세기까지는 거슬러 올라갈 수 있으며, 반대 견해가 제약적 비전의 일부인 것처럼 처벌을 개별적으로 다룰 수 있게 되었다는 주장은 무제약적 비전의 일부이다.

윌리엄 고드윈은 저질러진 범죄에 대한 일반적 분류에 따라 처벌하는 것은 "불합리"한 동시에 일종의 "죄악"이라고 비난했다. 그는 "어떤 범죄도 같을 수는 없다"고 말하고 있다.[28] 고드윈에 따르면

"모든 사건은 고유의 규칙이 있다"라는 말보다 더 분명한 공리는 없다. 어떤 인간의 행동도 다른 어떤 행동과 똑같을 수는 없으며 똑같은 정도의 효용이 있거나 손해가 될 수는 없다. 지금까지 일반적으로 인식되어 왔던 인간의 특성을 분명히 하고 그것들을 혼동하지 않는 것이 정의가 할 일인 것처럼 보인다.[29]

고드윈에 따르면 저질러진 범죄에 따라 계속해서 "모든 인간을 같은 법령에 따라 처리하는 것은 진정한 정의"가 아니다. 오히려 정의는 "각각의 개별적인 사건에 대한 모든 상황을 고려"할 것을

요구하고 있다.[30] 하지만 개별적으로 다루어진 처벌에 대한 고드윈과 홈즈의 상반된 태도는 "가치 전제들"에서의 차이를 반영하지 '않고' 있다. 홈즈는 고드윈처럼 개별적으로 다루어진 처벌이 도덕적으로 더 바람직하며 혹은 문명사회의 책임 있는 판결이라고 보지만 단지 이러한 더 높은 도덕성은 인간 법정의 역량을 벗어난 것으로 보았다. 그들은 가치 전제보다는 경험적 가정에서 차이를 보이고 있다.

형법상의 정의를 개별적으로 다루는 것에 대한 강조는 수세기에 걸쳐 무제약적 비전의 일부로 계속 주장되어 왔다. 예를 들어 존 듀이는 다음과 같이 말하고 있다.

모든 유능한 의사들이 자신의 환자를 치료하면서 당연한 일로서 획득하고자 하는 완전한 임상 기록에 상응하는 어떤 것으로 각각의 개별 사건에 접근할 때 진정한 과학적 형법의 새벽은 찾아올 것이다.[31]

무제약적 비전에서 쟁점이 되는 것은 처벌이 정의롭게 이행되는가 여부가 아니라 처벌의 효과이다. 고드윈에 따르면 처벌은 "사람을 개선시키는 데 유해하다." 왜냐하면 보상과 처벌이라는 인센티브는 어떤 유형의 행동이 또다른 유형의 행동보다 사회적으로 더 바람직한 현실적 이유를 혼란스럽게 만들기 때문이다.[32] 고드윈의 견해에 따르면 "도덕의 발전은 존재에 필요한 불변의 법칙에 따라 어떤 행동에 속한 성향의 영향이라기보다는 우리가 다른 영향에 노출되지 않는 것에 비례해 앞으로 나아가게 된다." 인간은 다른 많은 사람의 행복이 자신의 행복보다 더 중요하다고

깨닫고 있기 때문에 "사건의 도덕적 계산에 의해 지배"될 필요가 있다.[33)]

제약적 비전이 사람들의 동기와 성질을 주어진 것으로 생각해 사회적으로 바람직한 행동에 이르는 인센티브들을 강조하는 반면 무제약적 비전은 사람들의 동기와 성질을 변화시키려고 하며 따라서 경제 시장이든 아니면 법에서든 일반적으로 인센티브들을 덜 중요하게 생각한다.[34)] 무제약적 비전은 '해결책'——콩도르세의 말에 따르면 "개인의 이익과 전체의 이익이 조화되고 동일시되기 때문에 미덕을 행하는 것이 더 이상 어렵지 않은 상태"——을 추구한다.[35)]

무제약적 관점에서 쟁점은 지금 인센티브들을 얼마나 최선을 다해 구축하고 있는가 하는 것이 아니라 시간이 지나면서 인센티브에 대한 의존도——특히 처벌에 대한 인센티브——를 얼마나 줄여나갈 수 있는가 하는 것이다. 사회 제도들은 "다른 사람들과 더 낳은 동기들에 의해 영향을 받는 인간들"을 아는 것을 목적으로 해야 한다. 정치가는 "이기적 열정에 활력을 불어넣는 것이 아니라" 오히려 일반적으로 인센티브에 따라 사람들이 행동하는 것과 같은 "자신의 이익에 대한 고려에 따라 행동하는 것을 사람들에게 점차 단념시키는 일"에 주의를 기울여야 한다.[36)] 고드윈은 인간들이 보상과 처벌보다는 자신의 권리와 의무에 더 관심을 갖게 되기를 희망했다.[37)]

두 가지 비전이 본성과 보상 그리고 처벌의 역할을 아주 다르게 보고 있기 때문에 그들은 법의 발전도 아주 다른 관점에서 보고 있다. 콩도르세는 법의 발전을 뛰어난 개인들의 의도적인 노력의 산물로 보았다.

> 법은 흔히 상황과 변덕의 모호한 산물이라기보다는 더 훌륭하게 공
> 식화된 것으로 나타난다. 법은 철학자들이 만든 것은 아니라 해도 학
> 식 있는 사람들이 만든 것이다.[38]

콩도르세는 비슷하게 합리적인 관점에서 더 진보적인 견해를
전개하고 있다.

> 형법 체계를 만들기 위해선 시간과 노력이 필요한 엄청난 기획, 이
> 임무를 맡은 사람들의 명료한 지성 그리고 그 임무를 계획하고 실행
> 할 책임이 있는 사람들의 심오한 정신을 필요로 했을 것이다.[39]

무제약적 비전은 끊임없이 바람직한 사회적 '결과'를 가져오
기 위해 입법자와 법관 모두가 의도적으로 법을 만들어야 한다고
강조하고 있다. 무제약적 비전은 법률 '과정'의 바람직한 특성을
강조하고, 특히 법관의 역할을 본질적으로 헌법에서 인정하고 있
거나 입법부에서 승인한 과정 원칙들에 대한 중립적 전달자로 한
정하려는 제약적 비전의 견해를 부정한다. 과정 원칙들이 서로 다
른 집단들에 대해 상이한 영향을 미칠 때 원칙과 법관의 중립성
은 위선은 아니라 해도 환상으로 생각된다.

로렌스 트라이브는 과정에 대한 강조를 "절차주의의 위험한 매
력"이라고 불렀다. 그는 사회 내 하위 집단에 대한 상이한 영향과
무관하게 사회의 일반 이익을 목적으로 한 원칙들을 발전시키고

자 하는 시도를 "무력한 중립성의 매력"으로 특징짓고, 점차적으로 발전하는 법에 대한 비전을 "본성을 도덕적으로 마비시키는 심상"으로 묘사하고 있다. 중요한 것은 그가 싫어하는 "불공정한 인종, 성 그리고 계급 위계 등을 존속시키는 쪽으로 편향되거나 숨겨져 있는 다양한 헌법학설"이라는 사회적 결과와 그가 의문스럽게 생각한 "중요한 실질적 선택에 대한 사법부의 책임을 비껴나가게 하려는" 시도다.[40]

트라이브의 관점은 "우리가 해야 할——그리고 우리가 어떤 중립적 기술로 책임 있게 '도출' 하는 척 할 수 없는——헌법적 선택을 감추고 있는 장치로서 모든 판에 박힌 절차에 의문을 제기 한다."[41] 요컨대 쟁점은 과정 원칙이 아니라 사회적 결과이며 과거에 점진적 발전에서 비롯된 법의 전달이 아니라 지금 이루어지는 의도적인 '선택' 이다. 트라이브는 이것이 사법적 해석에서 "어떤 것이든 괜찮다는 것"을 의미한다는 사실을 부정하고,[42] 텍스트에 대한 해석은 "불가피하게 주관적"이며 따라서 해석자는 사회 도덕에 대한 "중요한 전제들에 구속되어야 한다는 요청에서 벗어날 수 없다"고 주장한다.[43]

우리는 선택해야 하지만, 동시에 우리가 선택하고 '싶은' 것은 무엇이든 자유롭게 선택할 수 있다는 환상을 버려야 한다. 왜냐하면 결국 우리 선택의 근거가 되는 것은 헌법——필연적으로 불완전한 특정 헌법——이기 때문이다.[44]

따라서 법관들은 "과정 주장자들이 그토록 유권자와 그 대표자들에게 떠넘기고 싶어 하는 논쟁의 여지가 있는 실질적 선택"에 익숙해져야 한다.[45] 트라이브에게 "헌법은 벗어날 수 없는 실체"이다.[46] 따라서 헌법을 해석하는 사람들은 실질적 결과를 고려한 쟁점들을 판단해야 한다. 요컨대 트라이브에게 성문법은 관련이 없는 것도, 모든 것을 결정할 수 있는 것도 아니다. 헌법은 "단순한 거울도, 사용자가 자신들이 원하는 것은 무엇이든 쏟아부을 수 있는 빈 그릇도 아니다."[47]

과정에 근거한 사법적 판단과 더 실질적인 것에 근거한 판단 간의 차이에 대한 한 가지 예로서 트라이브는 특정 업무 지원자들에 대한 동일한 육체적 기준을 적용하는 것이 "성별에 따른 특징적인 육체적 차이를 경솔하게 무시하고 있기 때문에 남자와 여자에 대한 '비슷한' 취급이 불공평한 차별"이 된 사례에 대해 적법하다고 지지한 법원의 판결을 비판하고 있다.[48] 수많은 성차별 사건들은 트라이브에게 "권력과 지위의 배분에서 지속되고 있는 불평등이 간과"되고 있으며, 대신 "종식되어야 할 악"이 "법질서가 자연스럽게 끊임없이 합리적으로 반영하고 재창조한 도처에 존재하는 현실"의 일부로 변성하고 있다는 사실을 증명하고 있다.[49]

같은 맥락에서 로널드 드워킨은 "헌법과 도덕 이론의 융합"을 요구하고 있다. 헌법 자체는 "특정 도덕 이론에 근거"하고 있으며 "특정 개념을 규정하고 있다기보다는 도덕적 생각에 호소하는 것"으로서 이해되어야 한다——즉 따라야 할 분명한 규칙보다는 적용될 도덕적 가치로서 광의로 해석되어야 한다. 헌법 조항을 적용할 임무가 있는 법정은 "정치 도덕성의 문제를 규정하고 답할 준비가 되어 있어야 한다는 의미에서 행동주의 법정이어야 한다."[50]

개인의 권리

두 가지 비전 모두 권리를 믿고 있다. 하지만 무제약적 비전이 인식하고 있는 권리는 결과적으로 제약적 비전이 인식하고 있는 권리에 대한 부정이다. 두 가지 전통에 속해 있는 사회 이론가들은 권리가 절대적이 아니며, 권리의 충돌이 있을 때 특정 권리에 부여된 범위의 차이는 물론 충돌한 권리의 중요성에 대해서도 두 가지 비전 내에서 정도의 차이가 있다는 사실을 인정하고 있다. 하지만 두 가지 비전은 바로 권리의 개념이 의미하고 있는 것에서 근본적인 차이를 보이고 있다.

제약적 비전

이미 7장에서 본 것처럼 제약적 비전은 사적인 개인과 집단이 그 판단이 현명한가 어리석은가, 고귀한가 비천한가 여부에 대해 정치 혹은 법률적 권위를 가진 기관에 의해 사후에 비판당하지 않고 법의 경계를 스스로 판단할 수 있는 것으로 생각한다. 제약적 비전의 관점에서 공적 권위의 영향을 받지 않는 경계 범위가 국민이 갖고 있는 권리의 영역이다. 이것은 권리에 대한 '과정' 개념——다른 사람들의 판단 같은 특정 '결과'의 바람직함과 무관하게 어떤 과정을 수행할 수 있는 국민들의 법적 능력——이다.

공적 권위의 영향을 받지 않는 영역으로서의 권리들은 개인에게 속한 것이긴 하지만 제약적 비전에서 그 권리의 전체적 목적은 사회적인 것이다. 제약적 비전에서 사회 선을 위한 개인의 희생은 적어도 철학과 경제학에서의 스미스, 미국법과 영국법에서 각각 홈즈와 블랙스톤으로 대표되는 오랜 전통을 가지고 있다. 예를 들어 그것은 바로 아직도 일관되게 지속되고 있는 개인 재산권의 중요성을 강조하는 전통이다. 재산권의 중요한 이익은 '사회적인 것'——경제에 대한 더 집중된 정치적 통제 하에서 가능한 것보다 훨씬 효율적인 경제 과정,[51] 덜 투쟁적인 사회 과정,[52] 더 확산된 권력과 영향력을 갖고 있는 정치 과정[53]을 가능하게 하는 것으로서——으로 인식되고 있다. 이러한 과정들의 수혜자는 대체로 대중인 것으로 인식되고 있으며 재산권은 이러한 근거에 따라 정당화될 수도, 정당화되지 않을 수도 있다.

똑 같은 방식으로 언론의 자유에 대한 권리는 그 내용이 현명한가 어리석은가, 품위가 있는가 없는가 여부에 관계없이 공적 권위의 영향을 받지 않는 영역이다. 홈즈는 대법원에서 가장 잘 알려진 언론의 자유에 대한 자신의 견해 중 두 가지 경우에서 상위의 개인적 권리가 아닌 '사회적' 필요에 따른 언론의 자유를 옹호하는 측면에서 결론을 내리고 있다. 에이브람스 대 유나이티드 스테이트 사건*에서 홈즈는 사회적 편의는 인간 지식의 고유한 한

---

* Abrams v. United States 러시아 혁명이 성공하자 미국 정부는 원정대를 파견하였다. 피고인 에이브람스는 러시아 혁명을 방해하려는 미국 정부를 비난하고 미국 노동자들에게 총파업을 호소하는 유인물을 뉴욕 시의 고층 건물 위에서 거리로 배포했다. 다수 의견

계와 이것이 의미하는 중대한 균형에서 비롯된다고 지적하고 있다. 그는 "표현의 자유에 대한 박해"는 "당신이 분명한 자신의 견해를 갖고 있다"면 완벽하게 논리적일 것이라고 말하고 있다. 홈즈는 계속해서

> 하지만 사람들이 시간이 지나면서 많은 대립된 신념들이 역전되는 것을 알고 있다면, 그들은 자신들이 바람직한 궁극적인 선에 근거해 행동하고 있다고 믿고 있는 것보다 사상의 자유로운 교환——진리에 대한 최상의 시험은 사상의 힘을 시장의 경쟁을 통해 수용되게 하는 것이며 진리는 그들의 바람이 안전하게 이행될 수 있는 유일한 근거다——을 통해 훨씬 더 많은 것이 더 효과적으로 도달될 수 있다는 사실을 깨닫게 될 것이다. 어쨌든 그것이 우리의 헌법 이론이다. 그것은 모든 삶이 하나의 실험인 것처럼 하나의 실험이다. 매일은 아니라 해도 매년 우리는 불완전한 지식에 근거한 어떤 예언에 우리의 구원을 맡겨야 한다.[54]

이러한 견해는 제약적 비전의 핵심적인 특징들을 요약하고 있다. 즉 1) 분명하게 표현될 수 있는 합리성보다는 사회 과정에 따른 진리에 대한 시험, 2) 사회 과정에 의존한 이유인 인간의 고유한 한계——인간의 "불완전한 지식", 그리고 3) 전체적으로 합리적인 것인 경험에 대한 의존("시간이 지나면서 많은 대립된 신념들

은 피고의 언론의 자유에 대한 주장을 배척했으나 홈즈 판사는 언론의 자유는 사상의 자유시장에서 의견의 자유로운 교환을 보장하기 위한 것이고 직접적인 위험을 가져올 때만 제한할 수 있으며, 이 사건은 이에 해당하지 않는다는 반대 의견을 개진했다.

이 역전되는 것").

개인의 권리보다 사회 이익을 우선시하는 견해는 에이브람스 대 유나이티드 스테이트 사건에 대한 견해와 후에 쉔크 대 유나이티드 스테이트*(1919) 사건 모두에서 나타나고 있다. 에이브람스 대 유나이티드 스테이트 사건에서 홈즈는 불쾌하고 위험한 것으로 생각되는 견해에 대한 억제를 지속적으로 경계해야 한다고 주장하긴 했지만, "그러한 견해들이 아주 촉박하게 법의 합법적이고 절박한 목적을 즉시 저촉할 위협이 있기 때문에 국가를 구하기 위해 즉각적인 억제가 필요한 경우가 아니라면"이라는 단서를 달고 있다.[55] 이것은 쉔크 대 유나이티드 스테이트 사건에서 "명백하고 현존하는 위험"이라는 그의 더 유명한 단서의 분명한 전조였다. 두 사건에선 정확하게 개인의 파생적 권리인 언론의 자유가 바로 공익에 유용할 수 있도록——따라서 그것이 공익 그 자체를 직접적이고 명백하게 위협할 때 늘 폐기될 필요가 있는——공익이 우선시되고 있다. 결국 그 한계와 범위가 무엇이든 언론 자유의 권리는 에누리 없이 공적 권위의 영향을 받지 않는다는 것을 의미한다. 언론의 자유는 권위들에 의해 조장된 활동을 의미하지는 않는다.

---

* Schenck v. United States 제1차세계대전중 군인 징병에 반대하고자 징병법(徵兵法) 폐지의 청원을 부추기는 내용의 문서를 징병대상자에게 발송하는 행위는 연방의회가 보호하고자 하는 국익에 '명백하고 현존하는 위험'을 가져오므로 이에 대한 형사처벌은 합헌이다. '명백하고 현존하는 위험의 원칙'은 그 기준이 명료하지 못하여 국민의 언론·출판·집회·집회·결사의 자유 보호에 커다란 역할을 수행하지 못한다는 비판이 있어 왔으나, 약 50년간 미국 법원에 의해 적용되어 왔다.

무제약적 비전

개인의 권리를 사회 과정의 도구──그들이 도출한 사회 과정에 의해 정당화된 사회 과정의 범위와 한계──로 보는 제약적 비전과 달리 무제약적 비전은 권리를 개별적 이익을 위해 개인에게 내재되어 있으며 인간성에 근본적으로 인정된 것으로 보고 있다. 따라서 언론의 자유에 대한 권리나 재산권은 그것들을 행사하는 개인들에 대한 권리의 상대적 중요성에 따라 정당화될 수도 있고 정당화되지 않을 수도 있다. 소유권의 불평등한 배분과 언론의 보편성을 고려한다면 언론의 자유는 논리적으로 제약적 비전에서 소유권보다 훨씬 더 중요한 권리가 된다. 따라서 언론의 자유에 대한 권리는 공적 권위의 개입으로부터 전혀 영향을 받지 않을 권리가 있지만 재산권은 그렇지 않다. 드워킨은 "진정한 자유주의자는 지적 자유뿐만 아니라 경제적 자유도 존중해야 한다는 어리석은 명제"를 거부한다.[56]

소유권을 포함하고 있는 쟁점들은 과정 맥락에서보다는 드워킨과 트라이브 같은 무제약적 비전의 '결과적' 맥락에서 볼 수 있다. 제약적 비전을 가진 사람들은 경제 과정에서 소유권 시스템의 인센티브 효과에 초점을 맞추고 있는 반면 무제약적 비전을 가진 사람들은 현재의 소유권 배분과 같은 사회적 결과에 초점을 맞추고 있다. 따라서 로렌스 트라이브의 견해와 같은 무제약적 비전은 소유권을 보호하고 있는 법이 "마치 거의 자본의 형태나 배분이 정치 형태에 따라 선택된 어떤 것이라기보다는 자연스럽게 정해져 사실상 정당화되고 있는 어떤 것을 반영하고 있기 때문에 현재의 부와 경제 권력의 배분은 다수결에 따른 재조정이 불가능한 것"으로 보고 있다고 생각한다.[57] 트라이브에게 소유권에 대한 쟁점들은 "현재의 자본 배분"과 관련이 있다.[58] 소유권을 지지하는 학설은 "재분배에 반대하는 성향"을 나타내고 있다.[59] 미국 헌법을 작성한 사람들이 지지한 "재산과 계약에 대한 권리"는 "실제적 가치들"을 나타내고 있다. 따라서 트라이브는 "이러한 현실에 직면해 헌법은 압도적으로 '과정'과 관련이 있으며 실체와 관련이 있는 것이 '아니다' 혹은 '아니'어야 한다"고 말할 수 있다는 사실에 당혹스러워하게 된다.[60] 트라이브에 따르면 이론에서의 "외관상 중립적인 원칙들"은 실제적으로 "현재의 부와 영향력이 집중하는 쪽으로 분명하게 편향되어 있다"고 판명된다.[61]

트라이브는 마찬가지로 언론의 자유에 대한 권리를 실질적 결과의 맥락에서 보고 있다.

대중에게 다가가기 위한 중요한 위치로서 사적으로 소유된 쇼핑센터가 부상하면서 공원과 거리처럼 전통적인 공공장소는 쇠퇴했다. 전단지, 피켓 그리고 가두연설과 같은 저렴한 의사소통 방법들은 방송, 신문 광고, 그리고 직접 우편 같은 값비싼 매체에 자리를 내어주고 있다.[62]

요컨대 트라이브에 따르면 "현재 우리가 생각하고 있듯이 언론은 일반적으로 '결코' 자유롭지 않으며[63] 사실상 모두가 표현의 자유를 누릴 수 있는 것은 '아니다'."[64] 일반적으로 무제약적 비전에서의 자유 개념처럼 언론의 자유라는 개념은 쟁점이 되고 있는 모든 것이 정부 권위에 의한 제한에서 면제되고 있다는 홈즈의 과정 개념과 달리 분명히 결과 개념이다. 언론의 자유에 대한 비용 개념은 로렌스 트라이브나 다른 법률 이론가에 한정되어 있지 않다. 소유권자의 금지를 위반하고 사유 재산(주택 개발지, 쇼핑몰) 영역에서 전단지를 배포하는 것과 관련된 일련의 사건들에서 미국 대법원은 소유권을 무시한 이유로 언론 자유에 대한 권리 행사의 대안적 형태가 비싸다고 언급하면서 전단지를 배포한 사람들에게 유리한 판결을 내리고 있다.[65] 트라이브에 따르면 법정이 법 위반으로 체포된 사람들을 지지하지 않았다면 국부(局部)적인 소유권법이 "회사 의존 도시(company towns) 거주자들과 그들과 의사소통을 희망하는 사람들에 대해 수정헌법 1조*의 보호를 부정"한다는 것을 의미하게 될 것이다.[66] 이러한 개념에 따르면 발언 내용——어떤 다른 장소에서의——이 정부 권위의 영향을 받지 않게 되더라도 언론의 자유를 부정하는 것이 될 것이다.

사회 정의

1793년 윌리엄 고드윈의 『정치적 정의에 관한 고찰』은 사회 정의에 대한 최초의 논문일 것이다. 이 논문 제목에서 "정치적"이라는 용어는 당시 조직화된 사회——가계 경제와 구별되는 것으로

---

* 미국은 수정헌법 1조를 통해, 연방의회는 종교의 자유를 금지하는 법률을 제정할 수 없으며, 언론·출판의 자유를 제한하거나 국민들이 평화적으로 집회할 권리 등을 제한하는 법률을 제정할 수 없다고 선언하고 있다.

서 현대적 표현으로 "정치 경제"가 사회 경제학이라 부르는 것처럼——라는 일반적 의미로 사용되고 있다. 요컨대 고드윈은 그 용어가 현재 사용되고 있는 것처럼 사회 정의에 대해 쓰고 있다. 고드윈이 묘사한 사회 정의는 전반적으로 너무 많은 요구를 하는 하나의 의무다. 그는 "동시대인들에 대한 우리의 채무"는 "우리가 그들의 복지를 위해 할 수 있는 모든 노력과 우리가 그들의 필요에 제공할 수 있는 모든 위안"을 포함하고 있다. 고드윈에 따르면 "우리가 소유한 어떤 재능, 한 순간, 한 푼의 재산도 공공의 법정에서 우리가 책임이 없는 것은 하나도 없다. 우리는 그것들을 공익이라는 일반 은행에 지급하지 않으면 안 된다."[67] 그는 "말 그대로 우리가 우리의 권리로 하고자 하는 것을 할 수 있는 권리를 갖고 있다는 가정"을 부정한다. 즉 "엄격히 말해서 현실에서 우리의 것은 아무것도 없다"는 것이다.[68]

하지만 복지 국가나 사회주의 정부가 강요할 만한 정치적 의무가 아닌 '도덕적' 의무가 존재한다. 고드윈(혹은 콩도르세)은 사회 변화에 영향을 미치기 위해 오늘날 국가와 동일시되는 정부 권력에 도움을 청할 필요가 없게 한 것——그리고 고드윈과 콩도르세 모두 정부의 역할에 관한 한 소유권과 '자유방임주의'를 지지하게 한 것[69]——은 그 같은 무거운 사회적 의무에 대해 절대적인 도덕적 힘이다. 하지만 고드윈과 콩도르세가 추구한 사회 분석이 어떻게 다른 사람들을 '자유방임주의' 경제학에 반대하게 하고, 소유권이라는 개념에 분명하게 반대하지는 않지만 소유권을 유보하도록 이끄는지를 알기는 어렵지 않다. 결과적으로 그들은 도덕적 의무를 개인행동에 대한 효과적인 지침으로 삼고 있는 이성의 힘을 믿고 있었기 때문이다. 고드윈과 콩도르세는 이성의 힘을 믿었기 때문에 자신들이 추구하는 전반적 사회 변화의 도구로서 정부에 의존할 필요가 없었던 것이다. (이것은 또한 제약적 비전과 무제약적 비전을 기계적으로 정치적 좌파와 우파로 해석하는 것의 위험을 보여주고 있다. 고드윈과 콩도르세는 소유권을 건드리지 않거나 정부의 계획에 호소하고자 하지 않았던 자신들의 생각에 동의하지 않는 정치적 좌파의 많은 사람들보다 더 '근본적'이기 때문이다.)

그 메커니즘과 세부적인 내용이 무엇이든 사회 정의는 고드윈에서 롤스에 이르기까지 무제약적 비전의 중요한 주제가 되어 왔다. 다른 형태의 정의들과는 달리 사회 정의는 과정이라기보다는 결과로 인식되고 있다. 하지만 사회 정의의 절대성이 무제약적 비전에선 일반적으로 받아들여지고 있지만 사실상 제약적 비전에선 존재하지도 않는다. 제약적 비전의 전통에 속하는 사회 사상가들은 소득 분배에 대한 쟁점을 하나의 과정으로 다루면서 효율성의 쟁점과 동시에 그것의 인도주의적 측면을 고려하고 있지만, 어떤 소득 분배의 결과가 또 다른 것보다 더 '정의'롭다는 것을 의미하지는 않는다. F.A. 하이에크는 어쨌든 사회 정의에 대해 이야기했던 제약적 비전을 가진 소수의 저자들 중 한 명이다——그리고 그는 사회 정의를 "불합리"[70]한 것으로서 하나의 "망상",[71] "공허한 체현",[72] "준 종교적 미신"[73] 그리고 "오류의 범주가 아니라 무의미한 것에 속하는"[74] 개념으로 특징짓고 있다. 제약적 비전을 가진 그의 동시대인들——밀턴 프리드만과 리처드 포스너——은 사회 정의에 대해선 반박할 대상으로조차 논의하지 않았다.

따라서 사회 정의에 대한 개념은 극단적인 비전의 충돌——한 쪽에선 가장 중요시하고 있는 반면 다른 쪽에선 경멸할 가치조차 없는 관념——을 나타내고 있다.

무제약적 비전

두 가지 비전은 수세기에 걸쳐 불리한 조건에 있는 사람들을 돕기 위해 인도주의적 노력을 해왔다. 아담 스미스는 이론과 실천 두 가지 방면에서 이러한 노력에 동참했다.[75] 존 스튜어트 밀도 마찬가지였다.[76] 두 가지 전통의 유력한 인물들——고드윈과 콩도르세뿐만 아니라 버크와 스미스도[77]——은 또한 노예제를 반대하는 사회 운동을 지지했다. 20세기에 들어 밀턴 프리드만과 조지 버나드 쇼는 가난한 사람들에게 소득을 양도하는 계획을 제안했었다.[78]

무제약적 비전을 특징짓는 것은 가난한 사람들에 대한 인도주의적 관심을 규정하고 있다는 사실이 아니라 물질적 이익을 불리한 조건에 있는 사람들에게 이전하는 것을 단지 인도주의적인 문제가 아니라 정의의 문제로 보고 있다는 사실이다. 에드워드 벨러미의 소설 『과거를 돌아보다』는 가난한 사람들을 단지 굶주리지 않을 정도의 빵 조각이나 던져 줄 대상으로 보는 견해에 반대했을 뿐만 아니라 기껏해야 굶주리지 않을 정도의 빵 조각이나 던져주는 동정을 환기시키는 것은 상처에 모욕을 가하는 짓이라고 반대했다. 대체로 이전 세대의 노력을 통해 창조된 부의 공동 상속자로서 그들은 더 많은 것을 받을 자격——정의의 이름으로──이 있다.

개인들은 사회의 부를 생산하는 데 개인적으로 기여했든 기여하지 않았든 관계없이 단지 어떤 사회의 구성원이라는 이유로 그 사회가 생산한 부를 어느 정도 공유할 권리가 있다는 견해는 사회 정의의 개념에 중요하다. 그들이 사회의 부를 완전히 공유할 자격이 있는가 아니면 더 적은 몫을 받을 자격이 있는가에 대해 무제약적 전통에 속하는 많은 사회 사상가들이 다양한 답변을 하고 있다. 하지만 중요한 것은 모두가 단지 동정의 문제로서가 아니라 정의의 문제로서 어느 정도의 몫을 공유할 권리가 있다고 본다는 사실이다. 고드윈에 따르면

부를 축적하는 것은 부정의하다는 교리는 모든 종교적 도덕성의 기초가 되고 있다. 가장 활력적인 종교 교사들은 좋든 싫든 이 점에서 정확한 진리를 주장하게 된다. 종교 교사들은 부자들에게 그들이 재산을 위탁물로 보관하고 있고, 그들이 재산 중에서 지출한 한 푼에 대해서도 분명한 책임이 있으며 그들은 단지 관리자에 불과하지 결코 최고위의 소유자가 아니라는 사실을 가르친다. 하지만 종교가 이런 식으로 정의의 순수한 원칙을 인류에게 되풀이해 가르치고 있는 동안 대부분의 종교 교사들은 정의에 대한 실천을 흔히 고려해야 할 빚이 아니라 자연스러운 관대한 행위이자 박애의 문제로 다루는 경향이 있다.

이러한 편의적인 교리가 창출한 효과는 우리의 필요에 대한 공급을 진정으로 자신들의 것이 아닌 것을 가지고 일종의 관대함을 과시하고 빚을 변제하면서도 가난한 사람들의 순종을 구입할 수 있도록

사용하는 소수의 처분에 맡기게 되는 것이다. 그들의 것은 정의로운 시스템이라기보다는 자비와 동정의 시스템이다. 그것은 부자들의 행동을 그럴듯한 명칭으로 꾸밈으로써, 그리고 노예근성을 가진 가난한 사람들에게 자신들이 얻은 사소한 안락을 당연한 대가가 아니라 부자 이웃들의 선한 즐거움이자 호의로 보게 함으로써 부자들이 비합리적인 자부심을 갖게 한다.[79]

무제약적 비전의 전통은 비슷한 주제들에 대해 여전히 되풀이해 주장하고 있다. 조지 버나드 쇼는 "자신들의 병든 양심을 달래기 위해 자선을 시작하는" 사람들을 경멸했다. 왜냐하면 자선은 부분적으로 "가난한 사람들이 모욕감을 느끼게 하고 후원자들이 역겨운 자부심을 갖게 하며 결국 한 쪽엔 증오를 다른 한 쪽엔 혐오감을 갖게 하기" 때문이지만, 더 근본적인 것은 "정의롭고 조심스럽게 운영되는 국가에선 가난한 사람들 측에서 자선에 대한 구실이나 후원자 측에서 자선의 기회가 존재할 수 없기" 때문이다.[80]

무제약적 비전에서 사회 정의에 대한 개념은 소득 분배라는 쟁점——통계에 따른 결과로 인식되고 있는——을 중심으로 전개되지만 또한 부수적으로 결과로서 인식되고 있는 사회 유동성에 대해서도 관심을 보이고 있다. 반면 제약적 비전에선 이 모든 관심들을 근본적으로 다른 관점에서 보고 있다.

제약적 비전

F.A. 하이에크가 제약적 비전의 유력한 인물 중 어쨌든 사회 정의에 대해 논의했던 예외적인 인물이었다. 그의 논의의 본질은 왜 그렇게 제약적 비전의 전통에 속한 많은 사람들이 사회 정의에 대해 논의하기를 싫어했는지의 이유에 대한 실마리를 제공한다. 무제약적 비전을 가진 사람들은 사회 정의를 자신들이 기꺼이 받아들일 수 있는 '결과'로서 정의하고 있지만 하이에크는 사회 정의를 '과정'으로 다루며 사회 정의——"정치권력이 모든 보상을 결정해야 된다는 사실을 의미하는 흉악한 원칙"[81]——를 단호하게 거부했다. 하이에크는 다른 사람들이 사회 정의로 특징짓고 있는 결과들에 이의를 제기하지도, 받아들이지도, 부정하지도 않았다. 그는 소득 결과에 대한 어떤 대안적 형태가 바람직하다는 사실에 반대한 것이 아니라 차라리 그처럼 예상된 결과를 만들려는 시도는 "문명을 파괴할 수"도 있는 과정의 창조를 의미한다는 사실이었다.[82]

하이에크의 전체적인 사고 방법은 롤스의 그것과는 직접적으로 대립되고 있다. 롤스가 반복해서 사회가 왜 어떤 하나의 결과를 "결정"——어쨌든——해야 하는지 정의의 이유들에 대해 말할 때 그는 사회의 목적들에 집중하기 위해 사회 과정들로부터 발췌하고 있다. 하지만 하이에크는 사회의 목적들을 추구하면서 만들어진 과정 특성——그리고 그 같은 과정이 자유와 일반적인 복지에 대해 다시 제시하고 있다고 생각되는 위험들——에 집중하기 위해 사회 정의의 목적들로부터 발췌하고 있다. 요컨대 하이에크와 롤스 각각은 상대방의 주된 관심사——단지 자유가 중요한가 아니면 정의가 중요한가 여부에 대해서가 아니라 과정 특성이 더 중요한가 아니면 목적 특성이 더 중요한가 여부가 중요한——에서 벗어난 가정을 하고 있다.

하이에크는 사회 정의라는 화려한 말의 상당 부분을 사회 목적을 달성하기 위해 필요한 과정들에 내재되어 있는 가혹한 현실을 혼란스럽게 회피하고 있는 것으로 다루고 있다. 하이에크에게 일반적으로 "사회적"이라는 형용사에 의해 수식된 것들——정의, 양심, 민주주의——은 본질적으로 애초부터 사회적이다. 따라서 "사회적"이라는 형용사는 만약 이 단어가 정직하고 솔직한 방식으로 사용되었다면 불필요한 수식이기 때문에 무의미하다. 하이에크에 따르면 "사회적"이라는 단어는 "믿을 수 없을 만큼 공허한 의미"다.[83] 따라서 "사회적이라는 단어를 사용하는 것은 무분별하거나 사기를 치는 것이다."[84]

하이에크는 "사회 정의"라는 개념이 특별한 의미를 결여하고 있다고 생각했지만 그는 자신이 사회 정의가 잘못되고 위험하다고 생각하는 암시를 내포하고 있다고 보았다. 그는 "습관적으로 사회 정의라는 용어를 사용하는 많은 사람들이 자신들이 그것으로 무엇을 의미하고 있는지 모르고 있지만"[85] 사회 정의라는 말을 사용하는 또 다른 사람들은 "단지 깊이가 없는 생각"에 빠져 있을 뿐만 아니라 "지적으로 부정직한 것이다"[86]라고 말하고 있다. 하이에크에 따르면 "'사회 정의'라는 말은 대다수 사람들이 느끼는 것처럼 불리한 조건에 있는 사람들에 대한 선의를 나타내는 순진한 표현이 아니"라 실제로 "사람들이 그것에 대해 현실적인 이유를 댈 수 없는 어떤 특별한 이익의 요구에 동의해야 한다는 부정직한 암시"가 되고 있다.[87] 하이에크의 관점에서 위험한 측면은 "'사회 정의'라는 개념이 이것을 통해 전체주의가 들어설 수 있는 일종의 트로이의 목마라는 사실"이다.[88] 나치 독일이 정확한 하나의 사례이다.[89]

사회 정책 단계에서 하이에크는 바로 "사회의 '행동들' 혹은 개인이나 집단에 대한 사회의 '처리'"라는 견해를 시스템화된 사회 과정이라는 개념과 양립할 수 없는 "인격화나 의인화"라고 거부했다.[90] 하이에크에 따르면 "자연스러운 질서에서 특정한 것들은 정의롭거나 부정의할 수 없기 때문에 시스템화된 어떤 사회 과정에서 정의를 요구하는 것은 분명 비합리적이다."[91] 왜냐하면 "그 결과는 누구도 모든 것을 알 수 없는 무수한 상황에 따라 좌우되기 때문에 의도할 수도 예상할 수도 없기 때문"이다.[92] 하이에크의 견해에 따르면 사회 정의에 대한 요구의 숨겨진 의미는 그것이 단지 더 나은 분배를 선호한다는 온화한 모습을 띤 채 전 과정에서의 철저한 변화를 의미한다는 사실이다. 하이에크에 따르면 "엄격한 의미에서 정부 기구들로부터 구분되어야 하는 사회는 특별한 목적을 위해 행동할 수 없다." 따라서 "'사회 정의'에 대한 요구는 사회 구성원들이 사회의 생산물에 대한 특정 몫을 다른 개인이나 집단에 할당할 수 있는 방식으로 자신들을 조직화할 것을 요구하게 된다."[93]

요컨대 사회 정의를 주장하는 사람들은 특정한 일련의 '결과들'을 주장한다. 반면 하이에크는 특정 개인이나 집단을 위한 어떤 특정한 사회적 결과들을 추구함으로써 당연히 수반되는 '과정'을 거부하고 있다. 그가 거부하는 것은 "전체 사회 상황에 대한 포괄적 청사진에 대한 '욕망'"이다.[94] 그에게 사회를 특히 바람직한 사회적 결과들을 양산할 수 있는 "생각하는 집단적 실재"로서 "인격화하는 것"은 "우리 지식의 범위"를 넘어서 본질적인 사회의 세부내용을 완전히 꿰뚫고 있다는 사실을 전제로 하고 있다.[95]

하이에크가 결정적으로 반대하고 있는 것은 단지 사회 정의를 이루고자 하는 시도가 무익하다는 것이 아니라 그런 시도는 위험하다는 것이다. 그가 보기에 인간의 자유는 대개 결정적으로 규칙에 따라 좌우되며 특히 정부 권력에서 벗어날 수 있는 영역을 개척하는 규칙에 좌우된다. '권리들'——제약적 비전에서 인식되고 있는 것처럼——은 "각각의 개인이 자기의 선택에 따라 자유롭게 행동할 수 있는 영역을 보호하는 것"이다.[96] 따라서 권리들은 사회 정의와 아주 상반된 것들이다. 왜냐하면 사회 정의는 특정 개인이나 집단이 도덕적으로 권리를 갖고 있는 사회 결과들을 양산하기 위해 정부의 범위를 확대하는 것을 의미하기 때문이다. 특정 개인이나 집단이 도덕적으로 권리를 가질 자격이 있는지 여부——무제약적 비전의 전통에서 다양한 저자들이 아주 상세하게 다루고 있는 주제——는 사회 정의에 대한 하이에크의 다양한 저작에서 완전히 무시되고 있는 주제다. 이러한 하이에크의 태도는 사회 정의를 이루고자 하는 시도가 무익하며 위험하다고 보는 그의 견해와 논리적으로 일치하고 있다. 그것은 또한 제약적 비전을 가진 다른 저자들이 소득의 분배나 기업의 "사회적 책임"[97] 같은 특성들을 다루거나 혹은 정의에 대한 전체적인 논문[98]을 쓰기——리처드 포스너의 경우에——는 하지만 왜 그들이 사회 정의에 대한 일반적 개념을 전혀 논의하지 않고 있는지에 대한 이유를 설명하고 있다. 무제약적 비전에 대한 가정을 고려할 때 사회 정의는 정책이나 사회에 대한 모든 논의에서 핵심적인 사항이다. 제약적 비전의 가정을 고려할 때 권투 링에 대해 말할 가치가 없는 것처럼 가능하다면 바람직하긴 하다 해도 사회 정의는 말할 가치가 거의 없는 것이다.

하이에크에 따르면 사회 정의라는 개념의 가장 큰 위험은 사회 정의가 법규라는 개념을 훼손하고 결국은 파괴한다는 사실이다. 즉 단순히 규칙이 지배하는 과정으로서의 "형식적" 정의가 일단 정부의 권력에서 벗어난 영역에서 임의적 결정을 할 수 있도록 정부 권력을 확장함으로써 일어나는 일련의 결과로서의 "현실적" 혹은 "사회적" 정의로 대체된다는 것이다. 하이에크는 사회 정의에 대한 일부 옹호자들을 자신들이 현실적으로 권력 집중에 참여하고 있다고 생각하는 것으로 냉소적으로 보았다. 하지만 그는 열정적으로 사회 정의라는 개념을 진실하게 촉진시키는 사람들은 자신도 모르게 다른 사람들——전체주의자들——이 정부 권력의 이데올로기적, 정치적, 법적 장벽들을 음험한 수단으로 훼손시켜 그들의 임무를 더 쉽게 만들어 개입할 수 있는 길을 준비하고 있기 때문에 더 위험하다고 보았다. 따라서 하이에크는 나치즘을 독일에서 그 목표가 나치와 확연히 다르기는 하지만 특정 사회 결과라는 절대적인 필요를 위해 법규에 대한 존중이 침식되도록 조장한 사람들[99]과 사회주의자들이 "오랫동안 발전시킨 사상이 절정에 달한 것"으로 보았다.[100]

하이에크는 공산주의 역시 공산주의가 승리하는 것을 보고 싶어하지 않을 사람들이 촉진한 사고방식으로부터 예기치 않던 이익을 얻었다고 보고 있다. 하이에크에 따르면 "분배의 정의"는 본질적으로 "법의 지배와 조화될 수 없으며"[101] 인간의 지배가 아닌 법치 정부의 지배라는 이상은 바로 자유 사회와 전체주의 사이에 끼어 있다. 하이에크는 "공산주의는 사회주의 법률의 승리가 아니라 법에 대한 사회주의의 승리"를 의미한다고 선언한 어떤 소비에트 작가의 말을 인용하고 있다.[102] 하이에크에게 그것이 어떤 과정에 대한 비개인적 규칙으로서의 단순한 "형식적" 정의에 대한 대안처럼 가장 중요한 목표로서의 사회 정의가 궁극적으로 의미하고 있는 것이다.

요약과 의미들

무제약적 비전

인간이 자신의 결정에 대한 사회적 결과들을 예측하고 통제할 수 있다고 보는 무제약적 비전에선 개인과 사회는 모두 인과율적으로 그리고 도덕적으로 선택에 책임이 있으며 선택의 사회적 결과들이 현재의 그들의 모습이라고 보고 있다. 따라서 사회적으로 정의로운 결과의 본질은 무제약적 비전의 중요한 관심사이다. 때문에 18세기 윌리엄 고드윈의 『정치적 정의에 관한 고찰』에서 20세기 존 롤스의 『정의론』에 이르기까지, 무제약적 비전을 가진 저자들은 사회 정의의 원칙에 대한 수많은 논문들을 저술해 왔다. 무제약적 비전은 불리한 조건에 처한 사람들을 위해 단순한 자선이 아니라 정의를 요구하고 있다. 그것은 단순한 절차상의 규칙이 아니라 정의로운 결과를 가져올 수 있는 법——두 가지가 충돌하는 경우에 절차상의 규칙이 정의로운 결과에 따를 수 있는——을 요구하고 있다.

무제약적 비전에 따르면 법관들은 결과로 나타난 정의나 부정의와 무관하게 절차 규칙의 적용에 만족하는 것이 아니라 규칙이 본질적으로 제시하고자 하는 법에 암묵적으로 내재되어 있는 도덕 기준을 적용해야 한다. 사실상 특정 법규가 특정한 사회 결과를 가져올 수 있을 때 법관은 스스로나 다른 사람들에게 자신들이 단지 명시된 절차 규칙만을 적용하고 있다고 핑계 댈 수는 없다. 왜냐하면 법관들은 자신들이 그것을 인식하고 있는지 여부에 관계없이 암묵적으로 사회적 선택을 하고 있기 때문이다. 무제약적 비전을 가진 사람들은 이러한 선택이 헌법을 협의적으로 해석하거나 단순히 '특별한 목적을 위한' 사법상의 편의에 따른 것이 아니라 헌법적 가치와 규범에 근거해 분명하게 이루어지기를 원하고 있다.

무제약적 비전에서 개인들의 권리는 본질적으로 개인의 인간성을 인정하는 것으로서 "신중하게 고려"되어야 하며 헌법이 보장하고 있는 언론의 자유나 피고의 권리와 같은 기본적인 인간의 권리들이 쟁점이 되고 있을 때는 사회적 편의보다 우선되어야 한다.[103] 권리들이 충돌할 때 인간을 대상이라기보다는 주체로 규정하고 있는 사람들은 소유권과 같은 다른 권리들보다 분명하게 선호하는 권리를 갖고 있으며 모든 권리는 사회의 평화 혹은 경제 효율성에서의 일반 이익과 같은 모든 이익들보다 우선시된다. 무제약적 비전을 가진 사람들은 피켓 때문에 발생한 불편함이나 전단지를 배포하는 사람들을 언론의 자유라는 기본적 권리를 위해 지불할 수 있는 적은 비용으로 생각한다. 또한 모든 사람들에 대한 기본적 인간성을 인정하는데 본질적인 헌법적 보호 때문에 일부 범죄자들이 법망을 벗어나고 있다는 사실 역시 무제약적 비전을 가진 사람들에겐 지불할 만한 가치가 있는 비용이다.

무제약적 비전에서 자신들의 행동에 대한 결과를 예견하는 개인과 사회 의사 결정자들의 더 큰 능력을 고려하면 그들에게는 단순히 절차 규칙 내에서 자신의 개인적 이익을 추구하기보다는 "사회적 책임"을 드러낼 수 있도록 그에 맞는 더 큰 도덕적 부담이 존재한다. 따라서 특히 윌리엄 고드윈의 비전에서 각 개인은 순전히 개인적이고 비공식적인 결정을 할 때조차도 사실상 사회를 위한 대리적 의사 결정자——다른 사람들의 결정을 통제한다는 의미에서가 아니라 자신의 이익보다는 전체적인 복지를 향상시킬 수 있는 방식으로 자신이 할 수 있는 선택을 한다는 의미에서의 대리자——가 된다. 따라서 절차적으로 경제에서 정부 역할을 전면적으로 거부하는 현대의 자유의지론자들의 그것과 똑같은 고드윈의 철저한 개인주의는 실질적으로는 특정 사회 결과들이 의사 결정 과정의 직접적 대상이 되기를 원하는 현대 사회주의에 훨씬 더 근접하고 있다.

무제약적 비전의 전통에선 다른 분야에서처럼 정의에 대한 개념에서 평등이 핵심적인 지위를 차지하고 있다. 무제약적 전통을 가진 사람들 사이에서 평등에 대한 다양한 정도의 차이들이 존재하지만, 정도의 차이와는 무관하게 평등은 결과의 평등을 의미한다. 사회적 결과를 형성하는 인간의 능력을 고려할 때 이것은 어떤 평등한 대우보다는 보상을 포함하고 있다. "적극적 행위" 정책들에서 이러한 접근의 현대적 형태는 아주 최근의 일이지만 보상적인 사회적 대우에 대한 생각은 적어도 18세기의 콩도르세까지 거슬러 올라간다.[104]

무제약적 비전과 논리적으로 일치하고 있는 것에 덧붙여 "적극적 행위"는 또한 무제약적 비전에서 권리와 이익의 역할을 설명하고 있다. 주민 전체 구성원들은 선택된 집단의 보상적 우대에 적합한 특정 직업, 대학 입학 자격 그리고 다른 이익에서 어떤 '이익'을 갖고 있는 것으로 생각된다. 하지만 선택된 집단의 구성원들은 역사적 차별 형태가 아니었다면 그들이 갖고 있었을 '권리'를 갖고 있다. 따라서 "우선시되는 가치"인 권리는 이익보다 우선시된다. 다수의 인구나 선택된 소수 양측에 속한 개인들은 같은 이해관계를 갖고 있으며 어떤 직업, 대학 입학 허가나 다른 이익이 거절될 때 양측은 어느 쪽이든 같은 정도의 손실로 고통을 받게 된다. 하지만 선택된 소수 집단의 구성원들은 또한 차별을 통해 열등한 사람으로 낙인찍힌 것 때문에 과거에 고통받았던 것으로 생각된다. 다수에 속한 주민 출신으로 현재 거부되고 있는 지원자들은 "역차별"로 고통을 겪고 있지는 않다. 열등한 자라는 낙인은 기본적 인간성에 대한 부정이라 볼 수 있기 때문에 그들은 무제약적 비전에서 인식되고 있는 것과 같은 권리들을 침해당한 반면 "역차별"은 단지 이익만 침해될 뿐이다. 무제약적 비전에선 다시 한 번 권리가 이익보다 우선시된다.

　무제약적 비전에서 도덕적 권리는 결과에 대한 권리다. 정치·사법적으로 도덕적 권리를 강제하는 것은 소유권에 의해 보호받고 있는 것과 같은 이익의 영역으로 정부 권력을 확대하는 것을 정당화하고 있다. 다른 이익들은 폐지되는 것이 아니라 더 근본적인 권리와 헌법적으로 보장된 가치들을 주장하는 데 필요한 정도로 축소된다. 이러한 과정은 단순히 절차적 규칙을 적용하기보다는 경쟁 가치를 중시하는 법관──로렌스 트라이브의 말에 따르면 복잡한 "헌법적 선택"을 하게 하는──을 필요로 한다.

제약적 비전

　무제약적 비전이 도덕적으로 절대적으로 해야 한다고 보고 있는 것의 상당 부분에 대하여 제약적 비전은 인간이 할 수 없다고 보고 있다. 인간은 효과적으로 사회적 파급효과와 개인적 선택의 반향을 조정할 수 없다는 중요한 전제 때문에 사회 정의의 방향에 포함된 도덕 원칙들을 제약적 비전은 논의해야 할 거대한 영역으로 다루고 있다. 어쨌든 인간이 사회적 결과들을 선택할 수 없다면 해야 할 "헌법적 선택들"은 존재하지 않는다. 개인의 결정이 중요한 사회적 영향을 갖고 있을 때조차 사회 결과를 의도적으로 결정하는 것은 인간의 능력을 넘어서고 있다는 제약적 비전의 가정을 고려하면 인간이 의도한 결과는 거의 존재하지 않을 것이다. 제약적 비전을 가진 사람들의 주된 관심사는 바로 환상에 불과한 사회 정의를 추구하면서 법규를 파괴하는 것을 포함해 의도와 전혀 다른 유형의 중요한 사회적 충격이 존재하게 될 것이라는 사실이다.

　제약적 비전에서 정의의 원칙은 정의의 '가능성'에 종속되어 있다. 올리버 웬델 홈즈는 자신도 모르게 다른 사람에게 해를 입히는 타고난 결점을 고려하는 것이 더 고귀한 형태의 정의라는 사실을 인정했다. 하지만 그는 그것을 민사 소송의 원칙으로서 인간의 능력을 넘어서는 것으로 치부하고 있다. 제약적 비전을 가진 사람들은 무제약적 비전을 가진 사람들이 출판한 사회 정의에 대한 모든 저작물을 거의 완전히 무시하고 있다. 특정 쟁점들에 대해선 두 가지 비전이 다루고 있기는 하지만 제약적 비전을 갖고 있는 유력한 지식인들은 현대의 사회 정의 이론에 대한 일반 원칙에 이의를 제기하지도 평가하지도 않는다. 자신의 신념 때문에 다른 사람들보다 이러한 저작에 더 많은 관심을 보였던 하이에크도 사회 정의라는 목표들——그 실질적 실현은 암묵적으로 불가능한 것으로 생각했기 때문에——을 추구하는 시도의 비슷한 사회적 결과를 측정하는데 관심을 갖고 있었기 때문에 사회 정의의 일반적 원칙에 대해선 사실상 시간을 낭비하지 않았다.

　제약적 비전은 사회 과정을 중요하게 생각한다. 개인의 권리는 생겨나고, 의미를 갖고, 사회 과정의 필요 속에서 한계를 발견한다. 하지만 그렇다고 현재의 법관이나 정치 지도자들이 사회적 필요에 대한 자신들의 변화하는 평가에 따라 '특별한 목적을 위한' 형태로 이러한 권리들을 확대하거나 축소할 수 있다는 의미는 아니다. 오히려 이러한 권리들은 정치적 판단이나 법률상의 권위에 영향을 받지 않는 영역이다. '장기간 지속되는' 사회적 편의에 대한 평가는 이미 정치적 판단이나 법률상의 권위에서 영향을 받지 않는다는 사실에 내포되어 있다. 이것은 제약적 비전과 무제약적 비전 간의 더 일반적 차이로 나타난다. 두 가지 비전은 재량의 근거와 재량의 형태에서만이 아니라 평가의 근거와 평가의 형태에서도 차이를 보이고 있다.

제약적 비전은 예를 들어 대안적 정부와 입헌 정부를 비교하거나 경쟁적 경제와 정치가 주도하는 경제를 비교하면서 인간이 사회 과정에 대해 장기간 지속되는 전체적인 평가를 할 수 있다고 본다. 제약적 비전에서 평가의 형태는 실험적이며 많은 사람들이 우선시하고 있는 것——특히 그들이 "자신들이 직접 투표"를 할 때——은 이런 관점에서 소수의 명료성보다는 더 설득력이 있다. 상대적으로 무제약적 비전은 암묵적으로 인간이 곧바로 더 상세하게 판단할 수 있다고 보며 따라서 계속되고 있는 수많은 사회 문제들에 대해 별개의 해결책을 제시한다.

무제약적 비전을 가진 사람들은 흔히 법관이나 다른 대리적 의사 결정자들이 중시하는 사회적 선택의 복잡성을 강조하는 반면 제약적 비전을 가진 사람들은 사회적 선택이 너무 복잡하기 때문에 특정한 사회적 결과를 분명하게 하기 위한 시도조차 하기 힘든 것으로 보고 있다. 따라서 제약적 비전을 가진 사람들은 실질적 균형이 수많은 다른 개인들의 재량으로 이루어질 수 있게 하는 규칙을 적용하는, 더 관리하기 쉬운 임무를 대리적 의사 결정자들에게 맡기려 한다.

제약적 비전이 인식하고 있는 세계에서 보통의 사회적 결과들은 통제하기가 너무 어렵기 때문에 보상적 정의는 고려의 대상이

되지 않는다. "적극적 행위"와 같은 정책의 도덕적 합리성은 그것들이 실현될 수 있는 가능성이 거의 없다는 점을 고려할 때 관심을 끌 수 없거나 거의 관심을 끌지 못한다. 대신에 검토되는 것은 적극적 행위와 같은 정책이 만들어 낸 인센티브들과 인센티브들이 사회 과정 특히 결과를 규정하고 있는 명령의 발포(發布)와 대조되는 것으로서 법규에 미치는 영향이다. "낙인"과 관련된 주장은 진실이 아니어서가 아니라 대법원이 적용할 권한이 있는 헌법의 일부가 아니라는 이유로 바케 사건*에서 거부되었다.[105]

제약적 비전에서 다른 것들과 마찬가지로 정의에 대해서도 "최선은 좋은 것의 적이다."

---

* Bakke v. University of California Regents, 1978년, 캘리포니아 대학 의과 대학 지원자였던 백인 알렉 바케는 자신보다 낮은 점수를 얻은 부유한 흑인 학생 패트릭 차비스 때문에 불합격되었다는 것을 알고 대학을 사법부에 고발했다. 그 결과 대법원은 1965년부터 실시되어 왔던 인종별 할당제를 1978년에 금지시켰다.

제9장

개인의 가치관과 비전은
사회 패러다임에 영향을 준다

비전들은 도덕적으로 그리고 지적으로 차이가 난다. 더욱이 사회적 비전들은 몇 가지 점——모두 그런 것은 아니지만——에서 과학에서 중요한 역할을 하고 있는 비전들과 차이를 보이고 있다. 도덕적 관점에서 중요한 문제는 서로 다른 사회적 비전들이 가치 전제의 차이를 반영하고 있는 정도다. 지적인 관점에서 중요한 관심사는 사회적 비전과 자연 현상에 대한 과학 이론들의 기초가 되는 비전들의 전혀 다른 역사다. 그것은 또한 사회 쟁점들이 가치, 비전, 이해관계의 충돌을 나타내고 있는지 여부를 이해하는 데 유용하다.

패러다임과 증거

비전들이 추정된 사실들과 추정된 원인들을 포함하고는 있지만, 하나의 비전은 토머스 쿤의 인과율에 대한 이론 모델이라는 의미에서의 "패러다임"은 아니다.[1] 하나의 비전은 사물의 존재와 그것이 작용하는 방식에 대한 거의 본능적 '감각'이다. 쿤의 "패러다임"은 과학적인 "법칙, 이론, 적용, 수단을 함께" 포함하고 있는 훨씬 더 지적으로 발전된 실재다.[2] 비전은 과학이나 정치학, 경제학, 법학 혹은 다른 어떤 분야에서든 패러다임에 이를 수도 있지만 지적 과정에서 비전들과 패러다임은 다른 단계이다. 과학에서든 사회사상에서든 비전이나 영감이 먼저 떠오르고 나서야 패러다임으로 체계화된다. 패러다임은 특정 이론과 그 이론들에 주의 깊게 초점을 맞추고 있는 가설들을 포함하고 있으며 증거에 대비하여 가치가 평가될 수 있다.

이러한 일반적인 지적 관점에서 과학 현상에 대한 비전과 사회적 비전들은 유사한 방식으로 진행된다. 하지만 제약적 비전과 무제약적 비전에서 파생된 패러다임들이 일반적으로 정치, 경제, 법 그리고 사회사상에서 그랬던 것과는 달리 과학에서 상반된 패러다임은 수 세기 동안 지속되지 못했다. 산소를 발견하기 전까지 가연물 속에 플로지스톤이 존재한다고 믿었던 플로지스톤 이론과 산화이론은 화학에서 함께 공존하며 지속되지 못했다. 역사 속에서 과학적 패러다임은 각각 잇달아 이어지는 경향이 있으며 수 세기에 걸쳐 함께 존재하지는 않는다. 하지만 과학 발전의 '초기 단계들'에서는 그래도 "똑같은 특정 현상에 직면한 사람들이 그 현상들을 서로 다른 방식으로 묘사하고 해석"했을 것이다. 하지만 쿤에 따르면 과학에서 현상에 대한 서로 다른 해석은 "상당한 정도로 그리고 분명 최종적으로 사라졌다."[3] 사회사상에서 그런 과정은 아직 일반화되지 않았다.

과학과 사회 이론 사이의 근본적인 차이는 비전의 수준이나 심지어 패러다임의 수준이 아니라 이론이 경험적으로 시험할 수 있는 가설을 제시하는 시점이다. 사회의 변화는 통제할 수 없기 때문에 사회 이론은 실험실에서의 실험이 불가능하다. 따라서 사회 이론은 결정적인 반증을 통해 특정 가설들이 부정되기보다는 뒤늦게 반향하며 이론을 뒤흔들고 이론들이 구체화하고 있는 패러다임과 비전들을 와해시키게 된다. 게다가 화학자는 실패한 실험에서 나온 화학 약품 꾸러미를 폐기하고 새로운 화학 약품 꾸러미로 다시 시작할 수 있다. 하지만 인류의 생물학적 지속성 때문에 사회 이론은 실패한 실험들을 원점에서 다시 시작할 수 없다. 우리는 히틀러가 없었다면 독일이 오늘날 어떻게 되었을지 혹은 로마 제국의 쇠퇴와 멸망이 없었다면 서구 문명이 어떻게 발전하게 되었을지 결코 알 수 없다. 요컨대 사회적 비전에서 증거는 결정적인 것이 아니다. 이는 증거의 본질 때문만이 아니라 사회적 가치에 대한 헌신의 힘 때문이기도 하다.

상반된 견해들이 비전을 갖고 시작하긴 하지만 상반된 견해들이 비전으로 끝을 맺는 것은 아니다. 비전들은 이론들이 만들어지고 특정 가설들이 연역되는 원료에 불과하다. 원칙적으로 도달된 상반된 결론들은 증거에 근거해 조사되고 비전의 충돌은 해결될 수 있다. 개인들은 자신들의 생각을 변화시키기에 충분한 특정 증거를 발견할 수는 있다. 하지만 무수한 이유들 때문에 어떤 한 쪽의 사회적 비전이 상대 비전에 대해 결정적인 승리를 거둘 수 있는 규모로 비전의 충돌이 해결되는 상황은 일어나지 않는다.

하나의 비전에 대해 전반적 분야에서 분명한 증거를 기대할 수는 없다. 양측은 상당량의 부분적 증거들을 축적했을지는 모르지만 자신의 비전에 유리한 증거와 불리한 증거에 대해 서로 다른 가중치를 둘 수 있으며 납득되는 것은 결국 주관적 과정이다. 경험적 관점에서 분명한 대치가 조정되고 증거가 제시될 수 있는 경우에도 전투의 패배가 종전을 의미하는 것은 아니며 무조건 항복은 더더욱 아니다. 특정 비전에서 비롯된 가설들이 증거에 근거해 처음에 주장된 형태가 부정되었을 때조차 그 가설들은 덜 극단적이거나 더 복잡한 형태로 유지될 수 있다.

하지만 증거가 무관한 것은 아니다. "기독교도들을 박해하기 위해 다마스커스로 가던 바울이 기독교로 개종"한 것처럼 사람들은 전향을 한다. 전향이 한 가지 쟁점에 대한 것일지라도 어떤 사람의 비전 전체에 대한 영향은 다른 가정과 믿음들에 도미노 효과를 주게 될 수도 있다. 증거에 대한 반응들——부정, 회피, 당혹스러움을 포함하고 있는——은 마찬가지로 전향이 나타내고 있는 위협을 입증하고 있다. 비전들에 대한 증거의 관계에서 극단적인 경우엔 비전이나 그것에서 비롯된 이론들에 근거한 결론에 증거가 전적으로 종속된다는 것이다. 수년 동안 스탈린의 대량 학살과 강제 노동 수용소에 대한 점증하는 증거를 무시하고, 회피하고, 부정하거나 교묘하게 설명하며 발뺌하던 서구의 지식인들이 이러한 현상에 대한 하나의 고전적인 예다.

제약적 비전과 무제약적 비전에 대해서도 유사한 경우들을 찾아볼 수 있다. 특정 쟁점에 대한 증거는 왜곡될 수 있지만 이러한 현상은 그 자체가 진실이고 비전의 힘에 대한 유력한 증거다. 많은 경우에 쟁점에서 증거의 왜곡을 설명하는 개인들이 얻을 수 있는 경제적, 정치적 혹은 경력상의 이익은 존재하지 않는다. 그것은 단지 비전을 위한 것일 뿐이다.

회피하기 위해 증거를 왜곡할 필요는 없다. 바로 어떤 이론의 공식화는 상반된 이론과의 직접적 대면을 차단하는 것과 같은 것이다. 다시 말해서 이론은 자체의 오류를 증명하는 일이 아마도 없을 것이라고 말하는 것이 된다는 것이다. 이 경우에 이론은 경험적으로 무의미한 것이 된다. 모든 가능한 결과들이 이 이론과 일치하기 때문에 이 이론은 어느 것도 예측할 수 없게 된다. 하지만 하나의 구체적인 결과도 예측할 수 없을지라도 이 이론은 많은 것을 '암시'하게 되고 그 같은 암시만으로도 엄청난 효과가 있다. 맬서스의 인구론은 이런 유형의 이론에 대한 고전적인 예다. 즉 맬서스의 인구론은 궁극적으로는 제약적 비전에 근거하고 있지만 수년 후 다른 사람들이 무제약적 비전에서 파생된 의제의 일부로 사용하기 위해 개작했다.

1789년 T.R. 맬서스가 설명한 인구론은 매우 제약되어 있는 인간이 거주하고 있는 매우 무제약적인 세계에 대해 음울하게 묘사하고 있다. 그것은 분명 윌리엄 고드윈과 콩도르세의 생각과 상반된 방식으로 설명하고 있으며[4] 맬서스는 윌리엄 고드윈과 콩도르세의 인간에 대한 무제약적 비전을 싫어했다.

맬서스의 이론은 두 가지 가정——1) "음식은 인간의 생존에 필요하다" 그리고 2) "남녀 간의 정열은 필요하며 거의 현재의 모습으로 남아 있게 될 것이다"——으로 시작하고 있다. 그가 "우리의 본질적 법칙들"이라 불렸던 것[5]들로 요컨대 사라지지 않을 것 같은 제약들이다. 수확체감의 법칙이 내포되어 있어 인구의 증가는 더 많은 사람들이 식량을 생산한다 해도 식량 공급이 비례적으로 증가하지는 않게 될 것이다.[6] 따라서 인구 증가와 식량이 늘어나는 것은 서로 다른 제약이 존재한다. 맬서스가 인구는 "기하급수적"으로 증가하고 식량은 "산술급수적"으로 증가한다고 말함으로써 자신의 생각을 역사적으로 지워지지 않는 방식으로 그 차이를 과장되게 표현하긴 했지만, 인구가 식량보다 더 빠르게 증가할 수 있다는 그의 논점을 강조하기 위해선 논리적으로 효과적이었다.

인구는 궁극적으로 식량 공급에 의해 제약되기 때문에 원래의 맬서스 이론이 경험적으로 함축하고 있는 것은 인구 증가와 식량 증가의 비율은 비슷하게 지켜져야 한다는 것이다. 맬서스에 따르면 "인구는 항상 지구가 생산할 수 있는 식량과 균형된 비율로 유지되어야 한다."[7] 이것이 맬서스의 두 가지 가정에서 비롯된 중요한 결론이며 그것은 맬서스 이론의 진실과 거짓에 대한 경험적 평가를 구성하고 있다. 긴 안목으로 보아 식량 공급이 인구보다 더 빠르게 증가한다면 사람 당 평균적인 음식물은 늘어나고 맬서스의 이론은 오류가 된다. 맬서스의 이론을 각각 확인하거나 부정하게 될 두 가지 가능한 결과를 고려한다면 세월이 경과하여 충분한 자료들이 수집된 후에는 논쟁의 여지가 거의 없는 것처럼 보이게 될 것이다.

하지만 이처럼 증거와 이론이 분명하게 대조되는 경우는 거의 없다. 왜냐하면 맬서스의 공식화는 비판적 공격의 강도에 따라 변화하고 있기 때문이다. 후에 맬서스는 대중들이 더 높은 소득을 올릴 수 있다면 "두 가지의 매우 상이한 결과들"——인구의 증가나 "생활 방식의 개선"[8]——중 하나에 이를 수 있다고 주장했다. 현재 맬서스의 원칙과 일치하고 있는 것으로 생각되고 있는 두 가지 가능성 때문에 생각컨데 그것이 잘못이라고 증명——사실상 그것이 옳든 그르든——할 수 있는 가능한 증거는 존재하지 않는다. 현실적으로 인구 통계와 다른 자료들이 수년에 걸쳐 축적되고 있듯이 식량 공급——그리고 일반적인 생활수준에 대한 다른 요소들——은 인구보다 더 빠르게 늘어나는 경향이 있다. 하지만 맬서스의 인구 이론은 현재까지 살아남아 회자되고 있다.

맬서스는 분명 제약적 비전을 가지고 있었다. 그는 "가난이 되풀이되는 것을 막는 것은 유감스럽게도 인간의 능력을 넘어서고 있다"[9]고 말하고 심지어 인간의 수명이 지속적으로 늘어났는지 여부에 대해서도 의심스러워했다.[10] 그는 "인간 본성에 내재되어 있으며 모든 인간의 규칙들과 절대적으로 무관한 법칙들"[11]에 대해 말하며 "대중에게 있는 인간의 악과 도덕적 취약성은 극복될 수 없다"고 주장했다.[12] 하지만 맬서스의 인구 이론이 제약적 비전의 전통에 속한다고 해서 맬서스의 이론이 제약적 비전과 일치하고 있는 유일한 인구 이론은 아니다. 아담 스미스의 인구 이론은 아주 다른 분석과 결론을 내리고 있다.[13] 게다가 맬서스의 인구론은 무제약적 비전을 가진 사람들 중 정치적 좌파에서 수정되어 다시 나타나고 있다.

수정된 해석에서 과잉 인구는 본질적인 것도 극복할 수 없는 것도 아니며 단지 개인들의 재량에 맡겨서는 효과적으로 대처할 수 없을 뿐이다. 하지만 권유적인 것에서 엄중한 것까지 포괄할 수 있는 정치 지도력을 갖고 있다면 피임과 낙태를 통한 어떤 "해결책"이 존재한다. 요컨대 하나의 비전에서 기원한 생각들은 또 다른 비전에 적용될 수도 있다. 하지만 맬서스의 인구 이론은 그런 일이 일어날 수 있을 정도로 오랫동안 지속되기 위해선 우선 모순된 증거들이 제시되는 가운데서도 100년 이상 거론 될 필요가 있었다. 이런 식으로 맬서스의 인구 이론이 아직도 회자되는 것은 회피와 동어반복적 공식화를 통해 철저한 반증만큼이나 효과적으로 증거들에 반하여 어떤 이론을 보호할 수도 있다는 사실을 보여주고 있다.

반증이 분명 하나의 의식적인 결정이기는 하지만 회피는 필연적으로 의식적인 것은 아니며 증거를 구성하고 있는 오해는 더더욱 의식적이 아니다. 이론들은 지속될 수 있을 것이다. 왜냐하면 이론들을 증거와 대치하게 하는 어려운 임무가 충분한 재능과 관심으로 수행되지 않기 때문이다. 이론을 평가하는 개인이 상이한 비전을 갖고 있어 반대되는 비전을 그 자체의 관점에서라기보다는 자신의 관점에서 해석할 때 특히 증거를 통해 이론을 반박하기는 어렵다. 이런 사례는 제2차 세계대전 직후 두 개의 근본적으로 서로 다른 유명한 경제 사상가 학파 사이에서 불거진 경제학에 대한 유명한 논쟁에서 일어나고 있다──그리고 방대한 증거들은 쟁점을 해결하는 데 전혀 도움이 되지 않았다.

전통적 경제 이론은 경쟁적인 노동 시장에서 나타나는 것보다 더 높은 임금률을 인위적으로 부과하는 것은 그렇지 않았을 경우보다 고용을 줄이는 경향이 있다고 보고 있다. 이것은 어떤 것이 많으면 많을수록 가격은 낮아지는 경향이 있다는 더 일반적인 경제 원칙에 부합하는 자연스러운 결과다. 전통적 경제 이론을 평가하기 위해서 어떤 비판가는 임금률과 관련된 가능한 다양한 조건 하에서 어떻게 행동하고 어떻게 행동할지에 대해 수백 명의 고용자들에게 질문서를 보내 물어 보았다. 대부분의 고용주들은 임금이 상승하더라도 노동자들을 해고하지는 않을 것이라고 답했다. 그 비평가는 이것을 유력한 경제 이론에 대해 반박할 수 있는 증거로 보았다.[14]

하지만 전통적 경제 이론은 개별 고용주들이 말하는 관점에서가 아니라 경제 전체가 어떻게 될 것인가 하는 관점에서 설명되고 있는 것이다. 이 조사는 고용주들에게 그들이 선택한 조정 방식에 대해 묻고 있는 반면 평가된 경제 이론은 상반된 현상—경쟁적 경제가 개인들에게 조정의 방식을 '강요'하는 방식—을 다루고 있다. 예를 들어 어떤 고용주는 당연히 임금이 상승하면 고용을 유지하고 높은 가격을 통해 비용 증가를 소비자에게 전가함으로써 반응할 수도 있겠지만 가격 상승 때문에 자신의 상품 매출이 줄어들게 된다면 그는 생산과 고용을 줄여야 하기 때문에 궁극적인 결과는 마치 그가 임금 상승을 강요당했기 때문에 의도적으로 노동자들을 해고하기로 한 것과 똑같은 결과가 된다.

실제적인 쟁점은 외부에서 강요된 임금 상승이 고용을 줄이는가 여부지, 외부에서 강요된 임금 상승이 1) 노동자를 해고하는 개별 고용자의 결정, 2) 잉여 기업들의 파산, 3) 그 산업에 새롭게 진입하는 기업 수의 감소 혹은 4) 비용 증가가 소비자에게 전가됨으로써 판매와 고용이 감소하는 것 따위의 특정 형태를 띠는가 여부는 아니다. 요컨대 평가된 이론은 시장 조정에 대한 시스템 이론이다. 반면 비평자의 질문서는 살아남은 기업들의 개별적 의도에 대해 묻고 있다. 수집된 방대한 증거는 쟁점과 무관한 것이다.

오해나 결점 때문에 증거의 이용이 제한되고 있다는 명백한 사항을 입증하기 위해 이러한 사례들을 예로 든 것은 아니다. 오히려 이러한 사례들은 그렇지 않았다면 장기간에 걸쳐 결정적으로 어느 한쪽으로 균형이 이동했을 사실적인 증거가 풍부하지만 충돌하는 상이한 비전들이 함께 유지되고 있는 특정한 방식——수 세기 동안 제약적 비전과 무제약적 비전이 함께 유지되며 논의되고 있는 것처럼——을 설명하고 있다.

극단적인 경우에 증거는 단순히 거짓으로 판명될 수도 있으며 혹은 증거가 강력한 암시로 충만해 있더라도 경험적 의미를 갖는 이론을 공허하게 하는 용어의 편의에 의해 얼버무려질 수도 있다. 반대로 증거는 단지 증거를 수집한 사람들이 이론의 특정 용어를 오해했기 때문에 이론과 충돌하는 것처럼 보이게 만들어질 수도 있다. 하지만 어떤 비전의 힘은 비전에 일치하는 주장들에 대해 '어떤 증거'도 요구되거나 제시되지 않을 때 분명하게 증명될 수 있을 것이다.

이러한 현상에 대한 최근의 한 가지 예는 흑인 미국인들의 높은 가정 붕괴 비율이나 10대 임신율이 "노예제의 유산"이라는 흔히 되풀이되고 있는 주장이다. 수십 년 간 이러한 주장이 광범위하게 되풀이 된 후에야 전체적인 사실적 연구——오늘날보다 노예제 하의 흑인들과 노예 해방에 이은 세대들에서 가정 붕괴와 10대 임신이 훨씬 더 적었다는 사실을 보여주는——가 이루어졌다.[15] 다시 초점은 특정 결과를 오해하고 있다는 사실이 아니라 전체적으로 입증되지 않은 주장이 특정 비전에 적합하기 때문에 수년 간 어떤 '이의제기도 없이' 유포되었다는 사실이다. 어떤 증거도 없는 주장을 지속하는 능력은 비전의 힘과 지속성에 대한 또다른 표시이다.

초기 의미의 인과율로서의 하나의 비전에서 특정한 일련의 이론들과 추론들로 움직이는 과정——일어나고 있다고 믿어지는 것을 나타내고 있는 지적 모델이나 패러다임——은 지적으로 그리고 심리적으로 어렵다. 용어에 대한 정확한 정의, 인과 관계에 대한 세심한 구성, 그리고 대안적 이론들에서 파생된 가설들과 분명하게 구별되는 특정 가설의 도출, 이 모든 것은 재능뿐 아니라 훈련과 헌신적인 노력을 필요로 한다. 어떤 사람이 감정적으로 어떤 특정 이론에 헌신하거나 공개적으로 그 이론과 동일시하는 정도에 따라 그 이론이 증거를 통해 반박될 때 고통스러운 심리적 대가를 강요당하게 된다. 패러다임을 다음에 오는 일치하지 않는 증거와 조화시키려 하는 시도 속에는 최초의 단순한 원칙이 너무 복잡하여 새로 고안되어 실행 불가능한 것처럼 보일 때까지 수정되어 복잡해질 수 있다.

이러한 '특별한 목적을 위한' 복잡화에 대해 냉소를 보낸다고 해서 그 같은 패러다임을 반박한 것은 아니다. 게다가 어떤 패러다임——현실이라기보다는 모델이기 때문에——도 필연적으로 증거에 완전하게 들어맞지는 않을 것이다. 낙하하는 물체의 속도에 대한 과학 공식은 대기 저항의 영향을 무시하고 있지만 실제적인 과학적 관찰이 이론이 예측하고 있는 가속도와 물건이 공기 중에서 떨어지고 있을 때 관찰된 가속도 사이에 편차를 보여주고 있기 때문에 누구도 중력의 법칙이 반박되었다고 생각하지는 않는다. 또한 중력의 법칙을 믿고 있는 사람들은 대기의 존재를 부정한다고 비난받지도 않는다. 오히려 그들은 중력 이론에 본질적인 대기를 고려하지 않고 있으며 대기를 특별한 경우(헬륨을 채운 풍선이 떨어지지 않고 날아가는 것 같은)를 제외하곤 불필요하게 복잡한 것으로서 무시하고 있다.

아주 똑같은 방식으로 무제약적 비전을 믿는 사람들은 인간이 어떤 한계를 갖고 있다는 사실을 부정하지는 않는다. 그들은 단지 사회 현상에 대한 이론에서 결정적인 것으로서 이러한 한계를 다루지 않고 있다. 사회 현상의 인과율적 요소들은 중력 이론에서 대기의 역할처럼 인간의 한계는 부수적인 역할을 하고 있다는 식으로 전혀 다른 관점에서 설명되고 있다. 제약적 비전을 가진 사람들을 구분짓고 있는 것은 인간의 한계가 그들 이론의 핵심——인간의 한계는 대기의 저항 같은 역할보다는 중력의 역할을 하고 있다——에 자리하고 있으며 무제약적 비전을 가진 사람들이 강조하고 있는 많은 요소들은 우연(대기처럼)으로 무시되고 있다는 사실이다. 하지만 두 가지 비전은 자신들이 빠뜨린 요소들의 영향이나 유력함에 대해 아무리 의견을 달리하고 있다 해도 현실에 존재하고 있고, 이러한 비전에 대한 대부분의 지지자들이 현실에 존재하고 있다고 인정하게 될 것들을 빠뜨리고 있는 것이 분명하다.

그렇다면 부분적인 것에서 비롯된 비전이나 패러다임은 사실에 완벽하게 들어맞을 수 없다는 사실을 고려할 때 불일치하고 있는 증거들을 조화시킬 수 있도록 비전들을 조정하고 수정하고자 하는 노력은 본질적으로 단순한 자기기만은 아니며 다른 사람들을 속이는 것은 더더욱 아니다. 하지만 조정과 보완을 통해 제시된 회색 영역은 이러한 묘사들에 걸맞게 합리화될 수 있다. 게다가 패러다임을 포기하는 데 대한 저항은 사회 이론사뿐만 아니라 과학사를 특징짓고 있다. 단지 과학적 증거로부터 숨을 장소가 더 적게 존재할 뿐이다. 그렇지만 불일치하는 증거들과 대비된 과학적 패러다임은 일반적으로 허무주의적 불가지론에 유리하도록 버려지는 것이 아니라 대신에 그것을 대체할 또다른 패러다임이 존재할 때까지 날조되어 복잡해진다.

여러 단계의 비전과 패러다임이 존재한다. 칼 마르크스와 길모퉁이의 약식연단에서 연설하는 급진주의자는 같은 비전을 공유하고 있을 수도 있지만 대단히 서로 다른 수준의 복잡한 단계들 속에 자리하고 있을 것이다. 어떤 비전의 더 복잡한 해석들은 부분적으로 그렇게 하지 않으면 치명적일 수 있는 불일치하는 증거에 대한 전략적 후퇴다. 일반적으로 복잡성을 필요로 하는 것은 복잡성 자체가 어떤 사회 이론을 반박하는 분명한 증거에 대해 사회 이론을 완곡하지만 훨씬 더 견고하게 보호할 수 있게 되기 때문이다. 주장되는 것을 증거들이 아주 분명하게 부정하고 있기 때문에 증거들에 대해 다른 답변을 할 수 없을 때 그 같은 증거들을 "극단적으로 단순화한 것"으로 치부할 수 있다. 왜냐하면 쟁점은 그것보다는 더 복잡한 것이 '틀림없기' 때문이다. 하지만 과학에선 단순한 설명이 실험과 관찰에 따라 더 정확하다고 할 수 없는 더 복잡한 설명보다 선호된다.

비전은 살아남아 경험적 증거에 개의치 않고 그 자체의 내적 논리에 따라 번창할 수 있지만 고립된 교조주의에 따른 사회적 위험은 명백하다. "진리는 중간 어딘가에 자리하고 있다"고 '선험적'으로 주장하는 것이 덜 독단적이고 덜 교조적인 것은 아니다. 그럴 수도 있고 그렇지 않을 수도 있다. 어떤 고도로 전문적인 쟁점에 대해 진리는 전적으로 어느 한 쪽의——그리고 또다른 쟁점에서는 다른 쪽의——것이다. 전혀 다른 쟁점들에 대해서 진리는 사실상 중간에 자리하고 있을 것이다. 여기서 초점은 단지 가설을 공식화하고 증거에 따라 그것들을 평가하는 어려운 임무를 말하거나 피할 수 있는 '선험적' 방법은 존재하지 않는다는 사실이다. 이것이 무익한 연습은 아니다. 광신자들조차 경험적 공격을 막아낼 수 없기 때문에 특정 비전의 어떤 극단적인 전초지를 버려야 할 수도 있지만 그 비전의 수축된 경계선은 계속해서 맹렬히 방어된다. 지적 투쟁은 하나의 전투에서 승패가 갈리는 전쟁일 뿐만 아니라 소모전일 수 있다. 과학적 비전들은 사회사상의 비전들보다는 하나의 결정적인 대결에 적합한 것처럼 보인다.

일반적인 사회 이론들이 점점 더 복잡해지고 있는 것은 부분적으로 더 순수한 형태로 이론들을 방어하는 데 따른 어려움이 점점 더 커지고 있다는 사실을 반영하고 있다. 불거져 나오는 경험적 자료 그리고 그 자료들을 분석하는 훨씬 더 정교화된 방식들은 지난 200년을 지배해 온 대립하고 있는 거대 이론 어느 쪽에도 치명적인 일격을 가할 수는 없을 것이다. 하지만 어떤 중요한 전략적 후퇴들은 양측에서 이루어지고 있다. 두 가지 비전 중 어느 쪽도 18세기의 비전 주장자들 몇몇이 제시했던 명백한 진리라는 태도를 자신 있게 견지할 수는 없다. 우리가 비전의 충돌을 다루고 있다는 사실을 인정하는 것조차 하나의 진보다.

비전들과 가치들

제약적 비전과 무제약적 비전은 근본적이고 본질적으로 '인과율'에 대한 비전이다. 파생적으로만 이 두 가지 비전은 도덕적 원칙의 충돌이나 사회 가치들의 상이한 위계들을 수반하고 있다. 우리의 "가치 전제들"을 분명하게 할 수 있는 매우 과시적인 필요성은 이러한 맥락에서 부적절하다. 동일한 도덕적 가치와 사회적으로 우선시하는 것이 있는 사상가들은 어쨌든 현실과 인과율에 대한 그들의 애초 감각들——그들의 비전들——이 서로 다르다면 정반대되는 결론에 도달해야 한다.

똑같은 질서에서 똑같은 도덕성을 존중하도록 양육된 일란성 쌍둥이가 성장하면서 어디에선가 한 명은 인간의 속성과 사회적 인과율을 제약적 비전에서 설명하고 있는 것으로 인식하고 또다른 한 명은 그것들을 무제약적 비전에서 설명하고 있는 것으로 인식했다면 그들은 서로 다른 결론을 내려야 한다. 똑같은 목적지를 찾고 있는 여행자들이 한 사람은 동쪽에 있다고 믿고 또다른 한 사람은 서쪽에 있다고 믿고 있다면 반대되는 방향을 향해 나아가게 된다. 마찬가지로 "최대 다수의 최대 행복"(혹은 어떤 다른 유사한 일반적 도덕 원칙)을 추구하는 사람들은 정반대되는 유형의 사회적 인과율에 이르는 사회에 인간들이 거주하고 있는 것으로 추정된다면 그와 다른 유형의 사회들을 선호해야 한다. 사물은 어떤 특정 목적을 위해 작용할 수 있기 이전에 먼저 '작동'해야 하며 작용하게 되는 것은 포함되어 있는 실체의 본질과 그것들의 인과율 관계에 좌우된다.

이러한 의미에서 물리학과 사회 현상에 대한 분석은 모두 비전으로 시작한다. 두 가지 영역에서 지적 형태들 간의 중요한 차이를 특징짓고 있는 것은 체계적 실험을 통해 충돌하는 비전들을 골라내는 물리학의 능력이다. 하지만 비전의 충돌을 해결할 수 있는 과학의 능력은 과학자들이 똑같은 "가치 전제들"을 공유하고 있다는 의미가 아니라 오히려 "가치 전제들"이 비전의 충돌이나 비전의 충돌에 대한 해결책을 설명하는 데 불필요하거나 충분하지 않다는 사실을 의미한다.

똑같은 도덕적 가치를 갖고 있는 사람들이 기꺼이 다른 정치적 결과에 이르고 있다. 확신을 갖고 있는 종교 신자들은 자신들이 세속적인 혹은 신성한 인과율을 다른 관점에서 보고 있다면 사회 그리고 정치 쟁점에서 상반된 진영으로 갈릴 수 있다. 홉스와 홀바흐 같은 철학적 유물론자들이나 다양한 다른 학설들을 믿고 있는 사람들도 역시 그렇다. 어떤 특정 학설이 어떤 일련의 특정한 사회, 경제 그리고 정치적 결론——예를 들어 마르크스주의에서처럼——을 의미한다면 그 학설이 특정한 도덕적 가정만이 아니라 '인과율'에 대한 특정한 비전을 포함하고 있기 때문이다.

믿음을 "가치 전제"로 분류하는 것은 흔히 하나 이상의 의미를 갖게 되기 때문에 그에 따른 결론은 증거나 논리로 검증하기 어렵게 된다. "소유권"보다 "언론의 자유"를 우선시 하는 것이 단순한 하나의 "가치 전제"라고 말하는 것은 "언론의 자유"가 사실이나 인과율 같은 특정 믿음에 기초하고 있다는 사실을 부정하는 것이며 귤보다 자두를 좋아하는 것처럼 언론의 자유를 불분명하게 선호하게 하는 것이다. 하지만 사실상 소유권보다 언론의 자유를 우선시하는 것이 대체로 사회에 대한 각 권리의 이익의 크기에 따른, 그리고 불리한 조건에 있는 사회 구성원들이 도움을 받거나 두 가지 유형의 권리에 의해 더 취약하게 되는 정도에 따른 가정에서 비롯된 것이라면 그것은 단순히 하나의 불분명한 "가치 전제"는 아니다.

정확히 소수보다 다수를 돕는 것을, 그리고 스스로를 지킬 수 있는 사람들보다는 더 취약한 사람들을 보호하는 것에 대해 정확히 똑같은 선호를 하고 있는 사람은 인과율에 대한 사회적 비전이 재산을 소유하고 있지 '못한' 사람들에게 소유권이 매우 유리하다고 생각한다면 그는 소유권보다 언론의 자유를 우선시하지 않게 될 것이다(예를 들어 하이에크의 비전에서처럼).[16] 자세히 조사——"가치 전제들"이라는 용어에 의해 자의적으로 금지된 조사——할 필요가 있는 것은 바로 사회적 인과율에 대한 특정 믿음의 정확성 혹은 부정확성이다. ("가치 전제들"은 아이러니하게도 결론적으로 증거나 논리에 의해 침해되지 않는 일종의 소유권이다.)

똑같은 사회 내에서 상반된 비전들이 지속되고 있는 것은 개인들에게 일어나는 비전의 중요한 변화들과 대조를 보이고 있다. 마르크스주의를 받아들였다가 이윽고 마르크스주의를 거부한 유력한 지식인들을 포함한 수많은 사람들이 분명한 예이다. 다양한 종교적 혹은 세속적 신조들을 받아들이거나 저버린 사람들도 역시 같은 예이다. 이러한 사례들은 비전을 바꾸는 심리적 비용이 높기는 하지만 비전을 바꿀 수 없는 것은 아니라는 사실——특히 변화가 "기독교인들을 박해하러 가던 바울이 기독교에 귀의하는 것"과 같이 돌연한 전향이 아니라 점진적이라면——을 보여주고 있다.

마르크스주의로의 전향이나 마르크스주의로부터의 전향이 자본주의와 공산주의의 결과에 대한 똑같은 사실 인식에 대해 주어진 서로 다른 도덕적 평가에 의해 결정된다면 1930년대 미국의 대공황 중의 어떤 방향 그리고 1939년 나치-소비에트 조약이나 1956년 헝가리 봉기 이후 혹은 소비에트와 동구권의 붕괴 이후에 상반된 방향으로 그렇게 많은 사람들이 전향한 이유를 설명하기 어려울 것이다. 서구 전체를 통해 수많은 사람들이 도덕적 가치를 아주 갑작스럽고 동시에 근본적으로 재정리했다는 사실은 거의 확실해 보인다.

전향은 가치보다는 비전의 변화와 훨씬 더 쉽게 일치하고 있다. 자본주의 국가와 공산주의 국가들에서 찾아볼 수 있는 이러한 사례들은 각각의 사회 시스템에 대한 새롭고, 광범위하며 어쩔 수 없이 눈에 띄는 사실적 정보들——필연적으로 결론적 증거는 아니지만 많은 사람을 다시 생각해보게 하기에 충분한 분명 고통스러운 사실들——이다. 놀라운 새로운 정보들은 개인의 비전을 뒤흔들거나 파괴할 정도로 심각한 영향을 주긴 하지만 기본적으로 도덕적 가치들을 재조정하지는 못한다. 대량 실업, 기아, 무고한 사람들에 대한 학살, 의도된 인간 정신의 타락 혹은 냉소적인 전쟁의 개시, 이 모든 것은 전과 다름없는 공포를 불러일으키고 있다. 변화하는 것은 누가 혹은 무엇이 그것을 하고 있으며 왜 하고 있는가에 대한 인식이다.

특히 전체주의 국가에서 조직화되고 시스템화된 정치 선전의 공격은 정확히 믿음의 중심점인 사실과 인과율에 집중된다. 마찬가지로 종교적 권위가 사상에 대한 억압적 통제를 행사했던 시대와 장소에서 코페르니쿠스와 갈릴레오 같은 사람들은 대안적 가치 체계를 제시했기 때문이 아니라 사실과 인과율에 대한 대안적 비전을 제시했기 때문에 공격 대상이 된다. 현재의 가치들은 단지 그것들이 기초하고 있던 비전이 위협받고 있는 것처럼 보이기 때문에 위협받는 것처럼 보인다——코페르니쿠스나 갈릴레오가 대안적 가치를 선전하고 있기 때문이 아니라.

가치들은 참으로 중요하다. 하지만 여기서 제기하는 문제는 가치가 비전에 선행하느냐 아니면 비전에서 파생하느냐 하는 것이다. 비전이 가치들에서 파생된다기보다는 가치들이 비전에서 파생되는 것처럼 보인다는 결론은 단지 이러한 특정 분석의 결론에 그치는 것이 아니라 그 권위가 세속적이든 아니면 종교적이든 사회 전체에 대해 사상을 통제하는 권력을 갖고 있는 사람들의 실제적인 행동을 통해 더 많은 것이 입증되고 있다.

많은 개인들이 점진적이든 갑작스럽게든 자신들의 비전을 바꾸는 것이 불가능하다고 생각한다면 어떻게 분명하게 상반된 비전들이 수세기에 걸쳐 전체 사회에서 지속되고 있는 것일까? 비전이 1) 현실에 대한 단순한 투영, 2) 사실에 근거해 모순이 될 수 있는 한 모든 비전은 자체의 단순화된 전제들과 반대되는 사실들에. 맞서야 한다. 이는 모든 비전은 또한 모순에 맞설 수 있는 지적·심리적 수단을 개발해야 하며 전향에 대한 어떤 전망은 대안적 비전이 제시하는 어떤 반박과도 논쟁해야 한다는 것을 의미한다. 따라서 어떤 전체 사회가 동시에 순간적으로 전향하는 일은 일어날 것 같지 않다——그리고 일단 전향 과정이 길어지게 되면 인간은 죽을 수밖에 없다는 사실만으로도 많은 전향이 결코 완성되지는 않을 것이며 새로 태어난 인간들은 전체적으로 처음부터 다시 비전에 대한 충성과 의혹의 과정을 겪기 시작해야 할 것이다.

하지만 물리학에서 결정적인 증거의 보존과 통제된 실험 조건하에서의 과학적 분석에 대한 논리적 증명 방법들은 어떤 비전에서 또 다른 비전으로의 전향이 특정 개인뿐만 아니라 미래의 개인들 따라서 사회 전체에 대해서도 갑작스럽고 되돌릴 수 없을 수도 있다는 사실을 의미하고 있다. 누구도 천문학에 대한 프톨레마이오스의 비전이 코페르니쿠스, 갈릴레오 혹은 아인슈타인의 비전에 자리를 내어 준 것과 같은 오랜 과정을 자기 정신 속에서 되풀이할 필요는 없다.

마찬가지로 책들은 사회, 정치 그리고 경제적 사건과 이론들에 대한 기록들을 보존하고 있지만 통제된 실험, 결정적 증거와 그것을 분석할 수 있는 결정적 기법이 존재하지 않기 때문에 이러한 기록들 그 자체가 비전의 충돌에서 논쟁의 원인이 된다. 히틀러가 권력을 장악하게 된 이유나 로마 제국이 쇠퇴하고 멸망하게 된 원인들에 대한 논쟁들은 아직도 가열차게 진행되고 있다.

비전과 이해관계들

제약적 비전과 무제약적 비전을 믿는 사람들은 오랫동안 특별한 이해관계와 특별한 변론이 하루하루의 정치에서 중요한 요소이며 이러한 정치 투쟁에서 말해지고 있는 것은 진리 혹은 누군가 진리라고 믿고 있는 것과도 필연적인 관계가 있는 것은 아니라는 사실을 인정하고 있다. 아담 스미스에 따르면 기업가들은 자신들의 이익이 흔히 "대중을 기만하고 심지어 억압하는 것"인 계급이다. 따라서 기업가 출신의 어떤 정치가도 "가장 면밀할 뿐만 아니라 가장 의심스러운 관심을 가지고 오랫동안 조심스럽게 시험"되어야 한다.[17] 그는 일반적으로 "부분적 이익에 대한 소란스러운 끈덕진 요구"[18]와 특히 "상인과 제조업자들의 소리 높은 불평과 궤변"[19]을 경계했다. 정치 선전에 대해 스미스는 "정치 선전을 가르치는 자들은 그것을 믿는 사람들처럼 결코 바보들은 아니다"라는 사실에 주목했다.[20] 프리드만이나 하이에크 같은 제약적 비전을 가진 현대의 사상가들은 스미스와 아주 똑같은 특징을 보여주는 견해를 갖고 있다.[21] 그것은 또한 고드윈으로 거슬러 올라가 쇼, 갤브레이스 혹은 다른 20세기 사상가들에 이르는 무제약적 비전의 전통 중 일부이기도 하다.[22]

특별한 이익과 어떤 비전——제약적 비전이든 무제약적이든——사이의 관계는 1) 명백한 부패, 2) 계급적 편견 혹은 3) 특정 이해관계에 매력적인 특정 비전의 사례가 존재하고 있는가 여부의 문제로 인식될 수 있을 것이다. 명백한 부패는 사실이나 인과율에 실제로 무엇을 믿고 있는가와 관계없이 뇌물, 경제적 자기 이익의 추구나 의견을 결정하고 있는 출세주의 때문일 것이다. 이같은 설명은 때로 칼 마르크스에서 기원한 것으로 추정되기도 하지만 미국 헌법이 특별한 이해관계에 따라 만들어졌다고 묘사하고 있는 찰스 A. 비어드의 이론에 훨씬 근접해 있다. 마르크스의 이론은 사상가들의 현실 인식을 왜곡하는 계급 편견들 중 하나다. 사상가들이 다른 계급의 경험에 근거해 이끌어낸 내용에 대해 마르크스의 이론은 반대되고 적대되는 믿음을 충실히 지키고 있기 때문이다. 위의 세 가지 주장들 중 가장 취약한 것은 비전들——그것들이 어떻게 생겨났든——이 자신들에게 유용하다고 생각하는 특정 이해관계에 의해 이용되도록 강요되게 된다는 주장이다.

비전을 특정 이해관계라는 측면에서 설명하는 것을 가장 강력한 것으로 먼저 검토해 본다면 사실상 제약적 비전이나 무제약적 비전의 유력한 인물들이 개인적으로 이익을 얻기 위해 자신들의 견해를 주장했다는 증거는 없으며 오히려 그와 반대되는 증거들이 훨씬 많다는 것을 알 수 있다.

자신들이 주장하는 평등화로 금전적으로 그리고 지위 모두를 잃을 것 같은 개인들이 평등화를 강조하고 있는 무제약적 비전의 전통 전체를 이끌어 왔다. 일부는 적당한 재산을 갖고 있었지만 그래도 거의 예외 없이 그들 각자가 속해 있는 사회의 평균보다는 더 많은 재산을 갖고 있었으며 콩도르세나 홀바흐 같은 일부 사람들은 아주 부자였다. 제약적 비전에 대한 유력한 대표자들이 옹호한 정책들 역시 마찬가지로 그들의 개인적 이익을 촉진한 적은 거의 없었다. 국내와 국제적으로 자유 무역을 장려한 아담 스미스는 세관 직원의 아들로 무역일에 종사했던 적은 없으며 대개는 대학교수──그가 그 관행에 대해 맹렬하게 비난했던 직업──로 있었다.[23] 사실상 '자유방임주의'에 대한 유력한 지지자들 중에서 아담 스미스의 시대에서 200년 후의 밀턴 프리드만이나 F.A. 하이에크에 이르기까지 사업을 했던 사람은 하나도 없었다.[24] 버크는『프랑스 혁명에 대한 고찰』에서 평생의 정치적 동지이자 우정을 잃게 되는 견해들을 제시하고 있으며 결과적으로 입헌군주제를 옹호하게 된다. 하지만 그는 의회에서 수년 간 국왕의 이익을 반대하는 주장을 했기 때문에 왕은 그가 의지할 수 있는 대상은 아니었다.

또한 정치가였던 정치 사상가들은 그들의 동기가 이데올로기적인 것인지 아니면 출세주의적인 것인지 애매한 반면 수세기에 걸쳐 점차 전문화되면서 정치학에서 정치가들은 이론가인 기업가만큼이나 드물다. 유력한 정치가인 동시에 유력한 사회 이론가들은 버크와 연방주의자들이 왕성하게 활동했던 18세기가 그 이후의 시기보다는 더 일반적이었다. 하지만 존 스튜어트 밀이 19세기에 잠시 의회에 참여했었다거나 20세기에 조셉 A. 슘페터가 잠시 사업을 했다는 사실은 그들의 지적 역사에 거의 아무런 의미도 부여할 수 없는 기이한 일들이었으며 전체적인 비전에 대해 미친 영향은 말할 필요도 없을 정도다.

비전들은 계급적 신분에 따른 편견을 대표하고 있다는 덜 극단적인 주장은 더 이상 증거를 통해 쉽게 지지 받지 못하고 있다. 제약적 비전을 가진 사람들의 계급적 신분은 무제약적 비전을 가지고 있는 사람들의 계급적 신분보다 일관되게 더 높거나 더 낮은 것은 아니며 계급적 신분은 두 가지 비전 양측에서 유사한 견해를 가지고 있는 사람들 사이에서도 상당히 큰 차이가 있다.

밀턴 프리드만은 사회적 배경이 프리드리히 하이에크나 제임스 매디슨보다는 토머스 페인과 훨씬 더 유사하다. 콩도르세와 홀바흐는 귀족이었던 반면 그들의 철학적 동료인 페인과 고드윈은 빚을 지지 않고 살기 위해 노력해야 했다. 개인적 수준에서 사상에 대한 계급적 설명은 전혀 들어맞지 않는 반면 인간 본성에 대한 가정을 사회 정책에 대한 결론으로 잇는 과정은 분명하고 지속적인 일관성을 보여주고 있다.

이데올로기적 성향이 있는 다른 많은 사회학적 설명들을 모두 '선험적'으로 거부하거나 여기서 그 특성들을 이해할 필요는 없다. 특정 비전을 갖고 있는 사람들의 사회적 구조를 "설명"하는 것——그 설명이 옳든 그르든——은 사람들을 임의로 스포츠, 종교 혹은 수많은 다른 인간의 활동들로 분류할 수 없는 것처럼 사람들을 비전에 따라 임의로 분류할 수 없다고 주장하는 것에 불과하다. 그렇다고 계급적 편견이 존재한다거나 계급적 편견이 정치적 투쟁에서 유력한 역할을 하고 있다는 사실을 부정하는 것은 아니다. 문제는 계급적 편견의 영향이 사회적 비전을 형성하고 있는 사람들을 지배함으로써 작용하는가 아니면 다른 방식으로 작용하는가 하는 것이다. 계급적 편견이 존재하고 있는 곳에서 계급적 편견은 합리화로 이용할 수 있는 어떤 비전을 강구하게 될 것이라는 사실을 부정하는 사람은 거의 없다. 하지만 그것은 비전의 기원이나 유효성과는 거의 관계가 없다.

촉진해야 할 특별한 이익을 갖고 있는 사람들에게 비전이 유용한 이유는 비전이 특별한 이익을 공유하고 있지 '못' 하고 있지만 어떤 사회적 비전이 생성한 원칙이나 그럴듯한 말로 설득할 수 있는 정치적 동지들을 충원할 수 있게 도와준다는 사실이다. 요컨대 정치적 동지들을 충원하는 수단으로서 비전에 의지하는 것은 특별한 이익에 대한 호소가 한계가 있다는 사실에 대한 증거이자 비전의 독립적인 힘에 대한 증거다. 단기적으로 두 가지 힘의 상대적인 중요성은 여기서의 쟁점은 아니다. 특별한 이익이 특정 시대에 아무리 지배적이라 해도 어떤 세대의 특별한 이익은 다음 세대의 특별한 이익과 똑같을 필요는 없는 반면 제약적 비전과 무제약적 비전은 모두 수세기 동안 지속되어 오고 있다.

요약과 결론들

요약과 결론에 대한 이 마지막 논의에선 이 장에 대해서만이 아니라 책 전체를 요약하고 그 의미의 일부를 도출해야 한다. 때때로 특정 사회·정치 논쟁이 제기되어 가열되는 것은 세계, 인간 그리고 인과율에 대한 일종의 믿음이 밑에 깔려 있기 때문이다. 이러한 암묵적 가정이나 비전들은 되풀이해 전체적인 지적 수준에서 국경뿐만 아니라 법, 경제, 정치, 사회의 경계를 넘나들며 넓은 쟁점 스펙트럼에서 논쟁하는 사람들을 두 부류로 구분하고 있다. 이러한 논쟁들은 때로 감정적인 것이 되기도 하지만 상반된 견해가 어떤 감정이 아닌 어떤 비전의 논리를 중심으로 결집되는 경향이 있다. 각 비전은 각각의 비전이 가정하고 있는 논리적 결과인 결론들을 낳는 경향이 있다. 그것이 그렇지 않았다면 무관했을 쟁점의 영역에서 비전의 충돌이 되풀이되고 있는 이유이다. 여기서는 두 가지의 비전을 조화시키거나 각 비전의 유효성을 결정하기 위해 비전들을 분석하고자 하는 것이 아니라 각 비전이 어떤 것인지 그리고 각 비전이 정치, 경제 그리고 사회적 투쟁에서 어떤 역할을 하고 있는지 이해하기 위해 분석하고자 하는 것이다. 문제는 어떤 특정 정책이나 사회 시스템이 최선인가 하는 것이 아니라 차라리 어떤 정책이나 사회 시스템을 또다른 정책이나 사회 시스템보다 옹호할 때 '암묵적으로 가정하고 있는 것'이 무엇인가 하는 것이다.

어떤 비전이든 다른 비전들을 쉽게 오해한다──단지 논쟁을 통해 제기된 풍자적 묘사 때문만이 아니라 사용되는 용어들("평등", "자유", "정의", "권력")이 서로 다른 가정을 하고 있는 전혀 다른 것을 의미하고 있기 때문이기도 하다. 실질적으로 쟁점의 넓은 스펙트럼을 가로지르는 다른 결론뿐만 아니라 이러한 의미상의 차이에 이르게 하는 것은 단순한 오해가 아니라 각 비전의 고유한 논리다. 비전들은 오해, 증오 혹은 논쟁 과정에서 야기되는 비타협적 태도와는 전혀 별개로 본질적으로 충돌하고 있다.

제약적 비전과 무제약적 비전 모두 궁극적으로는 사회적 결과에 관심을 갖고 있다. 무제약적 비전은 직접적으로 사회적 결과들을 만들어 내고자 한다──다시 말해서 바람직한 결과를 규정하는 집단적 결정을 통해. 제약적 비전은 사회적 결과를 직접적으로 추구하는 것은 필요한 지식을 정리하고 운영할 수 있는 어떤 의사 결정자 집단의 능력을 넘어서는 것으로 가능하다 할지라도, 그들의 결정을 수행하기에 충분한 권력을 집중하는 것은 위험하다고 생각한다.

결과가 직접적으로 규정될 수 있다고 생각하는 무제약적 비전을 고려할 때 무제약적 비전의 기본적 개념은 결과의 관점에서 표현된다. 따라서 얼마나 자유로우냐 하는 것은 어떤 사람의 욕망이 실현될 수 있는 정도에 상응하며 무제약적 비전은 욕망을 완전히 실현하기 위한 장애가 정부가 의도적으로 강요하는 제약들이냐 아니면 상황적 선행조건들의 결여냐 하는 문제는 개의치 않는다. 정의 역시 결과의 문제이며 따라서 어떤 사회가 정의로운가 부정의한가는 그 결과가 의식적 결정, 사회의 태도에서 비롯된 것이든 아니면 과거로부터 물려받은 상황에서 비롯된 것이든 결과들에 의해 직접적으로 결정된다. 권력도 결과에 따라 정의된다. 만약 A가 B에게 자신이 원하는 것을 하게 할 수 있다면 B에 대한 A의 자극이 긍정적인 것(보상)이든 부정적인 것(불이익)이든 관계없이 A는 B에 대해 권력을 갖고 있는 것이다. 평등 역시, 직접적으로 관찰할 수 있는 사실인 평등 혹은 불평등의 정도인 하나의 결과다.

이 모든 기본적 관점들이 제약적 비전의 가정에서는 전혀 다른 방식으로 정의되고 있다. 이에 따른 하나의 결과는 상이한 비전을 가진 사람들이 흔히 똑같은 논리 규칙을 받아 들여 똑같은 자료를 이용하고 있을 때조차 서로의 범위를 넘어서 주장한다는 사실이다. 왜냐하면 담론에 대한 똑같은 용어가 아주 다른 것을 의미하기 때문이다. 인간이 직접적으로 사회적 결과를 만들어낼 수는 없으며 단지 사회 과정을 만들어 낼 수 있는 데 불과하다고 생각하는 제약적 비전에서 자유, 정의, 권력 그리고 평등이 의미하는 것은 과정 특성으로서 이다. 어떤 사회 과정은 개인들의 선택에 개입하는 것을 삼가는 정도만큼 자유롭다——개인들의 상황이 그들에게 많은 선택의 가능성을 제시하든 아니면 거의 제시하지 않든. 어떤 사회 과정은 규칙의 적용에 따른 결과의 다양성에 관계없이 사회 과정의 규칙들이 정의로운 정도만큼 정의롭다. 개인이든 제도이든 사회 과정들에서 권력은 어떤 사람의 현재의 가능한 일련의 선택들이 줄어들지 않는 정도로 행사된다——현재의 선택의 여지에 추가할 수 있는 응분의 보상을 제시하는 것은 권력 행사가 아니다. 과정 특성으로서의 평등은 개별적인 선행 조건이나 차후의 결과에 관계없이 모두에게 똑같은 규칙을 적용하는 것을 의미한다. 결과가 중요하기는 하지만——결과들은 궁극적으로 과정을 정당화해주는 것이다——그것은 각각의 고립된 개별적 결과가 아니라 인간이 측정할 수 있는 특정 과정들(경쟁 시장, 입헌 정부)의 '일반적'인 효과에 불과하다.

두 가지 비전 사이의 충돌은 자유, 정의, 권력이나 평등의 실제적인 혹은 바람직한 '정도'에 대한 것——혹은 정도의 차이가 있을 뿐이며 절대적인 것은 없다는 사실에 대한 것——이 아니라 차라리 이러한 가치들이 어떤 정도로 일어나고 있건 가치들이 무엇으로 이루어져 있는가에 대한 것이다. 게다가 두 가지 비전 사이의 관계는 논리적 차이뿐만이 아니라 특정 시대엔 역사적으로 어떤 하나의 비전이 지배하고 있다는 사실을 반영하고 있다. 양측이 사용하고 있는 중요한 개념 중 몇 가지는 우선 주로 제약적 비전의 관점에서 정의되고 있기 때문에 무제약적 비전을 가진 사람들은 자신들의 개념을 예를 들어 단순한 "형식적" 자유나 평등과 대조적으로 "진정한" 자유, 혹은 "현실적" 평등으로 구별할 필요가 있다. 하지만 무제약적 비전을 가진 사람들이 "형식적"이라는 용어를 강조하면서 제약적 비전을 가진 사람들은 "진정한" 혹은 "현실적인"과 같은 과정 특성 용어들을 더 제한된 정의들로 재확립하는 방어적 자세를 취하게 된다.

두 가지 비전 사이의 변화하는 불균형한 관계에 덧붙여 두 가지 비전이 상대를 적으로 보는 방식에 기초해 지속되고 있는 불균형한 관계가 존재한다. 두 가지 비전은 각각 서로에 대해 틀렸다고 생각하지만 그 '오류'에 대한 이유들은 서로 다르다. 인간이 복잡한 사회를 완전히 파악해 일반선이라는 논리와 도덕성을 직접적으로 적용할 수 있다고 생각하는 무제약적 비전에서 공공선을 목적으로 한 정책들에 대해 단호하게 반대하는 아주 교양 있고 지적인 사람들의 존재 자체가 지적인 수수께끼이거나 도덕적 모욕 혹은 이 두 가지 모두다. 무제약적 비전을 가진 사람들은 제약적 비전을 비판할 때 불성실, 타락 혹은 다른 도덕적이거나 지적인 결점을 암시하고 있는 말을 그 반대의 경우보다 훨씬 더 일반적으로 사용하고 있다.

직접적 사회 의사 결정에 대한 개인의 능력이 매우 제한되어 있는 제약적 비전에서 직접적으로 사회 의사 결정을 시도하는 사람들이 실패하는 것은 당연한 일이다──따라서 "잘못된 생각을 하고 있는" 상대방이 다른 사람들보다 덜 도덕적이거나 덜 지적이라고 볼 필요는 없다. 제약적 비전을 가진 사람들은 그들의 상대가 의도는 좋지만 잘못된 생각을 하고 있거나 비현실적인 시도를 하고 있다고 말하는 경향이 있다. 하지만 무제약적 비전을 가진 사람들이 의도적으로 공공선에 반대하고 있거나 너무 어리석어서 공공선을 알아보지 못한다는 식의 주장은 거의 하지 않는다. 개성에 따라 양측에서 이러한 형태——하이에크는 버크보다 상대에게 더 관대했으며 쇼보다는 콩도르세가 상대에게 더 신랄했다——가 엇갈리기도 하지만 그 형태 자체는 수 세기 동안 지속되고 있다.

맬서스는 "고드윈과 콩도르세 같은 사람의 재능을 의심할 수는 없다. 그들의 정직성을 의심하고 싶지도 않다"[25]라고 말했다. 하지만 고드윈은 맬서스를 "악당"[26]이라 부르며 "맬서스의 인간성"[27]에 대해 의문을 제기했다. 또한 고드윈은 "맬서스가 태어났다는 생각만으로도 당혹스러움을 느낀다고 고백한다"[28]고 말하고 맬서스가 동인도 대학 교수로 임명된 것이 특권층에 대한 조직적 옹호에 따른 보상이었다고 암시하고 있다.[29] 20세기에 프리드리히 하이에크의 이정표적인 저서인『예속에의 길』때문에 그는 많은 사람들에게서 도덕적 나환자 취급을 받았다.[30] 하지만 하이에크는 자신의 책에서 자신의 상대자들에 대해 "편협한 이상주의자"[31] 그리고 "그 성실성과 사욕이 없다는 사실에 대해 의심의 여지가 없는 저자들"[32]로서 그들의 특성을 매우 관대하게 묘사하고 있다. 거의 끝없이 무수히 많은 예들을 들 수 있을 것이다. 여기서 핵심적인 것은 이러한 차이들이 개성의 차이 이상을 반영하고 있으며 그들 자체가 두 가지 비전의 근본적인 가정에서 기인한 지속적 형태의 일부이다.

두 가지 비전은 자신들 사이의 차이를 보는 방식에서만이 아니라 그들이 보통 사람들과 지적 혹은 도덕적으로 더 발전한 사람들 사이의 차이를 보는 방식에서도 차이가 있다. 인간의 지적 그리고 도덕적 잠재력이 일반 대중에게서 현재 관찰할 수 있는 수준을 훨씬 능가한다고 생각하는 무제약적 비전에선 엘리트와 대중은 모두 상대적으로 그다지 차이가 나지 않는다고 생각하는 제약적 비전에서보다 지적 그리고 도덕적 행위에서 개인적 차이에 대한 많은 여지가 있다. 제약적 비전을 가진 사람들은 분명한 도덕적 그리고 지적 차이를 인정하고 있기는 하지만 너무 예외적이어서 사회 정책의 기초가 될 수 없거나 방대한 인간 관심사의 스펙트럼에서 추출된 작은 영역에 국한되어 있는 것으로 본다. 인간의 고유한 한계를 고려할 때 비범한 사람(도덕적으로 혹은 지적으로)은 아마도 다른 어떤 곳에서의 상당한 결여를 대가로 매우 제한된 영역 내에서만 비범하며 당연히 보통 사람들도 분명하게 볼 수 있는 어떤 것들을 보지 못하는 맹점을 갖고 있다.

도덕적-지적 엘리트와 대중 사이의 차이는 특히 정치인, 법관에 의한 것이든 다양한 중개자와 심의회에 의한 것이든 대리적 의사 결정의 정도에 대한 현대적 비전의 충돌에 중요하다. 두 가지 비전은 재량의 근거를 지식의 근거와 일치시키려 한다. 하지만 두 가지 비전은 재량을 어디에 부여해야 할지에 대해서도 상반된 결론에 이를 정도로 지식을 근본적으로 다른 관점에서 인식하고 있다.

지식과 이성이 인간의 궁극적 잠재력이 가장 발전된 사람들에게 집중되어 있는 것으로 보고 있는 무제약적 비전을 가진 사람들에게 대리적 의사 결정——경제 "계획", 사법적 행동주의 등——은 본질적이다. 이러한 대리적 의사 결정자들은 지적 혹은 도덕적 관점에서 덜 완성된 사람들의 결정에 대해 사전에 영향력을 행사하고 사후에 수정하려 해야 한다. 하지만 제약적 비전을 가진 사람들에게 각 개인의 지식은 시장 경제, 전통적 가치 그리고 다른 사회 과정 같은 시스템을 통해 동원되는 지식에 비해 대체로 너무 불충분하기 때문에 일반적으로 대리적 의사 결정자들은 다른 사람들의 재량의 범위 내에서 실제적으로 이루어진 결정을 수정하는 것이 아니라 재량의 범위를 정하는 규칙을 정하는 것으로 자신들을 매우 제한해야 한다. 제약적 비전에서 재량의 근거는 가능한 한 넓게 산재되어야 하며 그에 따른 불가피한 오류들은 해결책이 가능하지 않기 때문에 균형으로 수용되어야 한다.

비전의 충돌은 경제 계획 대 '자유방임주의'나 사법적 행동주의 대 사법적 자제 같은 크고 지속적인 쟁점뿐만 아니라 제3세계 발전을 위한 가장 효과적인 방법들, "적극적 행위" 혹은 "상대적 가치"와 같은 새로운 쟁점들에 대해서도 영향을 미치고 있다. 이러한 각각의 논쟁에서 한 가지 비전의 가정은 논리적으로 또다른 비전의 그것과는 정반대되는 결론에 이른다. 이 모든 쟁점들은 궁극적으로 대리적 의사 결정자들이 직접적으로 처리하는 것보다 더 좋은 결정을 할 수 있는지 여부 혹은 어느 정도나 더 좋은 결정을 할 수 있는지에 따라 결정된다. 어떤 결과가 이상적일지에 대한 "가치 전제"에 대해 완벽하게 합의했다 해도 상이한 비전을 가진 사람들은 특정 정책의 효과에 대한 믿음의 차이 때문에 첨예하게 충돌하게 될 것이다.

비전들은 당연히 정치적 차이들 중 하나의 원천에 불과하긴 하지만 이데올로기적 차이를 설명할 수 있게 해 준다. 하지만 긴 안

목에서 보면 이데올로기적 갈등은 "실질적"인 정치적 고려들이 하루하루의 사건들을 지배하고 있는 만큼 정치 경향의 일반적 흐름을 형성하고 있는 것처럼 보인다. 상당한 정도로 시대의 이데올로기적 전제는 무엇을 실행할 수 있고 현실적인지 혹은 실제 정치가에게 무엇이 절대적인지를 결정하는 안건과 한계들을 결정한다.

이데올로기가 아무리 강력하다 해도 전능한 것은 아니다. 피할 수 없는 가혹한 사실들——1930년대의 대공황, 1939년의 나치-소비에트 조약, 1990년대 동구권과 소련의 붕괴——은 많은 사람들이 동시에 하나의 이데올로기를 받아들이거나 버리게 한다. 그런 엄청난 사건들이 아니더라도 논리의 규칙과 증거는 역사적으로 많은 사람들이 갑작스럽게 혹은 점차적으로 이데올로기적 태도를 변화하게 했다. 게다가 어떤 이데올로기적 편견이 지속되고 있을 때조차 연구 결과들을 특징짓기 위해 사용된 의미론이 분석자의 이데올로기적 성향과 아무리 배치된다 해도 그 같은 이데올로기적 편견을 가진 사람들의 경험적 혹은 논리적 연구들이 필연적으로 버려지지는——경험적 혹은 논리적 기준들에 의해——않을 것이다.[33] 하지만 그래도 다른 사람들에겐 이데올로기가 전적으로 저항할 수 없는 증거이다.

감정과 가치 판단은 중요하다——하지만 2차적이다. 무제약적 비전을 가진 사람들이 소유권보다 언론의 자유를 우선시하는 것은 제약적 비전을 가진 사람들이 다른 많은 쟁점들에서처럼 무제약적 비전을 가진 사람들의 견해에 대해 단호히 반대하는 것만큼이나 '논리적'이다.

모든 사회 이론들이 분명하게 제약적 비전과 무제약적 비전으로 나뉠 수 있는 것은 아니지만 주목할 만한 것은 지난 200년간 혹은 그보다 더 오랫동안 많은 유력한 이론가들이 이 두 가지 범주들 중 어느 하나로 구분되는 방식이다. 주제, 강조 그리고 정도에서 뿐만 아니라 개성과 문체의 차이도 이러한 이분법에 중첩되지만 그래도 이분법 그 자체가 드러난다.

물론 어떤 이론을 논리만으로 평가할 수는 없다. 경험적 증거는 지적으로 중요하며 또한 역사적으로 사회적 비전들은 과학 이론들이 비교할 수 없을 정도로 불일치하는 증거들을 회피하고 억압하거나 잘 해명하는 놀라운 능력을 보여주고 있다. 하지만 개인들이 비전을 바꾸는 것이 드문 일은 아니며 엄청난 역사적 사건들은 "바울의 기독교 귀의"처럼 많은 사람들을 갑작스럽게 전향하게 했다. 한때 "미래의 물결"로 불렸던 파시즘이라는 복합적 비전은 제2차 세계대전의 경험을 통해 황폐화되었다.

요컨대 증거는 실로 역사적으로 비전과 전적으로 무관한 것은 아니다——그리고 그것은 당연히 논리적으로 중요하다. 증거에 대한 역사적 평계들은 하나의 모델이 아니라 하나의 경고다. 흔히 어떤 사람이 다른 쟁점들에 대해 의견이 크게 다른 것으로 알려져 있다는 단순한 사실은 당면한 쟁점에 대해 그를 심각하게 고려하지 않는 충분한 이유로 생각된다(어떻게 너는 ……라고 말하는 사람을 믿을 수 있지?). 요컨대 상반된 비전이 어떤 사람의 비전만큼 어떤 쟁점들의 영역을 넘어서 지속성을 갖고 있다는 사실은 생각해보지도 않고 그 비전을 거부할 수 있는 이유로서 이용된다. 이것은 차이에 대한 이유들이 "가치 전제들"이라고 생각되었을 때 특히 그렇다. 따라서 반대자들은 도덕적으로 조화될 수 없는 목표를 향해 노력하고 있는 것으로 인식된다.

어떤 비전의 논리를 강조한다고 해서 결코 감정이나 심리적 요소들, 혹은 편협한 자기 이익의 추구 때문에 일부 사람들이 특정 비전들에 끌린다는 사실을 부정할 수는 없다. 핵심은 어떤 비전의 유효성이나 결과는 그 같은 요소들을 검토함으로써 결정될 수 없다는 사실——비전은 특정 순간에 그 지지자들의 의도나 감정을 넘어서는 고유한 논리와 계기들을 갖고 있다는 사실——이다. 게다가 계속해서 특정 비전에 끌리는 사람들은 처음에 그 비전에 끌렸던 사람들과는 상당한 차이가 있을 것이며 비전의 결과에서 드러나듯이 아주 다른 이유들로 그 비전에 매력을 느낀다.[34]

비전들은 충돌하며 그 과정에서 강렬한 감정을 불러일으키지만 실제 정치가들이 그 목표에 아무리 집착한다 해도 제약적 비전이나 무제약적 비전은 단순히 "승리"를 궁극적 목표로 삼지는 않는다. 각 비전의 추진력이 되고 있는 도덕적 충동을 승리를 위해 저버릴 수는 없다. 그렇게 되면 승리 자체가 무의미해지기 때문이다. 경험적 증거에 따라 비전을 바꾸는 사례가 발생하기도 하지만 결정적인 것은 일반적으로 어떤 도덕적으로 바람직한 목표를 달성할 수 있는 전망에 대한 그 증거의 적절성이다.

비전의 의미와 역동성에 대한 분석은 그것이 명백한 사실, 하나의 철칙이나 분명치 않은 도덕적 명령이라기보다는 하나의 비전으로 이해될 때조차도 자신의 고유한 비전에 대한 헌신으로 단순화하지 않고 쟁점들을 분명히 할 수 있다. 어떤 대의명분에 대한 헌신은 합법적으로 개인의 이익에 대한 희생을 수반하긴 하지만 정신이나 양심의 희생을 요구하지는 않는다.

각 장의 주

서문

1. 제사(題詞)는 버트란트 러셀의 *Skeptical Essays*(New York: W. W. Norton and Company, Inc., 1938), p. 28.에서 인용한 것이다

제1장 비전은 사고방식을 결정한다

1. Joseph A. Schumpeter, *History of Economic Analysis*(New York: Oxford University Press, 1954), p. 41.

2. Vilfred Pareto, *Manual of Political Economy*(New York: Augustus M. Kelley, 1971), p. 22.

제2장 아담 스미스의 제약적 비전과 윌리엄 고드윈의 무제약적 비전

1. Walter Lippmann, *Public Opinion*(New York: The Free Press,1965), p. 80.

2. Adam Smith, *The Theory of Moral Sentiments*(Indianapolis: Liberty Classics, 1976), pp. 233-234.

3. *Ibid.*, p. 238.

4. *Ibid.*, p. 108.

5. Edmund Burke, *The Correspondence of Edmund Burke*(Chicago: University of Chicago Press, 1967), Vol. VI, p. 48.

6. Alexander Hamilton, *Selected Writings and Speeches of Alexander Hamilton*, ed. Morton J. Frisch (Washington, D.C.: American Enterprise Institute, 1985), p. 390.

7. Adam Smith, *The Theory of Moral Sentiments*, p. 235.

8. *Ibid.*, p. 234.

9. *Ibid.*, p. 235.

10. Adam Smith, *An Inquiry into the Nature and Causes of the Wealth of Nations* (New York: Modern Library, 1937), p. 423.

11. William Godwin, *Enquiry Concerning Political Justice* (Toronto: University of Toronto Press, 1969), Vol I, p. 156.

12. *Ibid.*, pp. 433, 435.

13. *Ibid.*, pp. 421-438.

14. *Ibid.*, pp. 434-435.

15. Edmund Burke, *The Correspondence of Edmund Burke*, Vol. VI, 392.

16. William Godwin, *Enquiry Concerning Political Justice* (Toronto: University of Toronto Press, 1969), Vol II, p. 122.

17. Edmund Burke, *The Correspondence of Edmund Burke*, Vol.II, p. 308.

18. *Ibid.*, Vol I, p. 172.

19. *Ibid.*, p. 171.

20. Antoine-Nicolas de Condorcet, *Sketch for a Historical Picture of the Progress of the Human Mind* (Westport, Conn.: Hyperion Press, Inc., 1979), pp. 52-53.

21. Edmund Burke, *Reflections on the Revolution in France* (London: J. M. Dent & Sons, Ltd., 1967), p. 60.

22. Edmund Burke, *The Correspondence of Edmund Burke*, Vol. VI, p. 47. "신중하게 생각하는 것은 무엇보다 미덕이며 정치에서는 첫 번째 덕목이다……." *Ibid.*, p. 48. 버크에 따르면 신중하게 생각하는 것은 사실상 다른 모든 덕목에 "질서"를 부여하는 "으뜸가는" 덕목이다. *Ibid.*, Vol. VII, p. 220.

23. William Godwin, *Enquiry Concerning Political Justice*, Vol. VI, p. 438.

24.Keith Michael Baker, *Condorcet: From Natural Philosophy to Social Mathematics* (Chicago: University of Chicago Press,1975), p. 217.에서 인용.

25. William Godwin, *Enquiry Concerning Political Justice*, Vol. I, p. 448.

26. *Ibid.*, p. 451.

27. *Ibid.*, p. 211.

28. *Ibid.*, Vol. II, p. 193.

29. *Ibid.*, p. 313.

30. Antoine-Nicolas de Condorcet, *Sketch for a Historical Picture of the Progress of the Human Mind*, p. 4.

31. *Ibid.*, pp. 49, 65, 99, 117, 150, 169, 175, 193.

32. *Ibid.*, p. 185.

33. *Ibid.*, p. 184.

34. *Ibid.*, p. 133.

35. *Ibid.*, p. 200.

36. Robert A. Dahl and Charles E. Lindblom, *Politics, Economics and Welfare* (Chicago: University of Chicago Press, 1967), p. 522.

37. Antoine-Nicolas de Condorcet, *Sketch for a Historical Picture of the Progress of the Human Mind*, p. 192.

38. William Godwin, *Enquiry Concerning Political Justice*, Vol. I, pp. 156, 433.

39. *Ibid.*, p. 152.

40. *Ibid.*

41. Adam Smith, *The Wealth of Nations*, p. 423.

42. *Ibid.*, p. 460.

43. *Ibid.*, p. 128.

44. *Ibid.*, pp. 98, 128, 249-250, 429, 460, 537.

45. William Godwin, *Enquiry Concerning Political Justice*, Vol. II, p. 129n.

46. John Stuart Mill, "Utilitarianism," *Collected Works* (Toronto: University of

Toronto Press, 1969), Vol. X, p. 215. 이것은 3장과 5장에서 밀에 대해 논의 할 때 설명할 것이다.

47. 하지만 주장을 확산시키는 밀의 방식은 일련의 가정에 기초를 두고 있으며 또다른 사고 체계로부터 부수적인 강력한 단서들은 경제학설로까지 확대되고 있다. 예를 들어 Thomas Sowell, *Classical Economics Reconsidered* (Princeton: Princeton University Press, 1974), pp. 95-97; *idem, Say's Law*(Princeton: Princeton University Press, 1972), pp. 143-154.을 보라.

48. Harold J. Laski, "Political Thought in England: Locke to Bentham," *The Burke-Paine Controversy: Texts and Criticisms* (New York: Harcourt, Brace and World, Inc., 1963), p. 144.

49. Thomas Robert Malthus, *Population: The First Essay* (Ann Arbor: University of Michigan Press, 1959), p. 67.

50. William Godwin, *Of Population* (New York: Augustus M. Kelley, 1964), p. 554.

51. Edmund Burke, "Thoughts on the Cause of the Present Discontent," *Burke's Politics: Selected Writings and Speeches of Edmund Burke on Reform, Revolution, and War*, eds. R. J. S. Hoffman and P. Levack (New York: Alfred A. Knopf, 1949), p. 5.

52. Thomas Hobbes, *Leviathan* (London: J. M. Dent & Sons, Ltd., 1970), p. 89.

53. William Godwin, *Of Population*, p. 480.

54. Thomas Robert Malthus, *Population: The First Essay*, p. 54.

55. Lewis Coser, *Men of Ideas* (New York: The Free Press, 1970), p. 151.에서 인용.

56. Alexander Hamilton et al.. *The Federalist Papers* (New York: New American Library, 1961), p. 33. 다른 곳에서 해밀턴은 "우리는 한 명도 전향시키지 못하면서 공화국 내에서의 공평무사의 필요성이라는 주제가 지켜워질 때까지 설교할 수 있을 것이다"고 말하고 있다. Alexander Hamilton, *Selected Writings and Speeches of Alexander Hamilton*, p. 63.

57. Alexander Hamilton, et al.. *The Federalist Papers*, p. 322.

58. Adam Smith, *The Theory of Moral Sentiments*, p. 308.

59. Alexander Hamilton et al.. *The Federalist Papers*, p. 110.

60. Keith Michael Baker, ed., *Condorcet: Selected Writings* (Indianapolis: The Bobbs-Merrill Company, Inc., 1976), p. 80.

61. *Ibid.*, p. 87.

62. *Ibid.*, p. 157.

63. Adam Smith, *The Theory of Moral Sentiments*, p. 380. 아주 비슷한 견해가 *The Correspondence of Edmund Burke*, Vol. VII, p. 510.에서 표현되고 있다.

64. Keith Michael Baker, ed., *Condorcet: Selected Writings*, p. 80.

65. Antoine-Nicholas de Condorcet, *Sketch for a Historical Picture of the Progress of the Human Mind*, p. 147.

66. Alexander Hamilton, *Selected Writings and Speeches of Alexander Hamilton*, p. 455.

67. Thomas Jefferson, Letter of January 3, 1793, *The Portable Thomas Jefferson*, ed. Merrill D. Peterson(New York: Penguin Books, 1975), p. 465.

68. Adam Smith, *The Theory of Moral Sentiments*, p. 369.

69. Jean-Jacques Rousseau, *The Social Contract* (New York: Penguin Books, 1968), p. 49.

70. Ibid., p. 55.

71. Thomas Hobbes, *Leviathan*, pp. 64, 70, 87.

72. *Ibid.*, p. 65.

73. Keith Michael Baker, ed., *Condorcet: Selected Writings*, p. 8.

74. F. A. Hayek, Law, *Legislation and Liberty* (Chicago: University of Chicago Press, 1979), p. 168.

75. Edmund Burke, *The Correspondence of Edmund Burke*, Vol. IX, p. 449.

제3장 지식과 이성은 완벽해질 수 있는가?

1. F. A. Hayek, *The Constitution of Liberty* (Chicago: University of Chicago Press, 1960), p. 26.

2. F. A. Hayek, *Law, Legislation and Liberty* (Chicago: University of Chicago Press, 1979), Vol. III, p. 157.

3. Alexander Hamilton, *Selected Writings and Speeches of Alexander Hamilton*, ed. Morton J. Frisch (Washington, D.C.: The American Enterprise Institute, 1985), p. 222.

4. Edmund Burke, *Reflections on the Revolution in France* (New York: Everyman's Library, 1967), p. 84.

5. *Ibid.*, p. 93.

6. Edmund Burke, *Speeches and Letters on American Affairs* (New York: E. P. Dutton and Company, Inc., 1961), p. 198.

7. Edmund Burke, *Reflections on the Revolution in France*, p. 140.

8. Gerald W. Chapman, *Edmund Burke: The Practical Imagination* (Cambridge, Mass.: Harvard University Press, 1967), Chapters II, VI; Isaac Kramnick, *The Rage of Edmund Burke: Portrait of An Ambivalent Conservative* (New York: Basic Books, Inc., 1977), Chapter 7; Edmund Burke, *The Correspondence of Edmund Burke* (Chicago: University of Chicago Press, 1968), Vol VII, pp. 122-125; Vol. VIII, p. 451n.

9. Adam Smith, *An Inquiry into the Nature and Causes of the Wealth of Nations* (New York: Modern Library, 1937), pp. 553-555, 559-560, 684, 736-737, 740, 777, 794, 899-900; Adam Smith, *The Theory of Moral Sentiments* (Indianapolis: Liberty Classics, 1976), p. 337.

10. William Godwin, *Enquiry Concerning Political justice* (Toronto: University of Toronto Press, 1969), Vol. II, p. 172.

11. *Ibid.*, Vol. I, p. 85.

12. Keith Michael Baker, ed., *Condorcet: Selected Writings* (Indianapolis: The Bobbs-Merrill Company, Inc., 1976), p. 86.

13. Antoine-Nicholas de Condorcet, *Sketch for a Historical Picture of the Progress of the Human Mind* (Westport, Conn.: Hyperion Press, Inc., 1955), p. 11.

14. William Godwin, *Enquiry Concerning Political Justice*, Vol. II, p. 206.

15. *Ibid.*, Vol. I, p. 34.

16. *Ibid.*, Vol. II, p. 299.

17. Edmund Burke, *Reflections on the Revolution in France*, pp. 95-96.

18. *Ibid.*, p. 31.

19. William Godwin, *Enquiry Concerning Political Justice*, Vol. I, p. 70.

20. *Ibid.*, p. 82.

21. *Ibid.*, p. 104.

22. Lewis Coser, *Men of Ideas* (New York: The Free Press, 1970), p. 232.에서 인용.

23. Antoine-Nicolas de Condorcet, *Sketch for a Historical Picture of the Progress of the Human Mind*, p. 109.

24. Jean-Jacques Rousseau, *The Social Contract* (New York: Penguin Books, 1968), p. 115.

25. Lewis Coser, *Men of Ideas*, p. 231.에서 인용.

26. John Stuart Mill, *Collected Works* (Toronto: University of Toronto Press, 1977), Vol. XVIII, p. 86.

27. *Ibid.*, p.121.

28. *Ibid.*, p. 139.

29. *Ibid.*, Vol. XV, p. 631.

30. *Ibid.*, Vol. XVIII p. 86.

31. *Ibid.*, p. 129.

32. Edmund Burke, *Reflections on the Revolution in France*, p. 76.

33. Russell Kirk, *John Randolph of Roanoke* (Indianapolis: Liberty Press, 1978), p. 57.

34. Thomas Hobbes, *Leviathan* (London: J. M. Dent & Sons, Ltd.,1970), p. 4.

35. *Ibid.*, p. 20.

36. Edmund Burke, *Reflections on the Revolution in France*, p. 108.

37. Adam Smith, *The Theory of Moral Sentiments* (Indianapolis: Liberty Classics, 1976), pp. 380-381.

38. *Ibid.*, p. 381.

39. F. A. Hayek, *Individualism and Economic Order* (Chicago: University of Chicago Press, 1948), p. 80.

40. [Pierre Joachim Henri Le Mercier de la Riviere], *L'Ordre Naturel et essentiel des sociétés politiques* (Paris: Jean Nourse, libraire, 1767).

41. Adam Smith, *The Wealth of Nations*, p. 423.

42. William Godwin, *Enquiry Concerning Political Justice*, Vol. I, p. 66.

43. *Ibid.*, p. 315.

44. *Ibid.*, p. 385.

45. *Ibid.*, Vol. II, p. 320.

46. *Ibid.*, p. 211.

47. Antoine-Nicolas de Condorcet, *Sketch for a Historical Picture of the Progress of the Human Mind*, p. 192.

48. 예를 들어 Thomas Sowell, "Economics and Economic Man," *The Americans: 1976*, eds. Irving Kristol and Paul Weaver (Lexington. Mass.: Lexington Books, 1976), pp. 191-209.을 보라.

49. Jacob Viner, *The Role of Providence in the Social Order* (Philadelphia: American Philosophical Society, 1972)을 보라.

50. Oliver Wendell Holmes, Jr., *The Common Law* (Boston: Little, Brown and Company, 1923), p. 1.

51. *Chicago, Burlington & Quincy Railway Co. v. Babcock,* 204 U.S. 585, at 598.

52. Oliver Wendell Holmes, *Collected Legal Papers* (New York: Peter Smith, 1952), p. 26.

53. *Ibid.,* p. 180.

54. *Ibid.,* p. 185.

55. John Stuart Mill, *Collected Works* (Toronto: University of Toronto Press, 1977), Vol. XVIII, p. 41.

56. *Ibid.,* pp. 41-42.

57. *Ibid.,* p. 43n.

58. *Ibid.,* pp. 42-13.

59. F. A. Hayek, *Law, Legislation and Liberty,* Vol. I, p. 81.

60. *Ibid.,* p. 85.

61. Ronald Dworkin, Taking Rights Seriously (Cambridge, Mass.: Harvard University Press, 1980), p. 147.

62. *Ibid.*

63. *Ibid.,* p. 144.

64. *Ibid.,* p. 137.

65. 예를 들어 Thomas Sowell, *Knowledge and Decisions* (New York: Basic Books, 1980), pp. 290-296.을 보라.

66. *Louisville and Nashville Railroad Co. v. Barber Asphalt Paving Co.,* 197 U.S. 430, at 434.

67. *Ibid.*

68. *Baldwin et al. v. Missouri,* 281 U.S. 586, at 595.

69. *Nash v. United States,* 229 U.S. 373, at 378.

70. 예를 들어 Raoul Berger, *Government by Judiciary* (Cambridge, Mass.: Harvard University Press, 1977), p. 314; Thomas Paine, "The Rights of Man," *Selected Works of Tom Paine,* ed. Howard Fast (New York: The Modern Library, 1945),

p. 99.를 보라.

71. Alexander Bickel, *The Least Dangerous Branch* (Indianapolis: The Bobbs-Merrill Company, Inc., 1962), p. 110.

72. Chief Justice Earl Warren, *The Memoirs of Earl Warren* (New York: Doubleday and Company, Inc., 1977), p. 333.

73. Ronald Dworkin, *Taking Rights Seriously,* p. 260.

74. *Ibid.,* p. x.

75. *Ibid.,* p. 146.

76. *Ibid.,* p. 239.

77. F. A. Hayek, *The Counter-Revolution of Science: Studies on the Abuses of Reason* (Indianapolis: Liberty Press, 1979), pp. 162-163.

78. Edmund Burke, *Reflections on the Revolution in France,* p. 42.

79. Adam Smith, *An Inquiry into the Nature and Causes of the Wealth of Nations,* p. 423.

80. William Godwin, *Enquiry Concerning Political Justice,* Vol. I, p.vii.

81. *Ibid.,* p.304.

82. *Ibid.,* p. 329.

83. *Ibid.,* p. 331.

84. *Ibid.,* p. 393.

85. *Ibid.,* p. 331.

86. "의무는 개인에게는 행동의 방식으로 일반적인 이익을 위해 최선을 다해 자신의 능력을 발휘하는 것이다." *ibid,* p. 156. 또한 *ibid,* pp. 159, 161-162, 197-198; *ibid,* Vol II, pp. 57, 415.을 보라.

87. Edmund Burke, *Correspondence of Edmund Burke* (Chicago: University of Chicago Press, 1969), Vol. VIII, p. 138.

88. Joseph A. Schumpeter, *History of Economic Analysis* (New York: Oxford University Press, 1954), p. 43.

89. Alexander Bickel, *The Least Dangerous Branch*, p. 96.

90. *Ibid.*, p. 14.

91. Alexander Bickel, *The Morality of Consent* (New Haven: Yale University Press, 1975), p. 30.

92. William Godwin, *Enquiry Concerning Political Justice,* Vol. II, p. 341.

93. 예를 들어 *Ibid.*, Vol. I, pp. xi, 302; *Ibid.*, Vol. II, pp. 112-113.을 보라.

94. V. I. Lenin, "What Is To Be Done?" *Selected Works* (Moscow: Foreign Languages Publishing Office, 1952), Vol. I, Part I, pp. 233, 237, 242.

95. *Ibid.*, p. 317.

96. Alexander Hamilton et al.. *The Federalist Papers,* p. 57.

97. Adam Smith, *The Theory of Moral Sentiments,* pp. 243-244.

98. *Ibid.*, p. 529.

99. Keith Michael Baker, ed., *Condorcet: Selected Writings,* pp. 5-6.

100. William Godwin, *Enquiry Concerning Political Justice,* Vol. I, p. 100.

101. *Ibid.*, p. 47.

102. William Godwin, *The Enquirer: Reflections on Education, Manners, and Literature* (London: G. G. and J. Robinson, 1797), p. 70.

103. *Ibid.*, pp. 66-72.

104. *Ibid.*, p. 11.

105. 예를 들어 Thomas Hobbes, *Leviathan,* pp. 10, 11, 22, 35, 63.

106. Edmund Burke, *Speeches and Letters on American Affairs,* p. 203.

107. Russell Kirk, *John Randolph of Roanoke* (Indianapolis: Liberty Press, 1951), p. 442.에서 인용.

108. Antoine-Nicolas de Condorcet, *Sketch for a Historical Picture of the Progress of the Human Mind,* p. 180.

109. William Godwin, *Enquiry Concerning Political Justice,* Vol. I, p. 315.

110. *Ibid.*, p. 385.

111. Edmund Burke, *Reflections on the Revolution in France*, p. 88.

112. *Ibid.*, p. 83.

113. Edmund Burke, *The Correspondence of Edmund Burke*, Vol. VI, p. 211.

114. Alexander Hamilton, *Selected Writings and Speeches of Alexander Hamilton*, p. 343.

115. *Ibid.*, p. 481. 또한 p. 74.를 보라.

116. *Ibid.*, p. 223.

117. Thomas Hobbes, *Leviathan*, p. 16.

118. F. A. Hayek, *Law, Legislation and Liberty*, Vol. I, p. 99.

119. F. A. Hayek, *The Constitution of Liberty*, p. 30.

120. *Ibid.*, p. 377.

121. Thomas Hobbes, *Leviathan*, p. 63.

122. *Ibid.*, p. 40. 또한 p. 4.를 보라.

123. *Ibid.*, p. 35.

124. *Ibid.*, p. 23.

125. Edmund Burke, *Reflections on the Revolution in France*, pp. 84-85, 92, 104, 107, 166-167, 168.

126. *Ibid.*, p. 200.

127. Thomas Hobbes, *Leviathan*, p. 89.

128. Alexander Hamilton, *Selected Writings and Speeches of Alexander Hamilton*, p. 392.

129. Russell Kirk, *John Randolph of Roanoke*, pp. 69-70.

130. William Godwin, *Enquiry Concerning Political Justice*, Vol. II, p. 538.

131. Keith Michael Baker, ed., *Condorcet: Selected Writings*, p. 111.

제4장 사회 문제는 조절하는 것이 최선인가, 해결책까지 추구해야 하는가?

1. F. A. Hayek, *Law, Legislation and Liberty* (Chicago: University of Chicago Press, 1973), Vol. I, p. 19. 또한 Richard Posner, *The Economics of Justice* (Cambridge, Mass.: Harvard University Press, 1981), pp. 44-45.를 보라.

2. F. A. Hayek, *Law, Legislation and Liberty*, Vol. I, pp. 74-76.

3. Edmund Burke, *Reflections on the Revolution in France* (New York: Everyman's Library, 1967), pp. 19-20.

4. *Ibid.*, p. 162.

5. *Ibid.*, pp. 165-166.

6. F. A. Hayek, *Law, Legislation and Liberty*, Vol. III, p. 166.

7. *Ibid.*, pp. 154-158, 165-169.

8. 예를 들어 F. A. Hayek, *The Counter-Revolution of Science* (Indianapolis: Liberty Press, 1952), pp. 165-211.을 보라.

9. 예를 들어 John Kenneth Galbraith, *The New industrial State* (Boston: Houghton Mifflin Company, 1967); Thorstein Veblen, *The Theory of Business Enterprise* (New York: New American Library,1958)을 보라.

10. Hubert Humphrey in *National Planning: Right or Wrong for the U.S.?* (Washington, D.C.: American Enterprise Institute, 1976), p. 37.

11. Wassily Leontief in *Ibid.*, pp. 14-15.

12. William Godwin, *Enquiry Concerning Political Justice* (Toronto: University of Toronto Press, 1969), Vol. 1, p. 297.

13. *Ibid.*, p. 439.

14. *Ibid.*, p. 428.

15. Bernard Shaw, *The Intelligent Woman's Guide to Socialism and Capitalism* (New York: Brentano's Publishers, 1928), p. 127.

16. *Ibid.*, p. 154.

17. G. Bernard Shaw, "Economic," Fabian Essays in Socialism, ed.G. Bernard Shaw (Garden City, N.Y.: Doubleday, no date), p. 113.

18. *Ibid.*, p. 223.

19. Edward Bellamy *Looking Backward: 2000-1887* (Boston: Houghton Mifflin Company, 1926), p. 49.

20. *Ibid.*, p. 56.

21. *Ibid.*, p. 58.

22. *Ibid.*, p. 104.

23. *Ibid.*, p. 141.

24. *Ibid.*, p. 91.

25. *Ibid.*, pp. 100, 227-229, 315.

26. *Ibid.*, pp. 13, 49.

27. *Ibid.*, pp. 56, 231, 315, 329.

28. *Ibid.*, pp. 58, 140-145, 181-185.

29. Robert A. Dahl and Charles E. Lindblom, *Politics, Economics and Welfare* (Chicago: University of Chicago Press, 1967), p. 73.

30. *Ibid.*, pp. 387-388.

31. *Ibid.*, p. 401.

32. *Ibid.*, p. 79.

33. Antoine-Nicolas de Condorcet, *Sketch for a Historical Picture of the Progress of the Human Mind* (Westport, Conn.: Hyperion Press, Inc., 1955), p. 164.

34. *Ibid.*, p. 68.

35. *Ibid.*, pp. 162, 181, 190.

36. John Kenneth Galbraith, *The Affluent Society* (Boston: Houghton Mifflin Company, 1958), Chapter II.

37. William Godwin, *Enquiry Concerning Political Justice*, Vol. I, p. 245.

38. *Ibid.*, p. 191.

39. *Ibid.*, pp. 198-199.

40. *Ibid.*, Vol. II, p. 264.

41. *Ibid.*, Vol I, p.199.

42. *Ibid.*, pp. 128-129.

43. *Ibid.*, pp. 129, 131, 173, 202, 214, 249, 264; Vol. II, pp. 264, 351, 507-514.

44. *Ibid.*, Vol. I, p. 215.

45. *Ibid.*, Vol. II, pp. 351-352.

46. Edmund Burke, *Reflections on the Revolution in France,* p. 83.

47. 예를 들어 F. A. Hayek, *The Counter-Revolution of Science: Studies on the Abuse of Reason* (Indianapolis: Liberty Press, 1979), *passim*을 보라

48. Edmund Burke, *Reflections on the Revolution in France,* p. 58.

49. *Ibid.*, p. 52.

50. *Ibid.*, pp. 92-93.

51. F. A. Hayek, *Law, Legislation and Liberty,* Vol. I, p. 87.

52. Cited in Ronald Dworkin, *Taking Rights Seriously* (Cambridge, Mass.:Harvard University Press, 1980), p. 24.

53. Adam Smith, *The Theory of Moral Sentiments* (Indianapolis: Liberty Classics, 1976), p. 369.

54. F. A. Hayek, *Law, Legislation and Liberty,* Vol. I, p. 11.

55. *Ibid.*, p. 12.

56. *Ibid.*, p. 13.

57. *Ibid.*, p. 14.

58. *Ibid.*

59. Edmund Burke, *Reflections on the Revolution in France,* p. 42.

60. Alexander Hamilton, *Selected Writings and Speeches of Alexander Hamilton,* ed. Morton J. Frisch (Washington, D.C.: American Enterprise Institute, 1985), p. 457.

61. F. A. Hayek, *Law, Legislation and Liberty,* Vol. I, p. 21.

62. Edmund Burke, *Reflections on the Revolution in France*, p. 93.

63. P. T. Bauer, *Reality and Rhetoric: Studies in the Economics of Development* (Cambridge, Mass.: Harvard University Press, 1984), p. 5.

64. Edmund Burke, *Reflections on the Revolution in France*, p. 44. 또한 p. 193.을 보라.

65. Alexander Hamilton, *Selected Writings and Speeches of Alexander Hamilton*, p. 234.

66. William Godwin, *Enquiry Concerning Political Justice*, Vol. I, p. 296.

67. *Ibid.*, Vol. II, pp. 146-147.

68. Adam Smith, *The Theory of Moral Sentiments* (Indianapolis: Liberty Classics, 1976), p. 375.

69. Alexander Hamilton, *Selected Writings and Speeches of Alexander Hamilton*, p. 227.

70. John Maynard Keynes, *The General Theory of Employment, Interest and Money* (New York: Harcourt, Brace and Company, 1965), pp. 84, 210-212.

71. Thomas Sowell, *Knowledge and Decisions* (New York: Basic Books, Inc., 1980), pp. 127-128.

72. John Bartlett, *Bartlett's Familiar Quotations* (Boston: Little, Brown and Company, 1968), p. 802.

73. Robert A. Dahl and Charles E. Lindblom, *Politics, Economics and Welfare*, p. 49.

74. *Ibid.*, p. 425.

75. *Ibid.*, p. 518.

76. Thomas Hobbes, *Leviathan* (London: J. M. Dent & Sons, Ltd.,1970), p. 82.

77. William Godwin, *Enquiry Concerning Political Justice*, Vol. II, p. 404.

78. *Ibid.*, p. 324.

79. Thomas Hobbes, *Leviathan*, p. 110.

80. Friedrich A. Hayek, T*he Road to Serfdom* (Chicago: University of Chicago

Press, 1972), pp. 25-26.

81. Ramsey dark. *Crime in America* (New York: Simon and Schuster, 1970), p. 60.

82. Robert A. Dahl and Charles E. Lindblom, *Politics, Economics and Welfare*, p. 518.

83. Friedrich A. Hayek, *The Road to Serfdom*, p. 26n.에서 언급.

제5장 비전은 다양하고 역동적이다

1. William Godwin, *Enquiry Concerning Political Justice* (Toronto: University of Toronto Press, 1969), Vol. II, pp. 516-518; Antoine-Nicolas de Condorcet, *Sketch for a Historical Picture of the Progress of the Human Mind* (Westport, Conn.: Hyperion Press, Inc., 1955), pp. 188-189.

2. 예를 들어 Milton Friedman, *Capitalism and Freedom* (Chicago: University of Chicago Press, 1962), pp. 133-136. 을 보라.

3. William Godwin, *Enquiry Concerning Political Justice*, Vol. I, pp. xviii, 255, 257, 301, 302.

4. G. Bernard Shaw, "Transition," in *Fabian Essays in Socialism*, ed. G. B. Shaw (Garden City, N.Y.: Doubleday, no date), pp. 224-225.

5. John Rawls, *A Theory of Justice* (Cambridge, Mass.: Harvard University Press, 1971), pp. 12, 17-22.

6. Adam Smith, *The Theory of Moral Sentiments* (Indianapolis: Liberty Classics, 1976), pp. 161-162, 211, 228-229, 247, 352, 370-371, 422.

7. Thomas Sowell, *Marxism: Philosophy and Economics* (New York: William Morrow, 1985), pp. 55-59, 75-79. 을 보라.

8. Karl Marx and Frederick Engels, *Selected Correspondence*, translated by Dona Torr (New York: International Publishers, 1942), p. 58,

9. Karl Marx and Frederick Engels, *Basic Writings on Politics and Philosophy*, ed.

Lewis S. Feuer (New York: Anchor Books, 1959), p. 119.

10. *Ibid.*, p. 109.

11. *Ibid.*, p. 399.

12. 예를 들어 Karl Marx, *Capital* (Chicago: Charles H. Kerr and Company, 1906), Vol. I, p. 15; Friedrich Engels, "Ludwig Feuerbach and the End of Classical German Philosophy," in Karl Marx and Friedrich Engels, *Basic Writings on Politics and Philosophy*, p. 230; Karl Marx and Frederick Engels, *Selected Correspondence*, p. 476.을 보라.

13. Karl Marx, "Wage Labour and Capital," Karl Marx and Frederick Engels, *Selected Works* (Moscow: Foreign Languages Publishing House, 1955), Vol. I, pp. 99-101.

14. Karl Marx, *Theories of Surplus Value* (New York: International Publishers, 1952), p. 380.

15. Karl Marx, "The Eighteenth Brumaire of Louis Bonaparte," in Karl Marx and Frederick Engels, *Selected Works*, Vol. I, p. 288.

16. Frederick Engels, *Herr Eugen Duhring's Revolution in Science* (New York: International Publishers, 1939), p. 200; Karl Marx and Frederick Engels, *Selected Works*, Vol. II, p. 199n.

17. Frederick Engels, *Herr Eugen Duhring's Revolution in Science*, p. 306.

18. Karl Marx and Frederick Engels, *The German Ideology* (New York: International Publishers, 1947), p. 74.

19. K. Marx and F. Engels, *The Holy Family* (Moscow: Foreign Languages Publishing House, 1956), p. 227.

20. Karl Marx, *Capital*, Vol. I, p. 836.

21. *Ibid.*, p. 297.

22. Thomas Sowell, *Marxism: Philosophy and Economics* (New York: William Morrow, 1985), Chapter 4.을 보라.

23. John Stuart Mill, *Collected Works* (Toronto: University of Toronto Press, 1969), Vol. X, pp. 86-87.을 보라.

24. 밀의 말에 따르면 "벤담의 세계관은 세계는 각자 자신의 개별적 이익이나 쾌락을 추구하는 개인들의 집합체라는 것이다", *Ibid*, p. 97.

25. Jeremy Bentham, *The Principles of Morals and Legislation* (New York: Hafner Publishing Company, 1948), p. 70.

26. W. Stark, "Introduction," *Jeremy Bentham's Economic Writings* (London: George Alien & Unwin, Ltd.,1952), Vol. I, p. 17.에선 "극히 건강한 정신과 정신 과정의 엄격한 훈련이 눈에 띈다."

27. Jeremy Bentham, *Jeremy Bentham's Economic Writings*, ed. W. Stark, Vol. I, pp. 14, 123-207.

28. *Ibid*, p. 129.

29. *Ibid*, pp. 115-116.

30. John Stuart Mill, *Collected Works*, Vol. X, pp. 209n-210n.

31. *Ibid*, pp. 5-18, 75-115.

32. *Ibid*, pp. 117-163.

33. *Ibid*, p. 91.

34. John Stuart Mill, *Essays on Some Unsettled Questions of Political Economy* (London: John W. Parker, 1844), p. 50.

35. John Stuart Mill, *Collected Works*, Vol. X, p. 15.

36. *Ibid*, Vol. II, pp. 199-200.

37. *Ibid*, p. 200.

38. Thomas Sowell, *Say's Law: An Historical Analysis* (Princeton: Princeton University Press, 1972), Chapter 5.

39. William Godwin, *Enquiry Concerning Political Justice*, Vol. I, pp. 158-162,195; *ibid*, Vol. II, p. 57.

40. *Ibid*, Vol. I, pp. 168-169, 206.

41. Adam Smith, *An Inquiry into the Nature and Causes of the Wealth of Nations* (New York: Modery Library, 1937), p. 308.

42. *Buck v. Bell, Superintendent*, 274 U.S. 200, at 207.

제6장 평등 : 기회의 평등인가, 평등한 결과인가?

1. Edmund Burke, *Reflections on the Revolution in France* (New York: Everyman's Library, 1967), p. 56.

2. Alexander Hamilton et al.. *The Federalist Papers* (New York: New American Library, 1961), p. 21.

3. *Ibid.*, p. 117.

4. F. A. Hayek, *Law, Legislation and Liberty* (Chicago: University of Chicago Press, 1973), Vol. I, p. 141.

5. *Ibid.*, Vol. I, p. 12.

6. *Ibid.*, Vol. II, p. 88.

7. Milton and Rose Friedman, *Free to Choose* (New York: Harcourt Brace Jovanovich, 1980), p. 148.

8. William Godwin, *Enquiry Concerning Political Justice* (Toronto: University of Toronto Press, 1969), Vol. II, p. 109.

9. *Ibid.*, p. 114.

10. *Ibid.*, p. 110.

11. Antoine-Nicolas de Condorcet, *Sketch for a Historical Picture of the Progress of the Human Mind* (Westport, Conn.: Hyperion Press, Inc., 1955), p. 174.

12. Bernard Shaw, *The intelligent Woman's Guide to Socialism and Capitalism* (New York: Brentano's Publishers, 1928), p. 94.

13. *Regents of the University of California v. Allan Bakke*, 438 U.S.265, at 297.

14. *Ibid.*, at 387-394.

15. William Godwin, *Enquiry Concerning Political Justice*, Vol. I, p. 15.

16. Bernard Shaw, *The intelligent Woman' s Guide to Socialism and Capitalism*, p. 22.

17. *Ibid.*, p. 126.

18. *Ibid.*, p. 137.

19. William Godwin, *Enquiry Concerning Political Justice*, Vol. II, p.429.

20. Bernard Shaw, *The Intelligent Woman's Guide to Socialism and Capitalism*, p. 146.

21. Edward Bellamy, *Looking Backward: 2000-1887* (Boston: Houghton Mifflin Company, 1926), p. 136.

22. William Godwin, *Enquiry Concerning Political Justice*, Vol. I, p. 17.

23. Adam Smith, *The Theory of Moral Sentiments* (Indianapolis: Liberty Classics, 1976), 113ff; Milton and Rose Friedman, *Free to Choose*, p. 146.

24. Milton and Rose Friedman, *Free to Choose*, p. 146.

25. Adam Smith, *The Wealth of Nations* (New York: Modern Library, 1937), pp. 683, 736; Milton Friedman, *Capitalism and Freedom* (Chicago: University of Chicago Press, 1962), Chapter XII.

26. Milton and Rose Friedman, *Free to Choose*, p. 146.

27. *Ibid.*, p. 147.

28. Friedrich A. Hayek, *The Road to Serfdom* (Chicago: University of Chicago Press, 1972), p. 31.

29. *Ibid.*, p. 137.

30.Friedrich A. Hayek, *The Road to Serfdom*, 특히 Chapter X.를 보라. 하이예크에 따르면 "사회주의는 대부분의 사회주의자들이 인정하지 않는 방법으로만 실행할 수 있다." Friedrich A. Hayek, *The Road to Serfdom*, p. 137. "사회 정의에 대한 신기루"라는 말은 『법, 입법 그리고 자유』에서의 하이예크의 후기 명제에 대한 두 번째 책의 부제목이다.

31. F. A. Hayek, *Law, Legislation and Liberty*, Vol. II, p. 20.

32. *Ibid.*, p. 22.

33. *Ibid.*, p. 33.

34. *Ibid.*, p. 2.

35. *Ibid.*, p. 39.

36. *Ibid.*, p. 65.

37. *Ibid.*, p. 64.

38. *Ibid.*, p. 64.

39. William Godwin, *Enquiry Concerning Political Justice*, Vol. I, p. 17.

40. *Ibid.*, Vol. II, p. 15.

41. *Ibid.*, p. 18.

42. *Ibid.*, p. 102.

43. *Ibid.*, p. 419.

44. Bernard Shaw, *The Intelligent Woman's Guide to Socialism and Capitalism*, p. 254.

45. *Ibid.*, p. 169.

46. F. A. Hayek, *Law, Legislation and Liberty*, Vol. II, p. 74.

47. *Ibid.*

48. Milton and Rose Friedman, *Free to Choose*, p. 146; Ronald Dworkin, *Taking Rights Seriously* (Cambridge, Mass.: Harvard University Press, 1980).

49. 예를 들어 Milton Friedman, *Capitalism and Freedom*, Chapter I.을 보라.

50. Adam Smith, *The Wealth of rations*, p. 16.

51. *Ibid.*, pp. 15-16.

52. Adam Smith, *The Theory of Moral Sentiments*, p. 337.

53. Adam Smith, *The Wealth of nations*, pp. 80-81, 365.

54. Adam Smith, *The Theory of Moral Sentiments*, pp. 126-127.

55. *Ibid.*, p. 129.

56. *Ibid.*, p. 120.

57. Jacob Viner, "Adam Smith and Laissez-Faire," *Journal of Political Economy*,

April 1927, p. 215.

58. Alexander Hamilton, *Selected Speeches and Writings of Alexander Hamilton*, p. 210.

59. William Godwin, *Enquiry Concerning Political Justice*, Vol. I, p. 143; *ibid.*, Vol. II, pp. 98, 137.

60. *Ibid.*, Vol. II, pp. 101, 110.

61. *Ibid.*, Vol. I, pp. 18-19; *Ibid.*. Vol. II, p. 15.

62. *Ibid.*, Vol. I, pp. 257, 267-268, 302; *Ibid.*. Vol. II, pp. 531-532, 539, 543.

63. Thomas Hobbes, *Leviathan* (New York: E. P. Dutton and Company, 1970), pp. 35, 40.

64. William Godwin, *Enquiry Concerning Political Justice*, Vol. I, p. 446.

65. Jean-Jacques Rousseau, *The Social Contract* (New York: Penguin Books, 1968), p. 89.

66. Antoine Nicolasde Condorcet, *Sketch for a Historical Picture of the Progress of the Human Mind*, p. 114.

67. Bernard Shaw, *The Intelligent Woman's Guide to Socialism and Capitalism*, p. 456.

68. P. T. Bauer, Reality and Rhetoric: *Studies in the Economics of Development* (Cambridge, Mass.:Harvard University Press, 1984), pp. 1-18, 24; Theodore W. Schultz, *Investing in People: The Economics of Population Quality* (Berkeley: University of California Press, 1981), pp. 8-9, 25-26.

69. Gunnar Myrdal, *Asian Drama*, abridged by Seth S. King (New York: Vintage Books, 1972), pp. 44, 45, 53, 55, 68-69.

70. Gerald W. Chapman, *Edmund Burke: The Practical Imagination* (Cambridge, Mass.:Harvard University Press, 1967), pp. 134-135. 또한 Edmund Burke, *The Correspondence of Edmund Burke*, Vol. VIII, p. 343; *Ibid.*, Vol. IX, pp. 89, 315.

71. Edmund Burke, *Reflections on the Revolution in Prance*, p. 42.

72. Ronald Dworkin, *Taking Rights Seriously*, p. 239.

제7장 권력 : 시스템의 적용인가, 의지의 실현인가?

1. William Godwin, *Enquiry Concerning Political Justice* (Toronto: University of Toronto Press, 1969), Vol. II, p. 143.

2. Alexander Hamilton et al, *The Federalist Papers* (New York: New American Library, 1961), p. 46.

3. *Ibid.*, p. 58.

4. *Ibid.*, p. 60.

5. *Ibid.*, p. 87.

6. William Godwin, *Enquiry Concerning Political Justice*, Vol. II, pp. 144-145.

7. *Ibid.*, pp. 144-145, 155, 173.

8. *Ibid.*, pp. 164, 173.

9. *Ibid.*, p. 180.

10. *Ibid.*, p. 146.

11. *Ibid.*, pp. 167-168, 169.

12. Adam Smith, *The Theory of Moral Sentiments* (Indianapolis: Liberty Classics, 1976), p. 390.

13. *Ibid.*, p. 256.

14. *Ibid.*, pp. 373-374.

15. Antoine-Nicolas de Condorcet, *Sketch for a Historical Picture of the Progress of the Human Mind* (Westport, Conn.: Hyperion Press,Inc., 1955), p. 193.

16. William Godwin, *Enquiry Concerning Political Justice*, Vol. I, p. 276.

17. Ramsey dark. *Crime in America* (New York: Simon and Schuster, 1970), p. 220.

18. *Ibid.*, p. 43.

19. *Ibid.*, p. 29.

20. *Ibid.*, p. 36.

21. *Ibid.*, p. 17.

22. *Ibid.*

23. Adam Smith, *The Theory of Moral Sentiments*, p. 170.

24. Ramsey dark. *Crime in America*, p. 219.

25. William Godwin, *Enquiry Concerning Political Justice*, Vol. II, p. 355.

26. *Ibid.*, p. 380.

27. *Ibid.*, p. 381.

28. *Ibid.*, p. 382.

29. *Ibid.*, p. 532.

30. *Ibid.*, p. 380.

31. Ramsey dark. *Crime in America*, p. 220.

32. John Stuart Mill, *Collected Works* (Toronto: University of Toronto Press, 1977), Vol. XVIII, p. 241.

33. *Ibid.*, p. 269.

34. Ronald Dworkin, *Taking Rights Seriously* (Cambridge, Mass.: Harvard University Press, 1980), pp. 200-222.

35. Milton and Rose Friedman, *Free to Choose* (New York: Harcourt Brace Jovanovich, 1980), p. 17.

36. *Ibid.*, p. 18.

37. Adolf A. Berle, *Power* (New York: Harcourt Brace and World, Inc., 1969), p. 200.

38. *Ibid.*, p. 208.

39. John Kenneth Galbraith, *The New Industrial State* (Boston: Houghton Mifflin Company, 1967), p. 58.

40. John Kenneth Galbraith, *The Affluent Society* (Boston: Houghton Mifflin Company, 1958), pp. 110-11; George J. Stigler, *The Economist as Preacher* (Chicago: University of Chicago Press, 1982), p. 57.

41. Harry G. Johnson, *On Economics and Society* (Chicago: University of Chicago Press, 1975), p. 202.

42. Gunnar Myrdal, *Asian Drama*, abridged by Seth S. King (New York: Vintage Books, 1972), p. 11.

43. P. T. Bauer, *Dissent on Development* (Cambridge, Mass.: Harvard University Press, 1979), p. 25.

44. Gunnar Myrdal, *Asian Drama*, p. 131.

45. *Ibid.*, p. 142.

46. P. T. Bauer, *Reality and Rhetoric: Studies in Economics of Development* (Cambridge, Mass.: Harvard University Press, 1984), p. 36.

47. Gunnar Myrdal, *Asian Drama*, pp. 3, 106, 131-145.

48. *Ibid.*, pp. 18, 25, 55.

49. Gunnar Myrdal, *Asian Drama*, p. 150.

50. *Ibid.*, p.181

51. *Ibid.*, p. 43.

52. *Ibid.*, p. 53.

53. *Ibid.*, pp. 68-69.

54. *Ibid.*, p. 4.

55. P. T. Bauer, *Reality and Rhetoric*, pp. 2-3, 6, 30-31.

56. P. T. Bauer, *Equality, the Third World, and Economic Delusion* (Cambridge, Mass.: Harvard University Press, 1981), p. 80.

57. P. T. Bauer, *Dissent on Development*, p. 162.

58. P. T. Bauer, *Equality, the Third World, and Economic Delusion*, p. 83.

59. *Ibid.*, p. 84.

60. P. T. Bauer, *Dissent on Development*, p. 44.

61. P. T. Bauer, *Equality, the Third World, and Economic Delusion*, p. 49.

62. P. T. Bauer, *Dissent on Development*, pp. 205-206.

63. P. T. Bauer, *Reality and Rhetoric*, p. 35.

64. P. T. Bauer, *Dissent on Development*, p. 221.

65. Gunnar Myrdal, *Asian Drama*, p. 63.

66. *Ibid.*, p. 79.

67. *Ibid.*, p. 82.

68. *Ibid.*, p. 143.

69. P. T. Bauer, *Reality and Rhetoric*, p. 25.

70. John Kenneth Galbraith, *The Anatomy of Power* (Boston: Houghton Mifflin Company, 1983), p. 7.

71. Robert A. Dahl and Charles E. Lindblom, *Politics, Economics and Welfare* (Chicago: University of Chicago Press, 1967), p. 94.

72. John Kenneth Galbraith, *The Anatomy of Power*, p. 14.

73. "경제적 권력"이라는 개념에 대한 유명한 동시대 옹호자들 중 한 명은 그것을 "생산, 구매, 판매 혹은 상품의 전달을 야기하거나 거부하는 능력 혹은 서비스(노동을 포함하고 있는) 제공을 야기하거나 막는 능력"으로 정의하고 있다. Adolf A. Berle, *Power*, p. 143.

74. John Dewey, *Intelligence in the Modern World* (New York: Random House, 1939), p. 448.

75. *Superior Oil Company v. State of Mississippi, ex rel. Knox, Attorney General*, 280 U.S. 390, at 395-296.

76. Oliver Wendell Holmes, *Collected Legal Papers* (New York: Peter Smith, 1952), p. 208.

77. *Erie Railroad Co. v. Board of Public Utility Commissioners et al.*, 254 U.S. 394, at 411.

78. *Otis v. Parker*, 187 U.S. 606, at 608.

79. *Brown v. United States*, 256 U.S. 335, at 343.

80. Ronald Dworkin, *Taking Rights Seriously*, p. 137.

81. *Ibid.*, p. 139.

82. *Ibid.*, p. 277.

83. *Ibid.*, pp. 265, 265.

84. Laurence H. Tribe, *Constitutional Choices* (Cambridge, Mass.: Harvard University Press, 1985), p. 22.

85. *Ibid.*, p. 227.

86. Ronald Dworkin, *Taking Rights Seriously*, p. 149.

87. Laurence H. Tribe, *Constitutional Choices*, p. 28.

88. *Ibid.*, p. 165.

89. *Ibid.*, p. 171.

90. *Ibid.*, p. 179.

91. *Ibid.*, p. 187.

92. Ronald Coase, "The Problem of Social Cost," *Journal of Law Economics*, October 1960, p. 16.

93. Erik G. Furuboth and Svetozar Pejovich, 'Property Rights and Economic Theory: A Survey of the Literature," *Journal of Economic Literature*, December 1972, p. 1137.

94. Laurence H. Tribe, *Constitutional Choices*, p. 189.

95. *Ibid.*, p. 193.

96. *Ibid.*, p. 220.

97. *Ibid.*, p. 197.

98. *Ibid.*, p. 193.

99. Armen A. Achian and Harold Demsetz, "Production, Information Costs, and Economic Organization," *American Economic Review*, December 1972, pp. 777, 788.

100. *Ibid.*, p. 777.

101. Laurence H. Tribe, *Constitutional Choices*, p. 243.

102. 예를 들어 *Food Employees Local Union v. Logan Valley Plaza*, 391 U.S. 308, 그

리고 *Lloyd Corp., Ltd., v. Tanner,* 407 U.S. 551.을 보라.

103. Laurence H. Tribe, *Constitutional Choices,* p. 255.

104. *Ibid.,* p. 247.

105. *Peterson et al. v. City of Greenville,* 373 U.S. 244, at 250.

제8장 정의 : 사회정의는 슬로건에 불과한가, 실현 가능한 목표인가?

1. John Rawls, *A Theory of Justice* (Cambridge, Mass.: Harvard University Press, 1971), pp. 3-4.

2. Ronald Dworkin, *Taking Rights Seriously* (Cambridge, Mass.: Harvard University Press, 1980), p. xi; Laurence H. Tribe, *Constitutional Choices* (Cambridge, Massachusetts: Harvard University Press, 1985), p. 5.

3. William Godwin, *Enquiry Concerning Social Justice* (Toronto: University of Toronto Press, 1969), Vol. I, p. 166.

4. 예를 들어 고드윈은 이 같은 불평등을 도덕적 불평등으로 보긴 했지만 정부가 재산을 분배해 불평등을 시정하는 것에 반대했다, *Ibid.,* Vol. II, pp. 433-434.

5. Adam Smith, *The Theory of Moral Sentiments* (Indianapolis: Liberty Classics, 1976), p. 169.

6. *Ibid.,* p. 167.

7. *Ibid.,* pp. 167-168.

8. *Ibid.,* p. 166.

9. Oliver Wendell Holmes, Jr., *The Common Law* (Boston: Little, Brown and Company, 1923), p. 108.

10. *Ibid.,* p. 48.

11. Oliver Wendell Holmes, Jr., *Collected Legal Papers* (New York: Peter Smith,

1952), p. 179.

12. Oliver Wendell Holmes, Jr., *The Common Law,* p. 48.

13. *Buck v. Veil, Superintendent,* 274 U.S. 200, at 207.

14. Oliver Wendell Holmes, Jr., *The Common Law,* p. 1.

15. Oliver Wendell Holmes, Jr., *Collected Legal Papers,* p. 194.

16. *Ibid.*

17. William Blackstone, *Commentaries on the Laws of England* (Chicago: University of Chicago Press, 1979), Vol. I, p. 62.

18. *Ibid.,* p.41.

19. *Ibid.,* p. 70.

20. *Ibid.,* p. 68.

21. *Ibid.,* pp. 59, 60, 61, *passim.*

22. *Ibid.,* p. 70.

23. Edmund Burke, *Reflections on the Revolution in Trance* (New York: Everyman's Library, 1967), p. 92.

24. F. A. Hayek, *Legislation and Liberty* (Chicago: University of Chicago Press, 1973), Vol. I, p. 100.

25. Adam Smith, *The Theory of Moral Sentiments* (Indianapolis: Liberty Classics, 1976), p. 142.

26. *Ibid.,* p. 156.

27. Oliver Wendell Holmes, Jr., *The Common Law,* p. 2.

28. William Godwin, *Enquiry Concerning Social Justice,* Vol. II, p.347.

29. *Ibid.,* p. 400.

30. *Ibid.,* p. 404.

31. John Dewey, *Human Nature and Conduct* (New York: Random House, 1957), p. 46.

32. William Godwin, *Enquiry Concerning Social Justice,* Vol. I, p.171.

33. *Ibid.*, p. 173.

34. 예를 들어 범죄 통제에 대한 억제 대 사회 복귀의 접근들.

35. Antoine-Nicolas de Condorcet, *Sketch for a Historical Picture of the Progress of the Human Mind*(Westport, Conn.: Hyperion Press, Inc., 1955), p. 192.

36. William Godwin, *Enquiry Concerning Social Justice*, Vol. I, pp.437-438.

37. *Ibid.*, 171ff.

38. Antoine-Nicolas de Condorcet, *Sketch for a Historical Picture of the Progress of the Human Mind*, p. 112.

39. *Ibid.*, p. 31.

40. Laurence H. Tribe, *Constitutional Choices*(Cambridge, Mass.: Harvard University Press, 1985), p. ix.

41. *Ibid.*, p. viii.

42. *Ibid.*, p. 4.

43. *Ibid.*, p. 5.

44. *Ibid.*, p. 268.

45. *Ibid.*, p. 11.

46. *Ibid.*, p. 13.

47. *Ibid.*, p. 26.

48. *Ibid.*, p. 239.

49. *Ibid.*, pp. 241-242.

50. Ronald Dworkin, *Taking Rights Seriously*, p. 147.

51. 예를 들어 Richard Posner, *Economic Analysis of Law*(Boston: Little, Brown, and Company, 1972), Chapter 2.을 보라.

52. *Ibid.*, pp. 12-13, 18. 또한 *idem., The Economics of Justice*(Cambridge, Mass.: Harvard University Press, 1981), pp. 70-71, 180-182.

53. Milton Friedman, *Capitalism and Freedom*, Chapter 1.

54. 250 U.S. 616 (1919), at 659; *Abrams et al. v. United States*, 250 U.S. 616, at 630.

55. *Ibid.* 홈즈는 또한 이처럼 반대하면서 "나는 살인에 대한 응징적 설득을 정당화하는 것과 똑같은 이유로 미국이 합헌적으로 막고자 하는 긴박한 어떤 실질적 악을 불러일으킬 명백하고 급박한 위험을 야기하거나 야기하려 하는 언론을 미국이 합헌적으로 처벌할 것이라는 사실을 조금도 의심하지 않는다"라고 말했다, *Ibid.*, at 627.

56. Ronald Dworkin, *Taking Rights Seriously*, p. 264.

57. Laurence H. Tribe, *Constitutional Choices*, p. 165.

58. *Ibid.*, p. 169.

59. *Ibid.*, p. 165.

60. *Ibid.*, p. 11.

61. *Ibid.*, p. 189.

62. *Ibid.*, p. 197.

63. *Ibid.*, p. 188.

64. *Ibid.*, p. 220.

65. 예를 들어 *Marsh v. Alabama*, 326 U.S. 501; *Food Employees Union v. Logan Valley Plaza*, 391 U.S. 308.를 보라.

66. Laurence H. Tribe, *Constitutional Choices*, p. 258.

67. William Godwin, *Enquiry Concerning Social Justice*, Vol. II, p. 57.

68. *Ibid.*, Vol. I, pp. 161, 162.

69. *Ibid.*, pp. 168-169, 206; *Ibid.*, Vol. II, pp. 432, 439-445; Antoine-Nicolas de Condorcet, *Sketch for a Historical Picture of the Progress of the Human Mind*, pp. 130-131, 180.

70. F. A. Hayek, *Law, Legislation and Liberty* (Chicago: University of Chicago Press, 1976), Vol. II, p. 64.

71. 부제목을 보라, *Ibid.*, title page.

72. F. A. Hayek, *Law, Legislation and Liberty*, Vol. II, p. xii.

73. *Ibid.*, p. 66.

74. *Ibid.*, p. 78.

75. Adam Smith, *The Wealth of Nations*, pp. 683, 734-738; John Rae, *Life of Adam Smith* (New York: Augustus M. Kelley, 1965), p. 437.

76. Michael St. John Packe, *The Life of John Stuart Mill* (New York: The Macmillan Company, 1954), pp. 56-59, 457-462, 484.

77. Edmund Burke, *The Correspondence of Edmund Burke* (Chicago: University of Chicago Press, 1968), Vol. VII, pp. 124-125; Adam Smith, *The Theory of Moral Sentiments*, p. 337; Adam Smith, *The Wealth of Nations*, pp. 365-366; William Godwin, *Enquiry Concerning Political Justice*, pp. 443-444; Antoine Nicolas de Condorcet, *Sketch for a Historical Picture of the Progress of the Human Mind*, p. 114.

78. Milton Friedman, *Capitalism and Freedom*, pp. 191-193; Bernard Shaw, *The Intelligent Woman's Guide to Socialism and Capitalism* (New York: Brentano's Publishers, 1928), pp. 112-117.

79. William Godwin, *Enquiry Concerning Social Justice*, Vol. II, pp. 439-430.

80. Bernard Shaw, *The Intelligent Woman's Guide to Socialism and Capitalism*, pp. 95-96.

81. F. A. Hayek, *Law, Legislation and Liberty*, Vol. II, p. 75.

82. *Ibid.*, p. 67.

83. F. A. Hayek, *Studies in Philosophy, Politics and Economics* (New York: Simon and Schuster, 1969), p. 238.

84. F. A. Hayek, *Law, Legislation and Liberty*, Vol. II, p. xii.

85. *Ibid.*, p. xi.

86. *Ibid.*, p. 80.

87. *Ibid.*, p. 97.

88. *Ibid.*, p. 130.

89. Friedrich A. Hayek, *The Road to Serfdom* (Chicago: University of Chicago Press, 1972), p. 79.

90. F. A. Hayek, *Law, Legislation and Liberty*, Vol. II, pp. 62-63.

91. *Ibid.*, p. 33.

92. *Ibid.*, p. 70.

93. *Ibid.*, p. 64.

94. F. A. Hayek, *Studies in Philosophy, Politics and Economics*, p. 240.

95. *Ibid.*, p. 243.

96. F. A. Hayek, *Law, Legislation and Liberty*, Vol. II, p. 36.

97. 예를 들어 Milton Friedman, *Capitalism and Freedom* (Chicago: University of Chicago Press, 1962), pp. 133-136, 161-177.을 보라.

98. Richard Posner, *The Economics of Justice* (Cambridge, Mass.: Harvard University Press, 1981).

99. Friedrich A. Hayek, *The Road to Serfdom*, p. 167.

100. *Ibid.*, Chapter XII.

101. F. A. Hayek, *Law, Legislation and Liberty*, Vol. II, p. 86.

102. *Ibid.*, p. 86.

103. Ronald Dworkin, *Taking Rights Seriously*, pp. 184-205.

104. Antoine-Nicholas de Condorcet, *Sketch for a Historical Picture of the Progress of the Human Mind*, p. 174.

105. *Regents of the University of California v. Allan Bakke*, 438 U.S. 265, at 294n.

제9장 개인의 가치관과 비전은 사회 패러다임에 영향을 준다

1. Thomas Kuhn, *The Structure of Scientific Revolutions* (Chicago: University of Chicago Press, 1970), pp. viii, 10, 23-34.

2. *Ibid.*, p. 10.

3. *Ibid.*, p. 17.

4. Thomas Robert Malthus, *Population: The First Essay* (Ann Arbor: University of Michigan Press, 1959), pp. 3, 50-105.

5. *Ibid.*, p. 4.

6. 잠재적이기는 하지만 수확체감은 17년이 지나서야 분명해졌다. 당시 맬서스와 에드워드 웨스트경은 이러한 경제원칙에 대한 공인된 공동 발견자가 되게 하는 팸플릿을 동시에 발표했다. Thomas Robert Malthus, *An Inquiry into the Nature and Progress of Rent* (Baltimore: Johns Hopkins University Press, 1903); [Sir Edward West], *An Essay on the Ap-plication of Capital to Land* (London: P. Underwood, 1815). 또한 Thomas Sowell, *Classical Economics Reconsidered* (Princeton: Princeton University Press, 1974), pp. 75-77.을 보라.

7. Thomas Robert Malthus, *Population*, p. 20.

8. Thomas Robert Malthus, *Principles of Political Economy*, 2nd edition (London: John Murray, 1836), p. 226.

9. Thomas Robert Malthus, *Population*, p. 34.

10. *Ibid.*, p. 57.

11. *Ibid.*, p. 67.

12. *Ibid.*, p. 95.

13. Thomas Sowell, "Adam Smith in Theory and Practice," *Adam Smith and Modern Political Economy*, ed. Gerald P. O'Driscoll (Ames, Iowa: Iowa State University Press, 1979), pp. 11-13.을 보라.

14. Richard A. Lester, "Shortcomings of Marginal Analysis for Wage-Employment Problems," *American Economic Review*, March 1946, pp. 63-82.

15. Herbert G. Gutman, *The Black Family in Slavery and Freedom, 1750-1925* (New York: Vintage Books, 1976).

16. Friedrich A. Hayek, *The Road to Serfdom* (Chicago: University of Chicago Press, 1972), pp. 103-105.

17. Adam Smith, *The Wealth of Nations*, p. 250.

18. *Ibid.*, p. 438.

19. *Ibid.*, p. 128.

20. *Ibid.*, p. 401.

21. Milton and Rose Friedman, *Tyranny of the Status Quo* (New York: Harcourt Brace Jovanovich, 1984), pp. 35-39, 46, 52-53, 119; F. A. Hayek, *Studies in Philosophy, Politics and Economics* (New York: Simon and Schuster, 1967), p. 192.

22. William Godwin, *Enquiry Concerning Political Justice* (Toronto: University of Toronto Press, 1969), Vol. I, p. 21; *Ibid.*, Vol. II, p. 454; Bernard Shaw, *The Intelligent Woman's Guide to Socialism and Capitalism* (New York: Brentano's Publishers, 1928), pp. 386-391; John Kenneth Galbraith, *The Anatomy of Power* (Boston: Houghton Mifflin Company, 1983), pp. 138-140.

23. Adam Smith, *The Wealth of Nations*, p. 718ff.

24. 조셉 A. 슘페터는 드문 예 중의 하나이다. 그는 짧은 기간 동안 사업을 했으며, 실패했다.

25. Thomas Robert Malthus, *Population*, p. 3.

26. William Godwin, *Of Population* (London: Longman, Hurst, Rees, Orme, and Brown, 1820), p. 520.

27. *Ibid.*, p. 554.

28. *Ibid.*, p. 550.

29. *Ibid.*, p. 565.

30. 예를 들어 Friedrich A. Hayek, *The Road to Serfdom*, pp. iv-v.을 보라.

31. *Ibid.*, p. 55.

32. *Ibid.*, p. 185.

33. 예를 들어 J. A. Schumpeter, "Science and Ideology," *American Economic Review*, March 1949, pp. 345-359.을 보라.

34. Thomas Sowell, *Knowledge and Decisions* (New York: Basic Books, 1980), pp. 147-149.

찾아보기

ㄱ

가격Prices 196
가족Family 60, 106, 116, 191, 193
가치Values 51, 143, 148, 180, 193, 207, 211,
　　228, 238, 251, 253, 259, 273~278,
　　290~291, 292
갈릴레오Galileo 277, 278
감정Emotions(또한 정열, 시간, 충성, 애국심
　　을 보라) 9, 106, 122
개인Individual 104, 220, 234, 255
개인주의individualism 194~196, 252
　　-권리rights 218, 231~239, 221
　　-대 사회vs. society 104, 221~222, 236,
　　　237~238, 255~226
갤브레이스, 존 케네스Galbraith, John
　　Kenneth 21, 46, 90, 94, 147, 196, 202,
　　203, 215, 279
결과 대 과정Results vs. Processes 44~45,
　　110~113, 115, 117, 118, 128, 144,
　　153~155, 163~164, 166, 167~168, 171,
　　199, 201 202~204, 207, 209, 212, 214,
　　217, 230~233, 234, 237~238, 239, 241,
　　243, 244~246, 247, 251, 252~253, 254,
　　256~257, 284~285, 285~286
결정들Decisions
　　-개인적individual 101, 129, 141~142,
　　　193~194, 220, 254 255
　　-집단적collective 132, 133, 142, 143
　　　194, 209, 284
경제학Economics 62, 87, 117, 144~145,
　　162, 177, 196~204, 206, 239, 260,
　　267~268, 283~284, 286

-가격prices 196
-경제 권력economic power 197, 201,
　　203, 207, 209~210
-소득 분배income distribution 142, 175,
　　207, 213, 237~238, 239, 241, 245
　　247 248
-신고전주의neo-classical 62
-오스트리아 학파Austrian 62
-정치 경제political economy 240
-제3세계Third World 197~202, 290
-중앙 집권적 계획central planning
　　59~60, 88, 92, 93, 173, 198, 201,
　　290
경험Experience→지식, 경험을 보라
고드윈, 윌리엄Godwin William 16, 21,
　　27~31, 33~37, 43~46, 53~56, 60~61,
　　72~73, 77, 78, 79, 81, 83, 92, 94, 96~98,
　　100, 106, 111~115, 124, 127, 129, 130,
　　140, 146~147, 155, 158~159, 160, 165,
　　166, 170, 172, 174, 183, 184, 186, 189,
　　190, 192, 218, 227, 228, 229, 239,
　　240~241, 242, 243, 250, 252, 263, 279,
　　282, 288
-감사gratitude 97
-경험experience 54
-기질dispositions 28
-대중the masses 172, 175
-미덕virtue 33
-범죄와 처벌crime and punishment
　　185~186, 185~190, 227~228
-분명하게 표현할 수 있는 것 artic-
　　ulation 81

-사법의 역할judicial role 97~98
-사회적 책임social responsibility 130, 147, 240, 243~244, 252
-선례precedents 97
-성실성sincerity 73
-소득과 부의 차이income and wealth disparities 146, 154~155, 158~160, 170,
-악evil 92 183~184
-악vice 33, 34
-애국심patriotism 97, 106, 185
-의도하지 않았던 결과unintended consequences 28, 33
-의도intentions 28
-이성reason 57, 77, 98, 106, 124, 192, 241
-이점merit 164~165
-인간의 잠재력human potential 27~31
-인구population 35~36, 129
-인센티브incentives 28, 29~30, 229
-재산property 146, 158~159, 240
-전통tradition 94, 97
-정부government 147, 182, 240~241
-정의justice 72, 155, 218, 227, 239, 243, 250~251
-제도와 전통institutions and traditions 34, 53, 183
-지식인들intellectuals 56, 83
-충성심loyalty 97
-특권privilege 164~166, 167
-편견prejudice 79
공리주의Utilitarianism 138~143, 145
공산주의Communism 136~138, 250, 275~276

공익Public Interest 91, 93
공정Impartiality 97, 105, 132
공학적 유추Engineering Analogy→사회과정, 공학적 유추을 보라
과정Processes→결과 대 과정, 사회과정을 보라
과학Science 92, 94, 134, 135, 138, 228, 259, 261
교양 계급Educated Classes→엘리트와 대중을 보라
권력Power 70, 119, 149, 154, 164, 179~215, 245, 249, 284, 285
-무제약적 비전unconstrained vision 179, 181, 200~204
-설명적 역할explanatory role 179, 180, 192, 196, 203~204
-정의definition 180, 201~204, 209, 214~215, 285
-제약적 비전constrained vision 70, 179, 196, 200~203, 284
-힘과 폭력force and violence 130~131, 180~191, 195
권리Rights 233~239, 251~252, 255
-개인individual 240
-대 이해관계vs. interests 252, 252~254
-무제약적 비전unconstrained vision 237~239
-언론의 자유free speech 233~236, 237~239
-재산property 44, 140, 148, 206, 207, 234
-제약적 비전constrained vision 233~236, 248
권위Authorities 145

규칙들Rules 51, 100, 102, 114, 117, 155, 207, 211, 244, 232, 247, 251, 254, 255, 285, 290

균형 대 해결책Trade-offs vs. Solutions 30~33, 38, 40, 51, 79, 91, 101, 110, 125, 127, 129, 166, 183, 185, 188, 190, 198, 207, 220

적극적 행동Affirmative Action→보상 정책을 보라

ㄴ

나이 먹은 사람들Age→젊은이와 나이 먹은 사람들을 보라

나치즘Nazis(또한 파시즘을 보라) 146, 249

노예제Slavery 52, 168, 262

논리Logic 15

뉴턴, 아이작Newton, Sir Isaac 14

능력Ability→인간의 본질, 능력을 보라

ㄷ

다윈, 찰스Darwin, Charles 89

달랑베르, 장 르 롱D'Alembert, Jean le Rond 57

대리적 의사결정자Surrogate Decision-makers 125, 129, 131, 132~133, 138, 139, 143, 173, 176, 198, 200, 289, 290

대중The Masses→엘리트와 대중을 보라

도덕성Morality 22, 24, 25, 26, 27, 28, 33~43, 46, 69, 75, 109, 112, 119, 126, 127, 129, 132, 134, 136, 144, 146, 158, 164, 167, 168~169, 179, 180, 187, 188, 191, 194~195, 206, 207, 213~214, 220, 221,

228 232~233, 240, 250~251, 254, 259, 273~278, 287~289, 293

듀이, 존Dewey, John 116, 228

드워킨, 로널드Dworkin, Ronald 46, 65, 66, 69, 147, 166, 195, 206, 207, 232, 237

라스키, 해롤드J.Laski, Harold J. 35, 46

랜돌프, 존Randolph, John 58, 80, 83

랜드, 에인Rand, Ayn 147

레닌V. I.Lenin, V. I. 77, 78, 173

로베스피에르, 막시밀리앙Robespierre, Maximilien 38

로크, 존Locke, John 32, 96

롤스, 존Rawls, John 131, 132, 217~218, 241, 245, 246, 250

루소, 장-자크Rousseau, Jean-Jacques 14, 21, 34, 39, 43, 57, 172

리쿠르구스Lycurgus 64

리프만, 월터Lippmann, Walter 21

ㅁ

마르크스주의Marxism 35, 78, 133, 134~138, 145, 146, 274, 275, 276

마르크스, 칼Marx, Karl 16, 33, 47, 122, 134~135, 136, 137~138, 271, 280

매디슨, 제임스Madison, James 52, 282

맬서스, 토머스 로버트Malthus, Thomas Robert 35, 36, 37, 263~266, 288

분명하게 표현할 수 있는 것Articulation 51, 61, 62, 104, 138

모세Moses 64

마호메트Mohammed 64

뮈르달, 구나르Myrdal, Gunnar 145, 173,
   197~202, 215
미국 헌법Constitution of the United States 280
미국 대법원Supreme Court of the United
   States 157, 208, 211, 223, 234, 239, 257
미국혁명American Revolution 38, 41
미덕Virtue 33, 61, 101, 229
민주주의Democracy 183, 199
밀, 존 스튜어트Mill, John Stuart 34, 35, 47,
   57, 64~65, 69, 138~143, 193, 194, 195,
   242, 281

ㅂ

바우어 P. T.Bauer, P. T. 172, 198, 200~201,
   202~203
버크, 에드먼드Burke, Edmund 15, 21, 25,
   28, 30, 34, 36, 44, 46, 51, 52, 55, 56, 57,
   58, 69, 71, 75, 80, 89, 99, 100, 104, 105,
   106, 135, 153, 173, 175, 225, 226, 242,
   281, 288
   -경험experience 51, 88, 99
   -균형trade-offs 30, 52
   -노예제slavery 52, 242
   -대중the masses 173
   -도덕성morality 52
   -명료성articulation 51, 81
   -변화change 52, 88, 99
   -불만족dissatisfaction 36
   -사회society 105
   -의도하지 않았던 결과unintended
      consequences 44
   -이성reason 51, 55, 226
   -인간의 한계human limitations 25

-적들adversaries 75, 288
-전문화specialization 71, 104, 175
-전통traditions 55, 99, 226
-정열passion 80
-지식인들intellectuals 58, 83, 104
-편견prejudice 51, 100
-평등equality 153
범죄Crime 181, 185~191, 214
   -방지prevention 188
   -원인들causes 185, 186
   -처벌punishment 188~189, 190, 213,
      222, 227~228, 229
법Law(또한 입헌 정부, 헌법적 해석, 정의,
   권리를 보라) 63~69, 114, 117, 144,
   145, 147, 186, 195, 204~213, 214,
   221~239, 249, 260, 283
   -개별화individualization 221~228
   -개인적 권리들individual rights 233~
      239
   -계약들contracts 211
   -국가의 행위state action 210~213
   -도덕성morality 221, 231, 232
   -만들어진created 64~65, 142, 230
   -무제약적 비전unconstrained vision
      227~233
   -발전된evolved 64, 65, 141, 222, 226
   -법의 지배rule of law 249, 250, 254,
      256
   -사법적 행동주의judicial activism 66,
      69, 70, 98, 100, 145, 173, 205, 207,
      211, 232, 290
   -선례들precedents 64~69, 96, 98, 225
   -재산권property rights 208
   -제약적 비전constrained vision 221~

226
- 평등equity 223
- 해석interpretation 65~68
베버, 막스Weber, Max 202
베블렌, 솔스타인Veblen, Thorstein 46, 90
벤담, 제레미Bentham, Jeremy 41, 138, 139~
140
벨러미, 에드워드Bellamy, Edward 93, 147,
159, 242
변화Change 51~53, 88, 95, 101~102
보상 정책Compensatory Policy 117, 126,
157, 167, 253, 256
보수주의Conservatism 148
보통 사람Common Man→엘리트와 대중
을 보라
복잡성Complexity 14, 15
볼테르Voltaire 45, 57
블랙스톤, 윌리엄Blackstone, William 223~
225, 234
비어드, 찰스Beard, Charles A. 280
비전들Visions
- 가정assumptions 16, 17, 78, 124, 131,
147, 187, 198, 205, 213, 214, 215,
222, 228, 245, 249, 259, 262, 270,
274, 275, 282, 283, 289, 290
- 인과율causation 15, 17, 22, 61, 83,
109, 136, 158~168, 180, 181, 198,
215, 260, 273~275, 277, 278, 283
- 가정assumptions 16, 17, 78, 124, 131,
147, 187, 198, 205, 213, 214, 215,
222, 228, 245, 249, 259, 262, 270,
274, 275, 282, 283, 289, 290
- 가설hypotheses 261, 269
- 가정assumptions 16, 17, 78, 124, 131,

147, 187, 198, 205, 213, 214, 215,
222, 228, 245, 249, 259, 262, 270,
274, 275, 282, 283, 289, 290
- 감정들emotions 283, 292, 293
- 과학적scientific 259, 260, 272, 274,
278, 292
- 극단적으로 단순화한simplistic 15,
48, 118
- 논리logic 15
- 다양성variety 121~150
- 복합적hybrid 134~149, 145, 292
- 불연속성inconsistent 133
- 연속성continuum 22, 133
- 이론theory 14, 17, 261, 263, 269
- 인과율causation 15, 17, 22, 61, 83,
109, 136, 158~168, 180, 181, 198,
215, 260, 273~275, 277, 278, 283
- 일관성consistency 9, 13, 144. 146,
213, 292
- 전향conversions 261, 262, 276, 277~
278, 291, 292
- 정도들degrees 286, 292
- 정의definitions 15, 17, 47, 128~133,
143, 260, 261, 269, 284, 287
- 정치적political 9~10
- 증거들evidence 17, 260~273, 274,
276, 278, 291, 292, 293
- 충돌conflicts 9, 18~19, 48
- 패러다임paradigms 260~261, 269,
271

ㅅ

사법적 행동주의Judicial Activism→법, 사

법적 행동주의를 보라

사실들Facts 17

기업Business 92, 93, 169, 268, 279, 281

사회주의Socialism 134~135, 145, 169, 240, 249, 252

사회Society 200, 225, 240

　-대 정부vs. government 163

　-인격화personification 163, 247, 248

　-정의justice 219, 221, 222

사회 과정Social Processes 62, 85~119, 208

　-복잡성complexity 86, 88

　-공학적 유추engineering analogy 90, 91, 94

　-목적goals 44, 143, 245, 293

　-발전evolution 51~52, 87, 88, 89, 99, 104, 128

　-복잡성complexity 86, 88

　-비용costs 41~42, 95~113, 115

　-인센티브들incentives 26, 28, 31, 32, 87, 109~110, 125, 139, 143, 148, 163, 183, 188, 193, 196, 194, 200, 208, 228, 229, 237, 257

　-질서 대 계획order vs. design 86~95, 113

　-체계적systemic 62, 90, 117, 125, 127, 193~194, 196, 268

사회 정의Social Justice 68, 239~250

　-무제약적 비전unconstrained vision 44, 242~244

　-제약적 비전constrained vision 163~164, 241, 245~250, 254

사회 과학Social Science 94, 99

사회적 다원주의Social Darwinism 165, 174

사회에 대한 원자적 견해Atomistic View of Society 26, 106, 146, 147~148

상대자들Adversaries 76, 145~146, 162, 170~171, 287~289

생-시몽, 루이 드 루브로이Saint-Simon, Louis de Rouvroy, duc de 46

선례들Precedents→시간, 선례들을 보라

섬너, 윌리엄 그래험 Sumner, William Graham 165

성실성Sincerity(또한 충실성을 보라) 44, 72~76, 95, 143, 192, 193, 280

기질Dispositions(또한 인센티브들을 보라) 28, 39, 43, 125, 139, 143, 190, 229

세대들Generations→시간, 국제적 경험을 보라

셸리, 퍼시B.Shelley, Percy B. 27

소련Soviet Union 149

솔론Solon 64

쇼, 조지 버나드Shaw, George Bernard 46, 92, 130, 147, 156, 158, 159, 165, 172, 174, 242, 244, 279, 288

소득분배Income Distribution 141~142, 174, 207~208, 237, 239

슐츠, 테오도르W.Schultz, Theodore W. 172

슘페터J. A.Schumpeter, J. A. 76

스마일, 사무엘Smiles, Samuel 165

스미스, 아담Smith, Adam 16, 23~31, 33~34, 39, 40, 42, 43, 44, 46, 52, 58, 59, 72, 78, 82, 101, 107, 109, 114, 124, 132, 135, 136, 139, 140, 146, 147, 148, 160, 166, 168, 169, 170, 172, 185, 188, 189, 217, 218, 219, 220, 226, 234, 242, 265, 279, 280, 281

　-개인 대 사회individual vs. society 234

　-기업가businessmen 33, 72, 109, 279

-노예제slavery 52, 168, 242

-도덕성morality 23~26, 220

- 범죄와 처벌crime and punishment 188~189, 226

-사회적 책임social responsibility 72

-애국심patriotism 107, 185

-원자론atomism 26, 107

- 의도하지 않았던 결과unintended consequences 26, 34

-인간의 자기중심주의egocentricity of man 23~26, 30

-인센티브들incentives 26

-젊은이와 나이 먹은 사람들youth and age 78

-정의justice 217~218, 219, 226

-지식인들intellectuals 57~58

-평등equality 82, 100, 168~169

스탈린, 조셉Stalin, Josef 262

시간Time 96~108

-감사gratitude 97

-과거the past 94~95

-그리고 지식축적and knowledge accumulation 96, 98, 99

-선례precedents 99

-충성심loyalty 97, 98

시스템 인과율Systemic Causation→인과율 시스템적, 사회 과정 시스템을 보라

시장들Markets 60, 194

신중Prudence 30

악Evil 39, 46, 92, 183, 187

악Vice 33

알제르, 호라티오Alger, Horatio 165

애국심Patriotism 97, 103, 141, 182, 185

언어Language 60, 87, 88, 114

엘리트와 대중Elites and Masses 51, 52, 57, 69, 70, 77, 80~81, 82, 88, 93, 104, 126, 165, 169, 181, 182, 193, 197, 223, 289

-경제적 배분economic distribution 142, 174~175, 207~208

-권력 집중power concentration 69, 199, 201

-능력 비교capability comparisons 55, 75, 103~105, 128, 141, 165, 169~170, 172, 174, 175~176, 214, 287, 289, 290

-대중masses 169, 175, 199, 200

-도덕적 비교moral comparisons 168~ 170, 175, 189, 195, 287

-보통 사람common man 172, 173, 175

-엘리트의 면제exemptions of elites 194

-인간 잠재력의 증거로서의 엘리트elites as evidence of human potential 10, 141~142, 195, 289~290

- 오만arrogance 83, 166, 169, 170, 243~244

-잠재력potential 174~175

-전문가들experts 59, 91, 93, 94, 175

-지도자로서의 엘리트elites as guides 55, 56~57, 83, 110~111, 129, 173~174, 181, 192, 193, 195, 199, 200, 213~214

-지식인들intellectuals 57~59, 82, 200, 299

ㅇ

아인슈타인, 알버트Einstein, Albert 15, 278

-지식의 배분knowledge distribution 51, 80, 171~172
-지적 비교intellectual comparisons 175~176, 195, 287
-타고난 능력innate ability 160, 168~169, 192
-특권들privileges 169
엥겔스, 프리드리히Engels, Friedrich 134, 137
역할들Roles 70~72, 73, 74, 75, 78
『연방주의자의 보고서』Federalist Papers 21, 38, 39, 46, 52, 183
오웬, 로버트Owen, Robert 46
완벽성Perfectibility 31~32
우선시 되는 가치Trumps 218, 250, 253
워런, 어를Warren, Earl 46, 68, 76, 114
의도들Intentions 19, 28, 33~34, 44, 108, 157, 163, 197, 267~268
의무Duty 17, 76, 77, 146, 229
이성의 시대Age of Reason 27, 53, 113
이성Reason→합리성을 보라
이해관계의 충돌Conflict of Interests 9, 10, 279~283
과도기Transition 32, 130, 193
인간의 본성Human Nature 21~22, 23~30, 34~40, 43~44, 47, 85, 102, 139, 181, 182, 187, 188, 190~191, 197, 273, 282, 283
-능력capability 22, 46, 60, 88, 90, 96, 98, 100, 102, 107, 108, 114, 115, 117, 119, 123, 125, 126, 130, 139, 141, 147, 154, 166, 168, 176, 186, 193, 213, 214, 215, 221, 224, 228, 234, 253, 254, 256, 270, 284, 286, 287
-변화changing 28, 41, 107~108, 110
-변화하지 않는unchanging 41, 107, 109, 225~226, 264, 265~267
-사회에 의해 부패된corrupted by society 30, 34, 43, 187
-자기중심주의egocentricity 24~26, 182, 185, 219
-잠재력potential 30~31, 174
인과율Causation 15, 17, 22, 61, 83, 110, 136, 158~168, 180, 181, 198, 215, 260, 273~274, 277, 278, 283
-시스템적systemic 34, 62~64, 71, 109, 114, 117, 125, 137, 191, 197, 268,
-의도적인intentional 33, 72, 196, 197
인구Population 173, 263~266
인도주의Humanitarianism 127
인도India 52, 171
인센티브들Incentives(또한 성향을 보라) 26, 28, 31, 32, 87, 109, 125, 139, 143, 148, 163, 183, 188, 193, 196, 197, 200, 208, 228, 229, 237, 257
인종Race 168, 173
입헌 정부Constitutional Government 39~40, 96, 97, 117, 205, 286
-견제와 균형checks and balances 38
-헌법적 해석constitutional interpretation 45, 230~232

ㅈ

자본주의Capitalism 134, 135, 136, 137, 138, 161, 162, 183, 276
자유Freedom 108~113, 115~117, 130, 136,

137~138, 153, 154, 162, 167~168, 193,
202, 205, 209, 211~212, 234~235, 237,
238~239, 246, 252, 275, 284, 285, 286,
287, 291
자유의지론Libertarianism 146, 147, 148,
149, 252
자유주의Liberalism 149
자유방임주의Laissez-Faire 34, 44, 59, 114,
128, 139, 145, 169, 204, 240, 281, 290
이점Merit 108, 165
재량Discretion 144, 175~176
　　-근거 locus 125, 130, 131, 132,
　　191~196, 197, 198, 199, 204~205,
　　206, 208, 210, 212, 266, 280, 290
　　-형태mode 125, 130, 139, 256
재량의 근거Locus of Discretion(see Discre-
tion, locus)
재산권Property Rights 44, 140, 148, 206~
208, 212, 237, 239, 240, 243, 275, 291
적자생존Evolutionary Survivals 50~51,
87~89
전문화Specialization 59, 71, 104, 144, 175,
176, 281
전문가들Experts 58, 90, 94
전쟁War 180, 181~185, 213, 277
　　-군the military 182, 183, 184~185, 191,
　　195, 213
　　-방지prevention 181~182, 184
　　-원인들causes 92, 181~182, 183~184
전통Traditions 50, 55, 60, 94~95, 118, 145
젊은이와 나이 먹은 사람들Youth and
Age 78~80, 81~82, 122
정부Government 40, 146, 163, 180, 241
열정Passion 80, 181

정의Justice(또한 사회 정의를 보라) 61, 100,
113, 114, 119, 127, 149, 163, 195, 212,
217~257, 284, 285
　　-개별화된 정의individualized justice
　　221~222, 223, 227~228
　　-무제약적 비전unconstrained vision
　　113, 115, 207, 218, 227~233, 285
　　-절대적 우선권categorical priority
　　217~218, 220, 251
　　-제약적 비전constrained vision 112,
　　115, 127, 212, 221~226, 254~255
정치학Politics 18, 144, 162, 245, 260, 281,
282, 284, 291
　　-"실질적"Practical 9, 19, 291, 293
　　-이데올로기적ideological 18, 290
정치 경제Political Economy 240
제2차 세계대전World War II 266, 292
제3세계Third World 172, 197~201, 213~214,
290
제도들Institutions 183, 186, 187
제이, 존Jay, John 52
제퍼슨, 토머스Jefferson, Thomas 38, 41
종교Religion 63, 95, 122, 123, 243
좋은 것의 적으로서의 최선Best as Enemy
of the Good 40, 257
죽음Death 37, 63, 68, 189
중국China 23, 24
중농주의자들Physiocrats 59, 114
중앙집권적 계획Central Planning→경제
학을 보라
증거Evidence→비전, 증거를 보라
지식인들intellectuals(또한 교양 계급, 전문
가들을 보라) 19, 56~58, 83
지식Knowledge 18, 49~60, 80~83, 96, 97,

98, 103, 143, 163, 193, 197, 234, 284, 289
- 경험experience 50, 51, 53~54, 63, 75, 78, 99, 114, 182, 193, 195, 222, 236, 256
- 무제약적 비전unconstrained vision 53~60, 96, 289
- 문화에 배어있는culturally distilled 50, 51, 56, 80
- 분명하게 표현된articulated 51, 53, 60~80, 81, 126
- 제약적 비전constrained vision 49~53, 289, 290
- 집단적 지혜collective wisdom 50, 51, 54, 55~56, 99, 226
- 집중과 분산concentration and dispersion 51, 55, 56, 57, 69, 79, 80~81, 82, 171, 173, 195, 290
질서 대 계획Order vs. Design 86~95, 114

ㅊ

추상Abstractions 15, 22
충성심Loyalty 97, 98, 103, 105, 145
충실성Fidelity(또한 성실성을 보라) 72~76, 95, 97, 99, 143

ㅋ

컬레리지, 사무엘 테일러Coleridge, Samuel Taylor 140
케네디, 로버트 F.Kennedy, Robert F. 188
케네디, 존 F.Kennedy, John F. 188
코페르니쿠스, 니콜라스Copernicus, Nicholas 277, 278
콩도르세, 앙투안느-니콜라, 마키 드 Condorcet, Antoine-Nicolas, Marquis de 30~32, 34, 37, 40, 41, 44, 45, 54, 57, 61, 79, 80, 83, 94, 99, 127, 129, 140, 156, 172, 186, 229, 230, 240, 241, 242, 253, 263, 280, 282, 288
- 과학science 94, 99
- 범죄crime 186
- 법law 229~230
- 보상 정책compensatory policy 253
- 지식인들intellectuals 57, 83
- 편견prejudices 29, 41, 80, 186
- 해결책들solutions 32, 127
쿤, 토머스Kuhn, Thomas 260
킹, 마틴 루터 Jr.King, Martin Luther, Jr. 188

ㅌ

트라이브, 로렌스 H.Tribe, Laurence H. 147, 207, 208, 209, 210, 212, 215, 230~232, 237~239, 254

ㅍ

파시즘Fascism 131, 145, 146, 292
판단의 형태Mode of Discretion→재량, 방식을 보라
패러다임Paradigms 260~261
페이비언주의자들Fabians 46, 130, 147
페인, 토머스Paine, Thomas 21, 34, 38, 45, 53, 282
편견Bias→공평을 보라
편견Prejudice→29, 40, 60, 78, 100

평등Equality 69, 70, 108, 119, 149, 153~
    177, 208~209, 280, 284, 285~286
  -결과result 155, 156, 199, 200, 202
  -과정process 154, 167, 200, 202
  -기회에 대하여of opportunity 155, 156
  -무제약적 비전unconstrained vision 69,
      108, 156, 158~161, 165, 170, 206,
      208, 286
  -제약적 비전constrained vision 70, 113,
      154, 157, 160~162, 177, 202, 285,
      286
포스너, 리처드Posner, Richard 241, 249
폭력Violence→힘과 폭력을 보라
프랑스, 아나톨France, Anatole 111
프랑스 혁명French Revolution 27, 38, 41, 42
프리드만, 밀턴Friedman, Milton 16, 46, 114,
      154, 160~162, 166, 172, 193, 196, 241,
      242, 279, 281, 282
  -시장markets 161~162
  -자유freedom 154, 193
  -평등equality 154, 160, 242

ㅎ

하이에크, 프리드리히Hayek, Friedrich A.
    21, 44, 46, 50, 58, 65, 70, 81, 82, 89,
    100, 102, 103, 105, 114, 116, 145, 146,
    147, 153, 154, 162, 163, 164, 165, 166,
    172, 226, 241, 245~250, 255, 275, 279,
    281, 282, 288
  -경험experience 50~51
  -공산주의communism 162, 250
  -규칙들rules 51, 81, 100, 102, 105,
      153, 163, 249

  -나치Nazis 146, 247, 249
  -도덕성morality 163~164
  -법law 65, 100, 163, 226, 249
  -사회society 44, 163, 248
  -사회주의socialism 146, 162
  -사회 정의social justice 164, 239~250
  -상대자들adversaries 146, 153, 246,
      288
  -자유freedom 44, 116, 162, 245, 246,
      248
  -재산property 275~276
  -전문가들experts 59
  -전통tradition 50, 70, 89
  -정부government 163, 248, 249
  -지식인들intellectuals 82
  -지식knowledge 50, 59, 103, 163
  -파시즘fascism 162
  -평등equality 153, 162, 172
합리성Rationality 51, 53, 56, 60~80, 87, 91,
    98, 105, 113, 125, 129, 140, 143, 146,
    149, 175, 181, 182, 187, 192, 193, 214,
    220, 223, 224, 226, 232, 290
  -분명하게 표현된articulated 51, 54,
      55, 56, 60~80, 81, 104, 113, 124,
      143, 171, 177, 181, 192, 194, 198,
      213, 235, 256
  -시스템적systemic 54, 62, 87, 88, 91,
      105, 193, 223, 225, 268
  -의도적intentional 60~80, 88, 91, 98,
      105, 254
해결책 대 균형Solutions vs. Trade-offs 30~
    32, 37, 38, 40, 51, 79, 91, 101, 110, 125,
    127, 129, 166, 183, 185, 188, 190, 198,
    207, 220, 266, 290

해밀턴, 알렉산더Hamilton, Alexander 25,
    38, 41, 51, 52, 81, 83, 104, 106, 107,
    153, 169
홀바흐, 남작Holbach, Baron D' 34, 45, 282
홈즈, 올리버 웬델Holmes, Oliver Wendell
    46, 63, 64, 66, 68, 148, 205, 206, 213,
    221~223, 225, 226, 228, 234, 235, 236,
    239, 255
홉스, 토머스Hobbes, Thomas 21, 36, 43, 44,
    46, 58, 81, 82, 83, 114, 115, 116, 172,
    274
히로시마Hiroshima 15
히틀러, 아돌프Hitler, Adolf 146, 261, 278
힘과 폭력Force and Violence 130~131,
    180~191, 195

지은이 | **토머스 소웰**

토머스 소웰은 현재 스탠포드 대학 교수이자 스탠포드 후버 연구소의 로즈 앤 밀턴 프리드만 선임 연구원으로 있다. 그는 고전 경제 이론에서 사법적 행동주의와 시민의 권리에 대한 광범위한 분야의 주제에 대한 많은 논문과 에세이는 물론 90여 권의 책을 저술했다. 그는 미국의 학자 두뇌집단의 한 명으로 민주당과 공화당 양 당의 3기에 걸친 미국 행정부의 자문을 맡았었다. 「포천」, 「포브스」, 「월 스트리트 저널」 등 150개 이상의 신문사에 컬럼을 기고하고 있다. 저서로는 『초보자를 위한 쉬운 경제학』, 『선택받은 자의 비전』 등 다수가 있으며, 10개 국어로 번역 · 출판되었다.

옮긴이 | **채계병**

고려대학교 정치외교학과를 졸업했다. 현재는 출판기획 및 번역 일을 하고 있다. 옮긴 책으로는 『나타샤 댄스-러시아 문화사』, 『악마의 창녀-20세기 지식인들은 무엇을 했나』, 『종교개혁』, 『아더왕과 원탁의 기사』, 『타임머신』, 『세상을 바꿀 수 없어 자신을 바꾼 사람들』, 『다양성을 추구하는 조직이 강하다』, 『채굴과 제련의 세계사』 등이 있다.

비전의 충돌

초판 3쇄 발행일 2016년 2월 11일

지은이 | 토머스 소웰
옮긴이 | 채계병
펴낸곳 | 이카루스미디어

출판등록 제8-386호 2002년 12월 10일
01214 서울시 강북구 숭인로 19 (미아동) 4층
전화 : (070)7587-7611 팩시밀리 : (02)303-7611
E-mail : icarusmedia@naver.com

ⓒ 2016 이카루스미디어

ISBN 978-89-94183-01-5 03100
값은 뒤표지에 있습니다. 잘못된 책은 구입하신 곳에서 바꿔드립니다.